U0575855

国家出版基金项目
NATIONAL PUBLICATION FOUNDATION

"十四五"时期国家重点出版物出版专项规划项目

突发公共卫生事件应急物流丛书

应急物资储备与管理

葛金田　著

中国财富出版社有限公司

图书在版编目（CIP）数据

应急物资储备与管理／葛金田著．—北京：中国财富出版社有限公司，
2024.11.--（突发公共卫生事件应急物流丛书）．-- ISBN 978-7-5047-8315-8

Ⅰ.F253

中国国家版本馆 CIP 数据核字第 202425YF37 号

策划编辑	郑欣怡		**责任编辑**	郑欣怡		**版权编辑**	李　洋
责任印制	苟　宁		**责任校对**	张营营		**责任发行**	敬　东

出版发行	中国财富出版社有限公司			
社　　址	北京市丰台区南四环西路 188 号 5 区 20 楼		**邮政编码**	100070
电　　话	010 - 52227588 转 2098（发行部）		010 - 52227588 转 321（总编室）	
	010 - 52227566（24 小时读者服务）		010 - 52227588 转 305（质检部）	
网　　址	http：//www.cfpress.com.cn	**排　　版**	宝蕾元	
经　　销	新华书店	**印　　刷**	宝蕾元仁浩（天津）印刷有限公司	
书　　号	ISBN 978-7-5047-8315-8/F·3769			
开　　本	710mm×1000mm　1/16	**版　　次**	2024 年 11 月第 1 版	
印　　张	22.75	**印　　次**	2024 年 11 月第 1 次印刷	
字　　数	284 千字	**定　　价**	109.00 元	

版权所有·侵权必究·印装差错·负责调换

学术顾问委员会

主 任 委 员：范维澄

副主任委员：丁俊发　　贺登才　　吴清一

　　　　　　王宗喜　　黄有方　　马士华

委员（按姓氏笔画排序）：

　　　　　　冯耕中　　刘志学　　何明珂　　汪　鸣

　　　　　　张　锦　　恽绵　　翁心刚　　魏际刚

编 委 会

主任委员：王　波

副主任委员：余玉刚　　郑欣怡

委员（按姓氏笔画排序）：

王　丰　　王英辉　　曲　强　　朱佳翔

吴菁苨　　张晓东　　郝　皓　　徐　东

徐　伟　　龚卫锋　　葛金田　　瞿群臻

前　言

新冠疫情的全球大流行，让人们认识到了完善应急管理体制、提升应急管理能力的重要性。应急物资储备与管理在应对各类突发事件（如自然灾害、流行性疾病、恐怖袭击等）中的作用凸显，特别是国家储备具有"稳定器"和"蓄水池"功能。当突发事件发生时，储备物资可以起到应急保障、维护国家安全与社会稳定的作用；在平常，则可调剂物资余缺、平抑物价剧烈波动，发挥稳定市场功能。

近年来，应急物资储备与管理工作受到各级政府高度重视和社会广泛关注，应急物资储备体系和管理体制机制不断完善，初步形成了中央储备和地方储备补充联动、政府储备和社会储备相互结合、实物储备和产能储备相互衔接的应急物资储备机制，以及统一领导、分级管理、规模适度、种类齐全、布局合理、多元协同、反应迅速、智能高效的全过程多层次应急物资保障体系，"中央—省—市—县—乡"五级应急物资储备网络基本形成。但仍存在一些短板和弱项，主要表现为：一是立法滞后，尚未出台一部完整的物资储备法律。二是协同不足，缺乏相对统一的指挥决策机构与完善的协调运行机制。大部分储备物资归口国家发展改革委下属的国家粮食和物资储备局管理，其余的物资主要遵循专业归口原则分归相应部委。三是结构不合理。在储备主体上，尚未形成政府储备、企业储备、社会机构储备以及家庭储备协同发展的格局；在储备功能上，偏重于战略保障、应急作用的发挥，在引导市场、稳定预期、平衡供需等方面的宏观调控作用发挥不足；在储备方式上，重视实物储备，能力储备相对不足。

建立与我国大国地位相符的应急储备实力和应急能力，需要统筹解决好"储什么""谁来储""怎么储"的问题。为此，要建立应急物资安全储备制度，创新物资储备方式，系统规划、科学优化储备的品类、规模、结构，合理确定物资储备定额，加强采购、储存、保管、调拨、更新与补充等环节的智能化、可视化管理。要在对应急物资需求量预测的基础上，做好应急物资的筹集，补齐补足关键品类物资短板，形成应急物资生产、储备、需求、物流等完整的产业链供应链协同体系。要提升动态管理水平，探索储备物资的动态轮换机制；推进先进技术和装备的研发应用，加快大数据、人工智能、物联网、先进指挥通信等在应急管理中的应用。通过建立突发事件应急物资保障统一指挥体系，构建资金、技术、装备、人才、法规、物流等保障机制，全面提升应对突发事件的物资保障能力。

2021年8月30日，中央全面深化改革委员会第二十一次会议审议通过了《关于改革完善体制机制加强战略和应急物资储备安全管理的若干意见》。习近平总书记在主持会议时强调，国家储备是国家治理的重要物质基础，要从体制机制层面加强战略和应急物资储备安全管理，强化战略保障、宏观调控和应对急需功能，增强防范抵御重大风险能力。会议强调，要加快健全统一的战略和应急物资储备体系，坚持政府主导、社会共建、多元互补，健全中央和地方、实物和产能、政府和企业储备相结合的储备机制，优化重要物资产能保障和区域布局，分类分级落实储备责任，完善储备模式，创新储备管理机制。要完善战略储备市场调节机制，增强大宗商品储备和调节能力，更好发挥战略储备的稳定市场功能。

本书主要内容包括突发事件应急物资管理相关理论、突发事件应急物资储备、突发事件应急物资需求量预测、突发事件应急物资筹集、突发事件应急物资管理、突发事件应急物流、应急物流标准体系建设、应急物资储备和管理保障机制、应急物资储备与管理队伍建设。

本书的写作参考了国内外多位专家学者的研究成果，并得到了许多同行专家的热情帮助，在此向他们表示感谢。山东科技大学王滋承博士参与了本书第四章的写作，济南大学陈宁宁副教授及研究生丛雪如、闫宏美、张毅等帮助查阅资料并做了许多基础性工作，在此向他们一并表示感谢。

由于本人水平有限，书中难免存在不足之处，恳请读者批评指正。

葛金田

2023 年 11 月

目　录

第一章 绪 论

建立健全应急物资保障体系是新时代国家应急管理体系建设的重要组成部分，是应对自然灾害和公共卫生、社会安全等突发事件的重要物质基础，也是决定突发事件应急处置成败的关键因素。

第一节 应急物资储备的战略意义

一、我国应急管理体系发展历程

应急物资保障是国家应急管理体系和能力建设的重要内容。应急物资储备是应急管理体系的核心内容，也是维护社会稳定和人民生命财产安全的重要支撑。

（一）以"一案三制"为基本框架的中国应急管理体系逐步形成

非典疫情是我国突发公共卫生事件应急法律体系建设的历史转折点，在此以前我国没有专门的突发公共卫生事件应急法律法规。非典疫情以后，为解决卫生防疫基础薄弱、应急响应能力不足等问题，以"一案三制"为基本框架的中国应急管理体系逐步建立起来。"一案三制"中的"一案"是指应急预案，"三制"是应急管理体制、运行机制和法制。应急管理体制主要是指建立健全集中统一、坚强有力、政令畅通的指挥机构；运行机制主要是指建立健全监测预警机制、应急信息报告机制、应急决策和协调机制；法制建设主要是指实行依法行政，使突发公共事件的应急处置逐步走上规范化、制度化和法制化轨道。"一案三制"中，应急预案是应急管理体系建设的重要抓手和切入点。

在应急预案方面，2004 年 4 月和 5 月，国务院办公厅分别印发了《国务院有关部门和单位制定和修订突发公共事件应急预案框架指南》《省（区、市）人民政府突发公共事件总体应急预案框架指南》。2005 年 1 月 26 日国务院第 79 次常务会议通过了《国家突发公共事件总体应急预案》（以下简称《总体预案》），于 2006 年 1 月 8 日发布并实施；《总体预案》是全国应急预案体系的总纲，明确了各类突发公共事件分级分类和预案框架体系，规定了国务院应对特别重大突发公共事件的组织体系、工作机制等内容，是指导预防和处置各类突发公共事件的规范性文件。《总体预案》明确提出了应对各类突发公共事件的 6 大工作原则：以人为本，减少危害；居安思危，预防为主；统一领导，分级负责；依法规范，加强管理；快速反应，协同应对；依靠科技，提高素质。全国突发公共事件应急预案体系包括：①突发公共事件总体应急预案；②突发公共事件专项应急预案；③突发公共事件部门应急预案；④突发公共事件地方应急预案；⑤企事业单位根据有关法律法规制定的应急预案；⑥举办大型会展和文化体育等重大活动，主办单位应当制定应急预案。2014 年 2 月，国务院办公厅发布《突发事件应急预案管理办法》，对应急预案的规划、编制、审批、发布、备案、培训、宣传、演练、评估、修订等工作进行规范。截至 2019 年年底，我国已编制应急预案 780 余万件，其中 2019 年新修订编制 200 余万件，2019 年全国累计开展应急演练 300 余万次。

在管理体制方面，2006 年 4 月，在国务院办公厅设置了国务院应急管理办公室（国务院总值班室），事实上承担着国务院应急管理的日常工作和国务院总值班工作，履行值守应急、信息汇总和综合协调职能，发挥运转枢纽的功能；各地相继设立了专门的应急管理机构，许多中央单位也成立了应急管理机构。2018 年 4 月 16 日，新组建的应急管理部挂牌运行，该部先后整合了原有 11 个部门的 13 项职责，其中包括 5 个国家指挥协调机构的职责，完成了公安消防、武警森林两支部队近 20 万人的转制，组建了国家综合性消防救援队伍。这项工作涉及部门多、任务重、跨军地、影响面广，极大地推动了中国应急管理工作专业化管理、全过程管理和应急资源集约化管理的进程，增强了应急管理工作的系统性、整体性、协同性，初步形成了统一指挥、专常兼备、反应灵敏、上下联动的中国特色应急管理体制，为健全国家应急管理体系奠定了坚实基础。

在法制建设方面，2003 年 5 月 9 日，国务院颁布实施《突发公共卫生事件应急条例》，着重解决突发公共卫生事件应急处理工作中存在的信息渠道不畅、信息统计不准、应急响应不快、应急准备不足等问题，旨在建立统一、高效、权威的突发公共卫生事件应急处理机制。2007 年 8 月 30 日，第十届全国人民代表大会常务委员会第二十九次会议通过了《中华人民共和国突发事件应对法》，自 2007 年 11 月 1 日起施行，以规范突发事件的预防与应急准备、监测与预警、应急处置与救援、事后恢复与重建等应对活动，这是中国应急管理工作法治化的里程碑。截至 2023 年年底，我国颁布实施了《中华人民共和国突发事件应对法》《中华人民共和国安全生产法》等多部法律法规；发布实施了《社会应急力量建设基础规范》《仓储业防尘防毒技术规范》《煤矿建设安全规范》《消防业务信息系统运行维护规范》等多项应急管理行业标准、安全生产行业标准和消防救援行业标准；出台了《"十四五"应急物资保障规划》《"十四五"应急管理标准化发展计划》《应急管理标准化工作管理办法》等多项行业规划、规章制度。

在运行机制方面，我国先后印发了《中共中央 国务院关于推进安全生产领域改革发展的意见》《中共中央 国务院关于推进防灾减灾救灾体制机制改革的意见》等，建立完善风险联合会商研判机制、防范救援救灾一体化机制、救援队伍预置机制、扁平化指挥机制等，形成了应对特别重大灾害"1 个响应总册+15 个分灾种手册+7 个保障机制"的应急工作体系，探索形成了"扁平化"组织指挥体系、防范救援救灾"一体化"运作体系。对于运行机制，应抓住以下几点。一是健全监测预警机制，落实习近平总书记关于防灾减灾救灾重要论述和指示精神。应急管理部制定了《应急管理部关于建立健全自然灾害监测预警制度的意见》，建立了国家灾害综合风险监测预警系统、生产安全事故统计信息直报系统和安全生产举报系统等，各级地方政府也纷纷出台加强自然灾害监测预警的实施意见，进一步提升自然灾害综合监测预警能力。二是着力健全应急响应机制，探索红色和橙色预警信息统一由地方政府或应急响应指挥机构发布，量化灾害预警和应急响应启动标准，细化实化各有关部门单位行动措施，确保发布预警后各方面进入状态、高效运转。三是着力健全应急指挥机制，规范指挥部组成人员和分工，明确岗位和职责任务，尤其要强化指挥部统一领导。关键时刻要始终有党政领导坐镇指挥、掌控全局，现场指挥要听取专业意见，平时就要注重专业指挥人才培养、专业团队建设，防止临时抱佛脚。应急管理部建立了国家应对特别重大灾害指挥部现场协调保障系统等。

（二）应急管理体系和应急管理能力建设成为国家治理体系和治理能力现代化重要内容

党的十八大以来，以习近平同志为核心的党中央对应急管理工作高度重视，应急管理体系不断健全，应对自然灾害、突发公共卫生事件和生产事故灾难能力不断提高，创造了许多抢险救灾、应急管理的奇迹，我国应急管理体制机制在实践中充分展现出自己的特色和优势。党的十九届四中全会明确提出，"构建统一指挥、专常兼备、反应灵敏、上下联动的应急管理体制，优化国家应急管理能力体系建设，提高防灾减灾救灾能力"。习近平总书记在主持十九届中央政治局第十九次集体学习时强调，应急管理是国家治理体系和治理能力的重要组成部分，承担防范化解重大安全风险、及时应对处置各类灾害事故的重要职责，担负保护人民群众生命财产安全和维护社会稳定的重要使命。要发挥我国应急管理体系的特色和优势，借鉴国外应急管理有益做法，积极推进我国应急管理体系和能力现代化。习近平总书记重要讲话进一步明确了中国应急管理体系建设的努力方向，为持续完善中国应急管理体系提供了根本遵循。

新冠疫情的全球大流行，让加强应急管理能力建设、提升政府应对各类危机的能力成为国家治理体系和治理能力现代化的关键课题。按照推进应急管理体系和能力现代化的要求，紧紧围绕构建现代化的应急指挥、风险防范、应急救援力量、应急物资保障、科技支撑和人才保障、应急管理法治六个方面，应急管理部和地方各级政府立足实际、改革创新，出台了一系列政策措施，推动加快形成适应时代需要的现代化应急管理体系。应急管理体系和应急管理能力建设应抓好以下几方面工作。一是深化应急管理综合行政执法改革。组建国家矿山安全监察局，全面推进省级以下矿山安监机构组建，加强危险化学品安全监管力量，执法制式服装和执法车辆标识正式亮相。制定健全完善地方防灾减灾救灾体制机制指导意见，进一步理顺防汛抗旱、森林草原防灭火等专项指挥机制，推动制修订了一批应急管理法律法规和应急预案，全灾种、大应急工作格局基本形成。二是应急救援能力加快提升。推进公安消防部队、武警森林部队转制，组建国家综合性消防救援队伍，支持各类救援队伍发展；健全国家航空应急救援体系，组建国家应急医学研究中心，布局建设一批"一专多能"的综合救援基地和专业救援队伍，形成互为补充的救援力量体系，加快构建以国家综合性消防救援队伍为主力、专业救援队伍为协同、军队应急力量为突击、社会力量为辅助的中国特色应急救援力量体系。会同粮食和储备局修订中央救灾物资管理办法，进一步优化物资储备品种和布局，完善应急资源管理平台，健全快速调拨机制。三是强化应急预案准备。针对预案缺乏实用性、演练"演多练少"等问题，加强预案内容审核和衔接把关，做好与本地区风险、救援力量对接。国家综合性消防救援队伍和安全生产、医疗应急等专业救援队伍时刻保持应急状态，从难从严开展城市大震巨灾、大江大河出险、大面积森林火灾、危化品爆炸等大灾应急准备，加强高楼和综合体人员埋压、电梯被困、地铁停运等特殊救援针对性演练，加强与解放军、武警、工程力量等联训联演联战，切实提高救援处置能力。四是做好装备物资准备。结合救援实践和各地实际，着力优化抗洪抢险、排水排涝、水域搜救等装备配备，在重点区域、重点部位加强特殊装备配备，提高断路、断电、断网等极端情况下的应急保障能力。强化省、市、县、乡四级储备，推动构建多元应急物资保障体系，特别是大城市和城市群、灾害高风险地区加强急需物资储备；优化各级应急资源管理平台，加强灾中网上舆情监控，实时掌握和对接灾区实际需求，全力保障群众基本生活。

2021年12月，国务院印发的《"十四五"国家应急体系规划》提出，到2025年，应急管理体系和能力现代化建设取得重大进展，形成统一指挥、专常兼备、反应灵敏、上下联动的中国特色应急管理体制，建成统一领导、权责一致、权威高效的国家应急能力体系，防范化解重大安全风险体制机制不断健全，应急救援力量建设全面加强，应急管理法治水平、科技信息化水平和综合保障能力大幅提升，安全生产、综合防灾减灾形势趋稳向好，自然灾害防御水平明显提升，全社会防范和应对处置灾害事故能力显著增强。到2035年，建立与基本实现现代化相适应的中国特色大国应急体系，全面实现依法应急、科学应急、智慧应急，形成共建共治共享的应急管理新格局。

2022年10月，应急管理部、国家发展改革委、财政部、国家粮食和储备局联合印发《"十四五"应急物资保障规划》，把应急物资保障作为国家应急管理体系和能力建设的重要内容。到2025年，建成统一领导、分级管理、规模适度、种类齐全、布局合理、多元协同、反应迅速、智能高效的全过程多层次应急物资保障体系。建立统一权威、权责清晰、运转高效的应急物资保障体制机制和科学规范的应急物资保障法制体系，形成统一领导、综合协调和各方齐抓共管、协同配合的应急物资保障格局。完善"中央—省—市—县—乡"五级应急物资储备网络，优化中央政府储备结构布局，形成中央储备和地方储备补充联动、政府储备和社会储备相互结合、实物储备和产能储备相互衔接的应急物资储备体系。产能保障能力显著提升，做到应急物资在关键时刻拿得出、调得快、用得上。健全政府、企业、社会组织等共同参与，统一指挥、资源共享、调度灵活、配送快捷的应急物资快速调配体系。建成统一可靠、留有接口的应急物资保障信息平台，大数据、云计算、人工智能、区块链、北斗、天地一体等新一代信息技术深入应用，机械化、信息化、智能化水平显著提升，应急物资全程监管、统一调拨、动态追溯、信息共享、决策支持能力全面提高。

2023 年 3 月，中共中央办公厅、国务院办公厅印发的《关于进一步完善医疗卫生服务体系的意见》明确提出，健全公共卫生体系，加强专业公共卫生机构和医院、基层医疗卫生机构的公共卫生科室标准化建设；完善各类专业公共卫生机构人员配备标准，加强疾病预防控制能力和队伍建设；构建资源联动、统一质控、信息共享的公共卫生实验室检测网络，提升检验检测能力。健全监测预警体系，提高重大疫情早发现能力。加强重大疫情防控救治体系和应急能力建设，建立健全分级、分层、分流的重大疫情救治机制。完善公共卫生应急管理体系，分级分类组建公共卫生应急队伍。到 2025 年，医疗卫生服务体系进一步健全，资源配置和服务均衡性逐步提高，重大疾病防控、救治和应急处置能力明显增强，中西医发展更加协调，有序就医和诊疗体系建设取得积极成效。

二、建立应急物资储备的重要性

（一）应急物资储备是世界各国普遍做法

应急物资储备是国家储备的重要组成部分，是国家应急管理体系建设的重要内容，是防范化解重大风险的重要支撑。两次世界大战进一步证明了战略物资储备的重要性。不同于一般的物资储备，应急物资储备主要着眼于事关国家安全的突发事件，例如自然灾害、流行性疾病、恐怖袭击等，发挥"蓄水池"功能。在平常时期，可以调剂物资余缺、平抑物价剧烈波动；在紧急时刻，可以缓解危机事件冲击，保障国民经济正常运行和维护社会稳定。所以，加强应急物资储备已经成为世界各国的普遍选择。

（二）新中国成立以来高度重视应急物资储备

中华人民共和国成立后，党和政府一直高度重视应急物资储备。1951 年，政务院财政经济委员会和财政部首次提出建立国家物资储备的建议。1952 年，开始建设储备仓库，并利用国家预算拨专款收储物资。1953 年，国家物资储备局作为政务院的一个独立局正式挂牌成立，标志着我国有了专门的物资储备机构。2016 年 11 月，国务院正式批复通过的《全国矿产资源规划（2016—2020 年）》，首次将石油、天然气等 24 种矿产列入战略性矿产目录。2018 年 3 月，中共中央印发《深化党和国家机构改革方案》，决定组建国家粮食和物资储备局，根据国家储备总体发展规划和品种目录，组织实施国家战略和应急储备物资的收储、轮换、管理，提升国家储备应对突发事件的能力。

国家物资储备实施 70 多年来，国家应急战略物资储备在支持国防建设、经济建设、抗灾救灾等方面作出了积极贡献。例如，2008 年汶川地震发生后，中央储备立即集中力量向地震灾区投放粮油、燃油等物资；2019 年猪肉价格上涨，商务部会同国家发展改革委、财政部等部门向市场投放储备猪肉，全力保障市场供应；新冠疫情发生后，应急管理部会同国家粮食和物资储备局紧急调运中央救灾物资支持湖北做好疫情防控工作。这些都充分体现了中央储备在应对突发事件中的力量和关键作用。自新中国成立以来，我国的重要战略材料储备的名单就一直在增加。近年来，随着我国战略物资储备的不断发展，战略物资品种越来越多，各类储备物资规模越来越大，储备涉及的经济主体、利益主体也越来越多。面对百年未有之大变局，在新形势、新要求下，完善国家战略物资储备体系，提升国家战略物资储备的整体效能，具有重要的现实意义和战略意义。

（三）建立应急物资储备体系是法律赋予各级政府部门的应尽职责

2007 年 11 月 1 日起施行的《中华人民共和国突发事件应对法》第三十二条，对各级政府建立健全应急物资储备体系作出了明确规定："国家建立健全应急物资储备保障制度，完善重要应急物资的监管、生产、储备、调拨和紧急配送体系。设区的市级以上人民政府和突发事件易发、多发地区的县级人民政府应当建立应急救援物资、生活必需品和应急处置装备的储备制度。县级以上地方各级人民政府应当根据本地区实际情况，与有关企业签订协议，保障应急救援物资、生活必需品和应急处置装备的生产、供给。"《国家突发公共事件总体应急预案》对突发公共事件的预测预警、信息报告、应急响应、应急处置、恢复重建及调查评估等机制作了详细规定，并进一步明确了各有关部门在人力、物力、财力及交通运输、医疗卫生、通信等应急保障工作方面的职责。此外，《中华人民共和国防洪法》《中华人民共和国防震减灾法》等法律法规中都对应急物资储备作出了相应规定。目前，我国已初步形成了"中央—省—市—县—乡"五级救灾物资储备体系。

（四）新时期应急物资储备得到更加重视

党的十八大以来，中国加强国家储备顶层设计，深化储备管理体制机制改革，构建国家统一储备体系，加快建设覆盖全国的物资储存和调运基础设施网络，推进国家储备治理能力现代化，提高战略和应急物资应对风险挑战能力。充足的物资储备和快速反应能力，在防范化解重大风险、有效应对新冠疫情和大宗商品保供稳价中发挥了"稳定器"和"压舱石"作用。

2020 年 2 月，习近平总书记在听取中央应对新型冠状病毒感染肺炎疫情工作领导小组和有关部门关于疫情防控工作情况的汇报及在北京调研指导新型冠状病毒肺炎疫情防控工作时强调，要健全国家应急管理体系，提高处理急难险重任务能力。系统梳理国家储备体系短板，提升储备效能，优化关键物资生产能力布局。2021 年 8 月 30 日，中央全面深化改革委员会第二十一次会议审议通过了《关于改革完善体制机制加强战略和应急物资储备安全管理的若干意见》，习近平总书记在主持会议时强调，国家储备是国家治理的重要物质基础，要从体制机制层面加强战略和应急物资储备安全管理，强化战略保障、宏观调控和应对急需功能，增强防范抵御重大风险能力。我国是大国，必须具备同大国地位相符的国家储备实力和应急能力。要统筹解决好"储什么""谁来储""怎么储"的问题，系统规划、科学优化储备的品类、规模、结构，加快补齐补足关键品类物资短板。要加快健全统一的战略和应急物资储备体系，坚持政府主导、社会共建、多元互补，健全中央和地方、实物和产能、政府和企业储备相结合的储备机制，优化重要物资产能保障和区域布局，分类分级落实储备责任，完善储备模式，创新储备管理机制。要完善战略储备市场调节机制，增强大宗商品储备和调节能力，更好发挥战略储备的稳定市场功能。要加大国家储备监管力度，发挥专业监管、行业监管、属地监管合力。

第二节　应急物资储备与管理研究

突发事件影响社会正常生产生活，会造成巨大财产损失，威胁人们身心健康，制约经济社会可持续发展。因此，如何积极应对各种突发事件，最大程度减轻其对经济社会的影响，成为备受关注的社会问题，也成为学术界研究的重点课题。

一、国内外突发事件应急管理研究综述

世界各国对重大突发事件的研究起步普遍较晚，最早起源于对自然灾害的研究（Bach & Newman，2017），欧美国家民权运动等公共突发事件的涌现，曾引起学界的一度关注（Nicholas，2019）。进入 21

世纪以来，由于重大突发事件爆发频次越来越高且伴随着显著的风险向国际溢出，相关研究成果也随之增多（Ryu et al.，2018；郁建兴等，2020）。梳理国内外研究文献发现，学界研究主要涉及突发事件内涵特征、应急管理体系构建、突发事件应急管理能力、突发事件风险识别与预警、突发事件应急管理机制及突发事件应急管理协同治理等方面。

（一）突发事件内涵特征研究

不同国家对突发事件内涵的界定存在一定差异，但一般都有狭义和广义之分（Jacobet et al.，2018），我国以《中华人民共和国突发事件应对法》中的定义为准，国际上则以欧洲人权法院的定义为代表。关于重大突发事件的分类也存在一定分歧，按照社会危害程度、影响范围等因素，我国将自然灾害、事故灾难、公共卫生事件分为一般、较大、重大和特别重大四级，重大突发事件具有预见性差、危害性大、波及范围广、病因复杂等特征，不仅对人们的生命安全构成威胁，而且会造成严重的经济损失。

（二）应急管理体系构建研究

在一些应急管理发展较快的国家，如美国、德国、日本等已经形成较为完善的国家应急管理体系（George D. et al.，2011；闪淳昌，2020；郭恩玥等，2019）。美国的应急管理体系，是全风险、全流程的综合性应急管理体系，在其《国家应急准备指南》中定义了 37 项特定的能力（闪淳昌等，2017）。日本的应急管理体系中将应急管理能力纳入政府官员的考核指标（顾林生，2004）。我国的应急管理体系以"一案三制"为核心内容，也是应急管理能力建设的主要方面（付瑞平等，2019；吴波鸿等，2019；李雪峰，2018）。范维澄院士等总结突发事件、承载载体、应急管理及其相互关系，提出公共安全三角形理论模型，为我国应急管理体系的构建奠定了理论基础（范维澄等，2018）。有些学者分析了大数据时代我国应急管理体系变革新机遇与新挑战（吴晓涛等，2016）。有些学者针对高校、企业、医院等特定实体或某一领域进行应急管理体系的构建（王旭明，2017；冯朝力等，2019；陈新平等，2019；彭志雄，2018）。我国应急管理体系的国家应急优势显著，但是在各组织协调、应急指挥决策方面还需要进一步的提升（薛澜和刘冰，2013）。现有应急管理体系面临一系列新的挑战，需要加强顶层设计，构建新一代具有中国特色的应急管理体系（闪淳昌，2015；Tian，2018）。

（三）突发事件应急管理能力研究

发达国家在应急管理能力建设方面已积累了比较丰富的经验。例如，加拿大从预防和减灾、应对和恢复方面对应急管理能力进行评估。我国的应急管理能力建设相关研究主要是在"一案三制"的大框架下，整合法规、政策、物质等资源应对突发事件（陈新平，2016）。

学者们近年来在应急管理能力建设方面做了大量研究工作，如政府应急管理能力建设（洪毅，2012）、工业企业的管理能力模型（Shi，2011）、高速公路应急和恢复能力（Yao，2014）等。有些学者提出应急管理能力成熟度评价方法，分别针对政府（田军等，2014；李文婷，2017）、组织（姜卉等，2011）、高校（Hao et al.，2013）、化工园区安全生产（陈清光等，2014）、地震（Liu et al.，2012）、应急物流（聂彤彤等，2011）等建立起相应的模型。更多的研究是围绕应急管理能力评价展开的，包括对城市突发公共事件应急能力评估（Sun，2014；邓云峰等，2006；李程伟等，2013），对社区（胡轶俊等，2014）、高校应急管理能力的评价（Guo et al.，2018；姚书志，2016），对应急管理组织的应急管理评价（Wang et al.，2018）等。在评价方法方面，多数研究是为单项评价构建指标体系，研究方法多采用理论方法，如 AHP 法、专家评分法、模糊评价法等（吴超等，2017）。在评价指标体系方面，学者们从应急管理程序的角度确定应急评价体系（Henstra，2010）、过程导向的应急能力评价体系（Han et al.，2010）、应急准备评价体系（Simpson et al.，2006）、应急响应能力评价体系（Jachson et al.，2011）等。

（四）突发事件风险识别与预警研究

为了有效降低甚至尽量避免重大突发事件的损害，学者们重点关注突发事件的风险识别与预警，所用研究方法主要有网络分析法、风险源清单法、蒙特卡罗模拟法、故障树分析法、系统动力学法、层次全息模型法等（Lindholm & Kostova，2017；董静等，2019；张耿，2019；陈国青等，2020）。应对重大突发事件的最佳措施是防患于未然，倘若在其爆发之前能够预测其发展趋势必能减少其带来的损害（陈诗一和陈登科，2019），重大突发事件的预警制度有着十分重要的意义（杨海东等，2019；王治莹和梁敬，2019）。预警制度主要包括预警的监控和分析两方面内容。监测、识别、诊断、评价四个环节的预警活动，通常划分为红色、橙色、黄色和蓝色四个等级（Antonioni et al.，2018；肖智文等，2019）。绝大部分重大突发事件的一个"共性"是在事件爆发之初,各国政府部门无法在一个极短的时间内查明事件爆发的真正起因,并在科学应对上实现剂量的一一对应(Salzano,2017;黄履珺和佘廉,2018;渠慎宁和杨丹辉,2020)。随着全球一体化的纵深发展,重大突发事件的负向影响逐渐跨越国界,呈现明显的国际蔓延趋势(Campedel,2018;李苍舒和沈艳,2019),单个国家很难采取措施有效控制重大突发事件的国际影响,必须采取跨国家、跨层级、跨机构、跨部门的协同防控措施,研究设计"国内救助+国际协调"的防控机制(Manetsch & Moretti,2018;徐浩,2019)。然而,各国往往重点考虑本国短期利益,难以实现资源的高效整合,甚至出现各国政策效果相互抵消的现象(Andrew,2018;王璐等,2019),加之逆全球化和孤立主义的出现,致使当前重大突发事件的国际协同防控机制运行不畅(Juliane,2018;汪敏达,2019)。我国正处于经济和社会的转型期,公共安全保障基础相对薄弱,与经济快速发展的矛盾越来越突出。虽然我国在重大突发事件方面的理论研究和实践应用比较薄弱,但由于充分发挥了制度优势,我国在重大突发事件的防控方面也取得了显著成效并积累了丰富实践经验。坚持党的统一领导和紧紧依靠人民群众是我国成功应对重大突发事件的基本前提(俞欢军和王建成,2019;孙宏才和田平,2020),我国同时也要积极参与重大突发事件的国际合作,为重大突发事件的国际协同防控作出重要贡献。

(五)突发事件应急管理机制研究

国内外对重大突发事件的应急管理研究以应急管理程序(即应急管理机制)为核心(Fiedrich et al. , 2000;Hwang,1999;Nishade &

Silva，2001；Ozdamar et al.，2004；王宏伟，2010）。重大突发事件的应急管理机制包括预防准备机制、信息沟通机制、决策处置机制、恢复重建机制、心理干预机制，社会合作机制，目前国内外的主要研究如下。

1. 应急管理的预防准备机制研究

脆弱性是影响重大突发事件扩散的本质因素，因此预防机制被认为是应急管理的首要机制（Oloruntoba，2009；Pettit & Beresford，2009）。在美国应急管理实践中，有预防投入 1 美分，应急节省 1 美元的说法。通过比较各国政府应急管理模式，有研究者认为我国应改变"重救轻防"的传统做法，构建有效的政府预警管理模式（王超，2010）。

2. 应急管理的信息沟通机制研究

重大突发事件发生后，立刻面临的是信息沟通、应急决策和社会动员问题。在几乎所有应急管理的研究中，都认为有效而透明的信息传递是应急管理的重点（Pettit & Beresford，2009）。研究表明，使用新技术准确传递信息是快速响应以及分配工作的基础（Perry，2007；Thomas，2003）。信息模糊性易造成重大突发事件中的谣言传播，要减少重大突发事件中的谣言传播就要及时公开信息，并做好政府和媒体的信息传递管理（王志勇，2009；裴志林和张传香，2012；Luna & Pennock，2018）。

3. 应急管理的决策处置机制研究

重大突发事件的紧迫性需要管理部门立即作出决策。研究认为，在重大突发事件中，传统的"预测—应对"决策处理范式已不适用，需向"情景—应对"范式转换（姜卉和黄钧，2009）。在重大突发事件处置中，政府部门理应发挥主导作用，同时还应动员其他力量共同参与。社会其他组织能够补充资源、维护稳定、组织协调（付金梅，2010）。

4. 应急管理的恢复重建机制

相关研究认为，重大突发事件的恢复不是短期恢复，而是长期持续恢复的过程（Afedzie & McEntire, 2010; Gustavsson, 2003）。管理部门应当依据重大突发事件建立长期的学习机制（Thomas, 2003），并据此补充长期恢复需要的社会商业活动，如持续的管理合作（Brito et al., 2007; Beamon, 2004; van Wassenhove, 2006）。

5. 应急管理的心理干预机制研究

由于重大突发事件会对人的心理产生不同程度的影响，在重大突发事件的管理中应重视和加强社会心理预警研究，其目的是为政府部门的决策和舆论应对服务。心理危机干预不仅应针对个体心理，也应针对群体心理。要实现有效心理危机干预，需要建立心理危机专业团队、实施心理危机的专业化咨询管理（林大熙等，2009）。

6. 应急管理的社会合作机制研究

有关重大突发事件的研究越来越清晰地表明，社会网络体系形成的合作力量在应急管理中将发挥更大的作用（孔静静和韩传峰，2014；张玉磊，2018；王薇，2016）。研究认为，网络体系管理是应急管理的重要组成部分，将在分担损失、社会恢复中发挥积极作用。

（六）突发事件应急管理协同治理研究

应急管理既是公共安全的一部分，又是社会治理的一部分，要按照共建共治共享的路径推进现代应急管理体系建设，理顺党委、政府、社会、公众之间的关系，推进系统治理、依法治理、综合治理和源头治理（龚维斌，2017）。在应急管理中，需重视非政府因素的积极作用，进行市场稳定动员，强化市场机制在资源整合方面的积极作用，充分调动商业企业的积极性（田晶晶等，2018）；明确政府和民间志愿组织的角色定位、规范政府和民间志愿组织的合作、建立政府与民间志愿组织良性互动机制（吴金华等，2015）；加快建设我国应急管理社会动员和应急志愿服务体系（宋劲松，2007；朱伟等，2018）。

在系统思维的意义上，中国应急管理实践存在着社会变迁、治理转型、政府架构、政策体系、运行机制五个维度的内在结构（张海波等，2015）。综合化应急管理体制与整体性治理的要求相契合，在整体性治理与应急管理之间存在一定的冲突，解决冲突的关键是处理好整体性治理的普遍性原则与应急管理特殊性要求之间的关系（高小平，2018）。做好从"应急管理"到"应急治理"的理论范式转变，要求我们在应急治理实践中，以治理理论为基础，构建更为高效的应急治理体系和更为配合有序的应急治理共同体（陈安等，2019）。

二、亟须加强对应急物资储备与管理的规划与研究

2019 年年底暴发的新冠疫情，对我国现有应急物资保障体系提出了巨大挑战。抗疫过程暴露出应急物资储备不足、生产滞后、调度难度大、物流不畅、分发配送效率低等问题，问题涉及应急物资的生产、储备、调度、物流等各个环节，直接影响疫情严重地区的防控工作。对此，党中央、国务院高度重视。2020 年 2 月 14 日，习近平总书记主持召开中央全面深化改革委员会第十二次会议并发表重要讲话，就健全统一的应急物资保障体系，从四个方面作出了部署，一是

把应急物资保障作为国家应急管理体系建设的重要内容，按照集中管理、统一调拨、平时服务、灾时应急、采储结合、节约高效的原则，尽快健全相关工作机制和应急预案。二是要优化重要应急物资产能保障和区域布局，做到关键时刻调得出、用得上。对短期可能出现的物资供应短缺，建立集中生产调度机制，统一组织原材料供应、安排定点生产、规范质量标准，确保应急物资保障有序有力。三是要健全国家储备体系，科学调整储备的品类、规模、结构，提升储备效能。四是要建立国家统一的应急物资采购供应体系，对应急救援物资实行集中管理、统一调拨、统一配送，推动应急物资供应保障网更加高效安全可控。

从非典疫情、汶川地震到新冠疫情，就应急物资保障情况来看，显然存在着重大公共事件应对经验缺乏、救灾物资储备不足、保障体系不健全、应急物流能力弱、法律法规不完善、缺乏统一有序的指挥体系等问题，这对应急物资保障体系和物流体系建设提出了更高要求。我国属于自然灾害高发国家，公共卫生设施、处理突发事件的经验等方面均存在诸多亟待改进的地方，亟须对应急物流的理论体系、规律、机制、实现途径等进行系统研究。因此，加强对重大公共安全应急物资保障体系和应急物流体系研究和系统性规划，提高应急物流系统的整体运作能力和运作效率，就显得尤为迫切和必要。

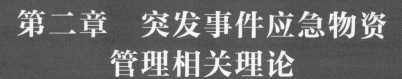

第二章　突发事件应急物资
管理相关理论

第一节　基本概念

一、突发事件

（一）突发事件的定义

国内外对突发事件内涵和特质的表述方式和侧重点不尽相同。

美国国土安全部将突发事件表述为：一种自然发生的或人为原因引起的需要应急事态反应以保护生命或财产的事或事件。欧洲人权法院对突发事件的解释是：一种特别的、迫在眉睫的危机或危险局势，影响全体公民，并对整个社会的正常生活构成威胁。

《中华人民共和国突发事件应对法》将突发事件定义为：突然发生，造成或者可能造成严重社会危害，需要采取应急处置措施予以应对的自然灾害、事故灾难、公共卫生事件和社会安全事件。本书以此定义为准。

突发事件基本含义主要体现在以下四个方面：一是事件的突发性，事件发生突然，难以预料；二是事件的严重性，事件造成或者可能造成严重社会危害；三是事件的紧急性，事件需要采取应急措施予以应对，否则将出现严重后果；四是事件的类别性。我国把各种突发事件划分为自然灾害、事故灾难、公共卫生事件和社会安全事件四类，这种划分有利于事件的分类管理。按照社会危害程度、影响范围等因素，把自然灾害、事故灾难、公共卫生事件分为特别重大、重大、较大和一般四级。

（二）突发事件的特征

突发事件涉及类型众多，每类突发事件都有其独有的一些特性。但整体来看，突发事件具有以下共同特征。

1. 突发性

绝大多数突发事件是在人们缺乏充分准备的情况下发生的，使人们的正常生活受到影响，使社会的有序发展受到干扰。由于事发突然，首先，人们在心理上没有做好充分的思想准备，会产生烦躁、不安、恐惧等情绪；其次，社会在资源上没有做好充分的保障准备，需要临时调集各类应急资源；最后，管理者在措施上没有做好充分的设计准备，只能针对具体情况制定处置措施。虽然有些突发事件存在着发生征兆和预警的可能，但由于真实发生的时间和地点难以准确预见，同样具有突发性。

突发性是指事件发生突然，出乎人们意料。主要包含两层含义：一是突发事件爆发的偶然因素更大一些，因为它几乎不具备一般事物发生前的征兆。二是突发事件留给人们思考的余地较小，它要求人们必须在极短的时间内作出分析、判断。突发事件的这种特性为人们建立社会危机预警机制提出了难题，因为预警机制是建立在大量数据、信息和资料的基础之上的，没有这些东西，预警机制便无从形成，而突发事件的突发性却使人们很难得到足够丰富的数据、信息和资料，难以作出正确的判断。

2. 不确定性

突发事件具有高度的不确定性，表现在以下两个方面。一是发生状态的不确定性。突发事件在什么时间、什么地点，以何种形式和规模爆发通常是无法提前预知的。有些自然灾害通过科技手段和经验知识，能够减少某些不确定因素，但是很难确定究竟是哪些不确定因素造成的结果。如果突发事件没有不确定因素，也就不属于突发事件，这样的事件可预先做好充分的准备工作，用通常的办法去应对。二是事态变化的不确定性。突发事件发生之后，由于信息不充分和时间紧迫，绝大多数情况的决策属于非程序化决策，响应人员与公众对形势的判断和具体的行动以及媒体的新闻报道，都会对事态的发展造成影响。许多不确定因素在随时发生变化，事态的发展也会随之出现变化。

3. 破坏性

突发事件的破坏性来自多个方面：对公众生命构成威胁、对公共财产造成损失、对各种环境产生破坏、对社会秩序造成扰乱和对公众心理造成障碍。在危害发生后，由于人们缺乏各方面的充分准备，难免出现人员伤亡和财产损失，造成自然环境、生态环境、生活环境和社会环境的破坏，打乱社会秩序的正常运行节奏，引发公众心理的不安、烦躁和恐慌情绪。有些破坏是暂时性的，随着突发事件处置的结束逐步消除；而有些破坏产生的影响则是长期性的，少则几年，多则几十年，甚至达到百年、数百年。如果对突发事件的处置不当或不及时，可能还会带来经济危机、社会危机和政治危机，造成难以预计的不良后果。

4. 衍生性

衍生性是指由原生突发事件的产生而导致其他类型突发事件的发生。衍生事件有两种情况：一种情况是衍生突发事件的危害程度、影响范围低于原生突发事件，社会的主要力量和精力集中于原生突发事件的处置，应急活动的主要对象不会发生改变；另一种情况是衍生突发事件的危害程度、影响范围高于原生突发事件，从本质上讲，问题的主要矛盾已发生了转移，应急活动的主要对象已发生了变化，需要重新调整社会力量和精力，解决面临的主要问题。对于第二种情况只有少数情况是难以避免的，多数情况是由于处置时对问题考虑不周和控制失误所导致。

5. 扩散性

随着社会的进步和现代交通与通信技术的发展，地区和全球一体化的进程在不断加快，相互之间的依赖性更强，这就使突发事件造成的影响不再局限于发生地，它会通过内在联系引发跨地区的扩散和传播，波及其他地域，形成更为广泛的影响。

6. 社会性

社会性是指突发事件会对社会系统的基本价值观和行为准则构架产生影响，其影响涉及的主体是公众。在突发事件的应对过程中，整个社会将重新审视以往的群体价值观念，人们通过认识和思考，重新调整社会系统的行为准则和生活方式，重新塑造自身的基本价值观。

7. 周期性

突发事件类型多种多样，但具有基本相同的生命周期，即要经历潜伏期、爆发期、影响期和结束期四个阶段。潜伏期一般具有较长的时期，在此期间，突发事件处于质变前的一个量的积累过程，待积累至一定的程度后，便处于一触即发的状态，一旦"导火索"被引燃，就会立即爆发出来，给社会带来危害。爆发期是突发事件发生质变后的一个能量宣泄过程，一般持续时间比较短而猛烈。受"导火索"的触发，潜伏期逐步积累起来的能量通过一定的形式快速释放，产生巨大的破坏力，给整个社会带来不同程度的危害。影响期是在突发事件爆发之后，造成的灾难还在持续产生作用、破坏力还在延续的阶段。许多情况下，影响期与爆发期之间没有明显的界限，两者是交叉重叠的。突发事件的危害和影响在得到控制之后进入结束期。这一时期按照不同的标准会有不同的结论，从管理的角度出发，可以以社会恢复正常运行状态为结束标志；从过程的角度出发，可以以危害和影响完全消除作为结束标志。

二、应急物资

（一）应急物资的定义

应急物资是指为有效应对自然灾害、事故灾难、公共卫生事件和社会安全事件等突发事件，所必需的抢险救援保障物资、应急救援力量保障物资和受灾人员基本生活保障物资。其中，抢险救援保障物资包括森林草原防灭火物资、防汛抗旱物资、大震应急救灾物资、安全生产应急救援物资、综合性消防救援应急物资；应急救援力量保障物资是指国家综合性消防救援队伍和专业救援队伍参与抢险救援所需的应急保障物资；受灾人员基本生活保障物资是指用于受灾群众救助安置的生活类救灾物资。

（二）应急物资的特点

1. 不确定性

灾情发生的时间、强度和影响范围具有不可预测性，这就决定了应急物资的数量、发放范围、运输方式等的不确定性。

2. 不可替代性

应急物资的用途非常特殊，是在特定环境下启用的特殊物资。如疫情发生后使用的疫苗等都不能用其他物资代替。

3. 时效性

应急物资要想发挥效用和价值，就必须在一定的时间内送达需求者手中，超过时限就失去了应急的意义，也就不再称为"应急物资"了。

4. 滞后性

应急物资是在突发事件发生后，根据事件的危害强度、波及范围而启用的，时间上滞后于突发事件的发生。

（三）应急物资的分类

国家发展改革委发布的《应急物资分类及产品目录》中将应急物资分为防护用品、生命救助、生命支持、救援运载、临时食宿、污染清理、动力燃料、工程设备、器材工具、照明设备、通信广播、交通运输、工程材料等13类。

三、应急物资储备

（一）应急物资储备的定义

应急物资储备是指对突发事件应急处理所需要的经费、器械、医疗用品和其他物资的储备。

（二）应急物资储备的意义

应急物资储备主要着眼于突发事件，例如自然灾害、流行性疾病、恐怖袭击等，发挥"蓄水池"功能。在平常时期，可以调剂物资余缺、平抑物价剧烈波动；在紧急时刻，可以缓解突发事件冲击，保障国民经济正常运行和维护社会稳定。

（三）应急物资储备的类型

1. 政府应急物资储备

政府应急物资储备是突发事件应急处置的主要物资保障。由于政府应急物资储备数量大、品种多，并且已经初步形成了全国应急物资储备网络。当突发事件发生后，这类物资能够在第一时间以最快捷的方式调往事发地点（区域），最大限度地保障受灾民众的生命和财产安全，充分体现应急物资调运的时效性。

2. 企业应急物资储备

企业应急物资储备是应急物资储备体系的重要组成部分，主要有两种：一是政府委托企业进行储备，政府可通过出资的方式委托企业进行应急物资储备，另外政府还可以与有关企业签订应急物资储备合同，当突发事件发生后按照合同约定优先调用企业物资进行应急救援工作。二是企业根据自己的风险特征，自行储备一定量的应急物资。由于企业以盈利为目标，如果没有利润企业将难以在市场中生存，因此企业应急物资储备的品种和数量一般都比较少。

3. 市场（流通）应急物资储备

市场（流通）应急物资储备就是将市场（流通）的应急物资以"平灾结合"的模式纳入应急物资储备。它对应急物资储备意义重大：一方面是由于应急物资大部分是通用物资，这部分应急物资也就是市场上流通的物资；另一方面是由于突发事件对应急物资需求量大，而政府应急物资储备仅仅能够满足突发事件应对初期的需求。市场（流通）物资品种多且数量大，但市场（流通）物资往往处在市场中的各个环节，具有分散性。所以，在做好政府应急物资储备工作的同时，也要充分利用市场（流通）资源，保障突发事件应急物资供应。

4. 非政府组织应急物资储备

非政府组织（尤其是慈善机构）也是应急物资储备的重要补充力量。目前，我国慈善组织应急物资储备刚刚起步，储备物资的种类和数量远不能满足突发事件需要。

5. 家庭应急物资储备

家庭不仅是承灾体，也是突发事件的第一应对者。从灾害发生到应急救援队伍到达这段时间内，需要家庭进行自救、互救，因此家庭也需要储备一定数量的应急物资。目前，大家对家庭应急物资储备普遍缺少认识，储备应急物资的种类和数量很少。

四、应急物资管理

（一）应急物资管理的定义

应急物资管理是指以政府采取应对措施为主体，协同民众和各类社会团体组织，对应急物资的采购、使用、储备等行为进行计划、组织和控制。

（二）应急物资管理的要求

应急物资在管理过程中的具体要求可概括为，注重质量、确保安全、合理存放、优化流程、准确无误、全程监控。

"注重质量"是应急物资管理的首要环节。要根据应急物资所处的具体自然环境,保持其自身的理化特性,为物资储存、运输、搬运等创造良好的外部环境。

"确保安全"是应急物流和应急物资管理的根本要求。安全工作是应急物资管理工作的基础。由于应急物流追求高速度,因此在应急物资的运输、配送、发放等过程中要做到安全稳妥,无事故发生,确保万无一失。

"合理存放"要求对应急物资存放的空间位置安排合理化,便于快速搬运、配送,节省时间,提高效率。

"优化流程"是应急物资管理的内在要求。优化应急物资管理流程可以最大限度地减少物流环节,节省物流时间,符合应急物流追求时空效益最大化的特点。

"准确无误"是体现应急物资管理水平的重要标志。应急物流的高速运转并不是以牺牲准确率为代价的,而是要求准确掌握应急物资的数量、规格、品种、型号等信息,对应急物资的储存、配送、发放等过程做到绝对准确,严防各类差错、事故的发生,严肃认真,做到不错、不乱、不差。

"全程监控"是指对应急物资在需求、筹措、储存、运输、配送到消耗整个过程的动态和静态监督控制,需要收集应急物资的实时信息,为指挥机构判断情况、作出决策提供可靠依据。

(三)应急物资管理的意义

对应急物资进行妥善的管理能够最大限度地减少自然因素和人为因素对物资理化性质的影响,保证其价值的充分发挥,保证在应急情况下各种物资的合理配发和使用。应急物资管理是实现应急物流快速保障的重要基础。

五、应急物流

(一) 应急物流的定义

应急物流是指为应对自然灾害、事故灾难、公共卫生事件、社会安全事件等突发事件，而对物资、人员、资金的需求进行紧急保障的一种特殊物流活动。《国家突发事件应急体系建设"十三五"规划》明确提出，建立健全应急物流体系，充分利用国家储备现有资源及各类社会物流资源，加强应急物流基地和配送中心建设，逐步建立多层级的应急物资中转配送网络。

(二) 应急物流的内容

应急物流的内容包括应急物流组织机制的构建、应急物流技术的研发、应急物流专业人员的管理、应急物流所需资金与物资的筹措、应急物资的储存与管理、应急物流中心的构建、应急物资的运输与配送等。

(三) 应急物流的特点

应急物流与普通物流一样，是由产品的流体、载体、流量、流程、流速等要素构成的，具有空间效用和时间效用；应急物流又与普通物流不同，有自己的显著特点。

1. 社会公益性

应急物流属于社会公共服务范畴，通常由公共财政支撑。应急物流具有极高的时效性，必须在最短的时间，以最快捷的流程和最安全的方式实施应急物流保障。一般而言，普通物流远远无法满足应急情况下的物流需求，因此应急物流必须依靠超常的机制来组织和实施。普通物流属于企业生产经营范畴，不仅强调物流的时间效率，更加讲求物流的经济收益；由于应急物流的特殊使命和公共职能，在紧急状态之下，它更加关注的是社会效益，强调应急物资快速动员、快速送达，经济收益不是此刻考虑的首要问题。

2. 超常规性

应急物流的流程与普通物流有所不同。应急物流本着特事特办原则，许多普通物流的中间环节将被省略。整个物流流程将表现得更加紧凑，物流机构更加精干，物流行为呈现出超常规性。应急物流需要由组织精干、权责集中的机构进行统一组织指挥，快速动员、快速响应、快速集结，以确保物流活动的协调一致和准确及时。

3. 不确定性和事后选择性

应急物流的不确定性源于突发事件的不确定性。由于人们很难准确地估计某些突发事件的时间地点、持续多久、强度大小、影响范围等，这就使得应急物流具体内容也很难事先确定。应急物流的突发性和随机性，决定了应急物流供给的事后选择性。可以说，应急物流供给是在物流需求突然产生后，以极短的时间，在全社会快速动员、快速集结所形成的有效供给。这些都对应急物流和应急储备预案提出了特殊要求。

4. 不均衡性

应急物流的突发性决定了应急物流流量、流向的剧烈变动，应急物流系统必须能够将应急物资在极短的时间内实施大量、快速的运送。随着事态恶化或好转，也必须对应急物资的流量和流向作出快速调整，以防止在时间和空间上发生供给断档或库存积压。可以说，如何最大限度地做到应急物流在执行中恰到好处，"既不多、也不少、刚刚好"，是考验各国应急管理的一个重要命题。

（四）应急物流的重要性

1. 应急物流是做好应对准备的重点保障

应急物流的系统集成、整体优化理念，将有力促进现场救援的物资保障要素高度集成、环节衔接流畅、集约性能显著提升。在应急处置中，应急物流为有效应对突发事件提供物质基础和现实条件。

应对突发事件的任何行动都离不开物流的保障和支援，信息流的畅通离不开物流系统将应急通信设备准确、及时保障到位；救灾人员作用的发挥依赖于救灾物资的伴随保障；灾区人民的生存、生活更需要物流的顺畅。

2. 应急物流是国家安全保障系统的重要力量

社会在发展过程中难免发生一些突发事件。突发事件发生时，短时间内需要大量物资，因此救灾的胜负不仅取决于现场救援力量，也依赖于应急物流能力。从社会作用层面上讲，应急物流主体功能包括：快速抢救受灾物资和各类设施、设备，减少损失；及时补充物资，维系抢险救灾活动顺利进行；快速供应物资，帮助灾区重建；稳定民心，维护社会经济秩序安定四个方面。良好的应急物流体系能够源源不断地将国民经济力量增值、输送到灾区，补充救灾物资消耗，恢复救灾力量，成为救灾能力的倍增器。可见，良好的应急物流体系，既是综合国力的重要组成部分，也是其发展水平的重要标志。与现场救援实力一样，应急物流是国家安全保障系统的重要力量。

应急物流建设事关国计民生，意义十分重大。从宏观层面上讲，它直接关系着国家社会和谐稳定和国防安全巩固，与国家、各级政府息息相关；从微观层面上讲，它关系着百姓安康、生活幸福，与个人和群体利益紧密相连。因此，为确保国家经济建设、国计民生在面对突发事件时能够应对自如、减少损失，我们应站在国家安全战略角度，高度重视应急物流建设，充分发挥应急物流为应对突发事件提供物资保障的作用，使突发事件的应对由被动应对变为主动应对、由片面应对变为全面应对、由劣质应对变为优质应对。

第二节　相关理论

一、应急物资需求预测理论

应急物资需求预测理论是指根据有关调查资料对应急物资未来的需求变化进行细致的分析研究，进而对应急物资的需求作出正确的估计和判断，以充足的物资应对突发事件。

二、应急物资产业链及供应链理论

应急物资产业链是指在应急物资的经济布局和组织中，不同地区、不同产业之间或相关联行业之间构成的具有链条绞合能力的经济组织关系。应急物资供应链也可表达为，应急物资生产和流通过程中，涉及将产品或服务提供给最终用户活动的上游与下游企业所形成的网络结构。

三、应急物资调度及评价理论

应急物资调度及评价理论是指物资协调指挥中心在突发事件爆发时，将这些救援物资从仓库或者中转站快速地用各种交通工具输送到指定事故发生地，并在事后对应急物资的调度情况进行相关评价分析。应急物资调度应考虑物资的需求量、运输工具、运输方式等方面，并且随着突发事件的发展进行不断的调整，以实现各个阶段的目标。

四、应急物资管理流程再造理论

应急物资管理流程再造理论是指从根本上考虑和彻底设计应急物资的管理流程，使其在成本、质量、服务和速度等关键指标取得显著提高的工作设计理论。其理论核心在于重新设计和优化应急物资管理流程，并利用现代化技术工具，极大地提升应急物资管理内在效率和质量。

五、应急物资保障机制理论

应急物资保障机制理论是指政府部门要发挥主导作用，建立应急物资保障机制；政府应建设并完善相应的应急物资信息保障系统以及交通运输保障系统，对应急物资的采购、运输和储备进行管理，确保应急物资及时到达指定地点。

六、应急物资分类理论

应急物资分类理论是指为了更好地管理和调度应急物资，根据应急情况的不同，将应急物资按照物资性质、物资用途、物资紧急程度等不同分类方法进行分类。各种应急物资分类方法具有其自身优缺点和适用范围，应根据具体情况选择合适的分类方法，并根据应急场景变化等因素进行调整和升级。

按照物资性质分类：食品类、医疗物资类、救援装备类、通信和能源类、应急住房类等。

按照物资用途分类：应急救援用品、重建用品、通信工具、电力设备、交通工具等。

按照物资紧急程度分类：紧急救援物资、先期救援物资、后期救援物资。

七、应急物资配送理论

应急物资配送理论是指根据救援工作需要制定合理的应急物资配送方案，在应急情况下如何按照特定的路线进行物资的运输、配送和管理的理论。其核心目标是确保应急物资能迅速准确到达受灾区域，以支持应急救援和恢复工作，提高抗灾救灾的效率和质量，最大限度减少人员伤亡和财产损失。

应急物资配送理论包括以下几个方面。

1. 物资调配

在灾难发生后根据救援现场的实际情况对储备物资进行识别、分析和分类，根据需求指派专业队伍进行物资调配。

2. 路线设计

对物资配送路线的选择，需要进行合理规划和评价，在受灾地区各个区域之间建立有效的运输路径。

3. 流程管理

对物资配送的全过程进行有效管理，避免物资丢失和浪费，确保物资按照计划和规定时间到达，并尽最大努力管理好配送人员和物资库存量。

八、应急物资库存理论

应急物资库存理论是指在应急情况下，对应急物资进行合理的储存、分类、调配、保管以及更新的理论，主要包括对于应急物资库存储备量、需求量进行合理的预测和计算，以便相关人员快速有效地了解相应各类灾害的库存情况。

第三章　突发事件应急物资储备

应急物资储备是为应对各种紧急情况而提前准备的物品。这些物品能够帮助人们在紧急情况发生时，为应对或降低灾害造成的伤害，及时提供基础援助。常用应急物资储备包括救援工具、应急药品、生活类物资、通信设备、照明工具等。

第一节　应急物资储备现状

一、我国应急物资储备发展状况

1998 年张北地震后，《民政部、财政部关于建立中央级救灾物资储备制度的通知》出台，应急物资储备工作日益受到国家层面重视。为加强中央级救灾储备物资的使用管理，切实提高灾害紧急救助能力，2002 年 12 月民政部、财政部联合制定了《中央级救灾储备物资管理办法》。2015 年 8 月 31 日，民政部、国家发展改革委、财政部、国土资源部、住房城乡建设部、交通运输部、商务部、国家质检总局、国家食品药品监管总局 9 部委（局）联合印发《关于加强自然灾害救助物资储备体系建设的指导意见》，首次提出推动建立"中央—省—市—县—乡"纵向衔接、横向支撑的五级救灾物资储备体系，将储备体系建设延伸到乡镇（街道）一级；并从政策层面对救灾物资储备体系建设中各有关部门具体职责进行了明确，指导地方进一步健全完善跨部门协作和应急联动机制，包括建立救灾物资储备资金长效保障机制，健全救灾物资应急采购、紧急调运和社会动员机制，完善跨区域救灾物资援助机制以及构建有关部门共同参与的救灾物资市场供应和质量安全保障机制等。

我国设立了中央及地方各级应急物资储备库，建立了应急物资采购和储备制度。

中央应急抢险救灾储备物资是指由中央财政安排资金，交由民政部购置、储备和管理，专项用于突发事件下紧急抢救、转移、安置灾民和派发灾民生活的各类物资，物资由民政部负责管理。

省级应急物资储备是国家应急物资储备重要组成部分。目前我国已经在31个省区市和新疆生产建设兵团建立了省级应急物资储备库，在251个地市和1079个县市建立了相应的救灾物资储备库和储备点。省级应急储备库建立全省（市）应急物流系统和应急物资样本仓库，同时设立指挥部，负责全省应急物资的管理、调拨和监控等工作，为本省（市）和周边地区的应急物资需求提供物资保障。对于突发事件尤其是自然灾害多发的县级单位可以根据当地的实际情况储备应急物资，这样不仅增加了需求的针对性，而且保障了调度的灵活性。

中央应急物资储备库在抗震救灾中起到了重要作用。我国地域广阔、突发事件多样，现有的储备物资不管是数量、种类还是地域分布都不能满足当前的应急救灾需要，因此国家正在探索更加完善的应急物资储备制度。

2007年12月中国红十字会总会备灾救灾物资库在北京顺义区奠基。除中国红十字会总会在全国范围内建立的6个区域性备灾救灾中心外，15 个自然灾害频发的省级红十字会和 70 多个地县级红十字会也建立了自己的备灾救灾中心或物资库，我国红十字会的救灾物资储备网络已初步形成。

1. 应急物资储备网络基本形成

建立了辐射全国的中央应急物资储备库，推进了地方应急物资储备库建设。目前，中央层面有国家森林草原防灭火物资储备库、中央防汛抗旱物资储备库、大震应急救灾物资储备库、区域性安全生产应急救援物资储备库；国家综合性消防救援队伍应急物资储备库包括消防救援队伍应急物资储备库、森林消防队伍应急物资储备库；中央生活类救灾物资储备库。省、市、县三级政府不断推进应急物资储备库建设，基本形成了"中央—省—市—县—乡"五级应急物资储备网络。

2. 应急物资储备基础不断夯实

我国应急物资储备规模大幅增加，物资储备品种不断丰富，并根据需要及时调整和补充。目前，中央层面储备有国家森林草原防灭火物资、中央防汛抗旱物资、大震应急救灾物资、安全生产应急救援物资、国家综合性消防救援队伍应急物资、中央生活类救灾物资等应急物资。地方各级政府根据当地经济社会发展水平、灾害事故特点及应对能力，储备有大量地方应急物资。

3. 应急物资储备模式日趋完备

各类应急物资实行分级负责、分级储备，中央和地方按照事权划分承担储备职责，中央主要以实物形式储备应对需由国家层面启动应急响应的重特大灾害事故的应急物资。地方根据当地经济社会发展水平，结合区域灾害事故特点和应急需求，在实物储备的基础上，开展企业协议代储、产能储备等多种方式的应急物资储备。目前，基本形成了以实物储备为基础、协议储备和产能储备相结合，以政府储备为主、社会储备为辅的应急物资储备模式。

二、我国应急物资储备与管理存在的问题

应急物资储备是我国应急管理体系的一项重要内容，它随着应急管理制度的发展而不断完善，又受制于应急管理制度的不足，存在着不能适应突发事件保障需要的问题。我国应急物资储备体系建设虽已取得一定成效，但与日益复杂严峻的自然灾害形势和社会各界对减灾救灾工作的要求和期待相比，救灾物资储备体系建设还存在一些共性问题，如储备库布局不甚合理、储备方式单一、品种不够丰富、管理手段比较落后、基层储备能力不足等。近年来，我国在应急物资储备与管理方面取得了长足进展，但面对突发事件时仍暴露出许多问题。

（一）储备分散，缺乏统一管理

突发事件应急物资储备分散，缺乏统一管理，尚未实现有效整合。我国应急管理体系条块并存，各主体之间的权责关系缺乏规范。当灾难发生时，需要分别与交通、电力、供水、消防、医疗等各个领域进行合作，这就使资源无法有效联动，不能尽快整合物资进行调配，距离"自然灾害发生 12 小时之内，受灾群众基本生活得到初步救助"的国家要求甚远。

从民政救灾物资和防汛救灾物资的储备情况就可以看到，中央和地方各级民政部门负责民政救灾物资的储备管理，国家和地方防汛抗

旱总指挥部办公室负责防汛救灾物资的储备管理。两者之间管理相互独立，缺少协调机制，采购的物品也有重复。另外，从地域范围来看，根据《中华人民共和国突发事件应对法》第四十六条的规定，应急物资储备的主体主要是设区的市以上人民政府和突发事件易发、多发地区的县级人民政府。因此，应急物资储备成为县级以上各级人民政府的职责之一，客观上造成不同地域之间储备的差异以及缺乏协调等问题。

（二）物资储备以政府为主，尚未实现社会力量共同参与

当前，我国应急物资储备基本上是以政府为主，各级政府部门是物资储备的责任主体，还辅以少量的以官方公益组织为主体的社会团体，而法律并没有赋予社会经济活动的主体——企事业单位和个人进行应急物资储备的义务。应急物资储备主体的单一化导致由政府出资购买物资而产生的储备数量的不足，并且经济较落后的地区政府财政收入严重不足，在刚性支出与"以防万一"之间，政府会把有限的资金投入民生、教育及社会经济建设等领域，应急物资储备要求难以得到落实。应急物资储备体系和机制的建立是一个系统工程，除了完善应急物流的基本保障外，还涉及应急物资的筹措与采购、安全储备与调度以及运输与配送等方面，而这些工作往往需要一个机构来组织协调，才可能顺利且较快地完成。应急物流建设的经济效益并不明显，不可能由市场经济条件下的企业来提供，所以这个协调机构就只能是由各地政府根据应急方案从各单位紧急调集人员临时组成。应急物流系统的建设虽然是以政府为主导，但

这并不意味着国家其他公民、普通的企业就可以袖手旁观。历史经验表明，应急物流是整个社会功能的体现，往往需要整个社会的公民积极参与。

（三）储备数量和种类不足

目前，我国应急物资储备数量明显不足，致使灾后多种物资缺乏，尤其是帐篷、食品、饮用水、部分药品、生活用品等。此外，震后救灾物资长距离的运输也影响了救灾工作的时效。应急物资根据用途可细分为防护用品、生命求助、生命支持、救援运载、临时食宿等13类。但目前我国中央应急抢险救灾储备物资只包括帐篷、棉衣、棉被、救灾设备、消毒剂等救灾中必须用到的物资，地方储备的救灾物资也仅限于帐篷、棉衣棉被和少量的救生设施，离紧急抢救、保障灾民生活所需要的应急物资要求还有较大的差距。汶川地震的应对过程再次印证了国家应急物资储备种类的匮乏。例如，地震期间，由于没有任何储备，民政部甚至发出了全国紧急采购简易厕所的指令；同时单一类型的帐篷难以适应我国地域广泛以及气候条件多样的要求。同样，我国各省区市也缺乏足够的应急物资储备。按照分级负责的原则，我国地方政府也应该储备一定数量和种类的应急物资。虽然各省区市也都建立了应急物资储备库，但是储备的数量和种类远远不能满足需求，有些地区甚至没有相应的应急物资储备，如2008年我国南方的低温雨雪冰冻灾害就充分暴露了部分省区市应急物资储备中的问题。更加令人担忧的是，目前我国大多数县级政府尚未进行应急物资储备。

在应急物资储备数量方面，我国应急物资储备数量远远不能满足巨灾的应对需求。突发事件影响范围广，造成的损失相对更为严重，应急物资的需求量大，如应急物资储备不足，应对处置工作就会陷入被动局面。汶川地震发生后，为了安置灾民，民政部 2008 年 5 月 12 日就发出调令从合肥、郑州、武汉、南宁四个物资储备库调拨救灾帐篷 45650 顶。5 月 13 日，民政部再次向各地发出指令，要求迅速调运中央直属库所有帐篷。仅仅两天，民政部设立在哈尔滨、沈阳、天津、郑州、合肥、武汉、长沙、南宁、成都、西安 10 个城市的中央应急物资储备库灾前库存的约 18 万顶帐篷就被全部调空。然而，为安置川、陕、甘三省无处安身的灾民，共需要 300 多万顶帐篷，仅绵阳市就需要至少 60 万顶帐篷，而绵阳市民政局的现有库存却仅是棉被 200 多床、帐篷不到 200 顶。在上百万人受灾、400 余万人需要转移的绵阳，这些救灾物资储备简直是九牛一毛。

（四）以实物储备为主，数量和质量难以满足突发事件需求

目前，国内应急物资储备形式通常是由政府部门建立储备库，购买大量物资放置在库内进行储备。这种储备形式的最大优点是方便，需要时可以很快调用。但不足之处也很多，由于用于购置的资金有限，因而储备的物资无论从品种还是数量上都显得严重缺乏，无法应对重大突发事件时的需求；应急物资储备的时间通常较长，如储存管理不善，食品和生活物资类产品容易发生变质，机械装备和电子信息化类物资长期放置不使用，可能导致零部件受损。实物储备不当或时间过长而造成的质量自然损害，可能会造成突发事件发生时难以提供有效保障。

第一，当前我国的物资储备模式以实物储备为主，合同储备与生产储备的储备模式尚未得到重视。在《中央级救灾储备物资管理办法》和《中央防汛抗旱物资储备管理办法》中，只提到了实物储备管理方式。然而实物储备的流动性非常小，有些物资已储备很多年，非常容易发生食品的发霉和变质，并且储备仓库有限，储备物资的种类和数量也是非常有限的。第二，虽然有些地方政府与企业签订了物资储备管理协议进行联合储备，但是往往企业成为了政府的代储单位因为管理协议中并没有明确规定双方的权利和义务。此外，在采用了生产储备方式的地方，对生产物资企业也没有明确的规定，实践方式多种多样，缺乏相应的监督管理机制，无法保证生产物资产品的质量。对于负责储备和生产的很多企业，政府并没有相应的监督机构对其进行监管。生产环节质量不达标，采购环节没有按照规定的程序进行操作，甚至连开箱检查这样的最起码的工作都忽略了。于是，造成了从出厂质检到入库检查通关，再到采购运输，重重关口失守，充分暴露了当前监管不严，储备不力的严重问题。

（五）注重应急物资筹集与储备，忽视储备物资管理

当前我国管理体制只注重应急物资筹集与储备，忽视储备物资管理。在这种体制下，应急物资储备采用以行政管理为基础的垂直管理结构，主要体现在以下两个方面：一是从事项范围看，在中央政府统一领导下，采用分类别、分部门的管理模式，在灾害产生、发展、结束的不同环节，根据各职能部门的功能实行分阶段管理。二是不同系统、不同灾种的应急物资之间存在独立管理、缺乏协调、重复建设等

问题，降低了救灾资金投入的有效性和合理性。

（六）物资以通用产品为主，难以满足突发事件对专用产品的需求

应急物资有通用和专用等不同产品，以挖掘机为例，平时主要作为工程机械设备参与各种施工，在突发事件发生时可作为道路抢通、抢险救援设备，这类物资为通用型；而医用防护服、负压救护车、有毒有害气体监测设备、消防泡沫等物资属于专用产品，只有在特定情境和场合使用。由于专用产品存在需求的偶发性和不确定性，其通常储备较少；而在现实中，往往影响力、破坏力较大的突发事件发生时，专用物资的保障更为重要和迫切。

（七）应急物资配置多以经验为主，缺乏科学性和前瞻性

目前，多数地方政府在应急物资储备配置时，对当地潜在的风险和突发事件的物资保障需求缺乏科学研判，多以经验和个人偏好为主，物资储备的建立多为被动、事故推动，物资配置标准缺乏前瞻性。从应急管理角度来看，既要考虑历史经验，更要考虑各种可能发生的"万一"，在应急物资配置时要具有前瞻性。目前我国应急物资储备管理整体信息化水平较低，尚缺乏完善的应急物资储备信息平台。建立完善的应急物资储备信息平台是提高应急物资储备管理效率的基础。目前，我国应急物资管理的信息化程度较低，导致政府应急物资储备、流通储备、企业储备、非政府组织的储备无法实现有效的管理，影响了应急物资的调配。

（八）相关法律规范缺失

法律制度是做好国家应急物资储备各项工作的根基。当前，我国国家储备相关要求分散在《中华人民共和国国防法》《中华人民共和国国家安全法》《国家物资储备管理规定》等数十项法律、行政法规和部门规章中，缺少专门立法。应急物资储备体系的法治保障严重不足表现在以下几点：一是立法缺位问题严重，法律层面有关物资储备的规定大都比较笼统，缺少具体、细化的制度；二是行政法规层面仅对粮食等若干战略物资的储备作了较为详细的规定，而尚未涉及石油、矿产、防疫、防护等重要战略物资的储备问题；三是立法层次较低，物资储备的相关立法以部门规章为主，立法层次较低；四是多头立法突出。其主要原因是物资储备管理职能分布在多个部门；五是立法内容陈旧，我国关于物资储备的大量部门规章是在十几年前甚至二十几年前制定的，而近年来国家安全风险、经济社会生活发生了明显的变化，旧的立法已经不能适应现实情况。

（九）应急物资储备专业人才缺乏

应急物资管理队伍组成比较混乱，整体素质偏低，缺乏统一训练和培养。长期以来，应急队伍的培训和演练深度不足，应急处置人员缺乏应急管理与处置专业技能，缺少针对突发重大事件的预警、监测、指挥等技术和装备等。由于缺乏设施完备的大型综合性应急培训、演练基地，应急物资储备体系缺乏全面系统的训练、考核工作制度，因此造成了应急物资储备专业人才缺乏，且使用率不高。

第二节　应急物资储备原则

一、平急结合，以急为主

应急物资储备坚持预防与应急相结合。常态与非常态相结合。专业机械设施平时可以进行生产经营活动。但应以非常态为主，既要储备实物，又要储备技术，确保应急处置效率。

二、以人为本，维护稳定

应急物资储备以保障人民的生命安全和维护稳定为宗旨，应当满足突发事件救助的需求，保障人民群众的生命安全。建立健全应对突发公共事件的应急物资保障机制，确保突发事件发生后应急物资准备充足，及时到位，有效地保护和抢救人的生命，最大限度地减少生命和财产损失，维护社会稳定。

三、统筹规划，分级负责

当突发事件发生时，要统一调配，资源共享，避免重复建设，节约资金。要逐步形成规模适度、结构合理、管理科学、运行高效的应急物资储备体系。应急物资储备体系设计的目标是保障区域内各类突发事件发生后实施救助活动的物资供给，既要及时满足突发事件救助活动的需求、保证救助活动的正常进行，也要统筹规划，考虑应急物资储备体系成本的合理化。应急物资储备要紧密结合实际，确定物资储备的种类，先急后缓、分级负责。

四、适应需求，合理布局

应急物资储备的选址要求、建设规模以及储备物资装备的数量和种类要以应急处置过程中对物资装备的实际需求为依据。要考虑应急处置到达时间、覆盖范围等影响因素以及军队（武警部队）和交通战备等物资储备。统筹考虑大规模突发事件情况下的资源布局情况，不仅要考虑需要局部应急响应的事件，而且要考虑需要区域性的甚至全国范围内的某些重大但很少发生的事件，如自然灾害、恐怖分子袭击、大面积疫情传播等。

五、拓展形式，提高效能

突发事件应急物资储备要充分发挥社会力量，利用市场资源，开拓社会代储渠道，拓展形式，探索多种多样的应急物资储备方式。专业应急物资以实物储备为主，要求保持一定量的商业储备为辅，降低储备成本、提高储备效益。探索构建上下联动的大联储模式：由国家重点储备非常用应急物资和集体应急行动保障物资，由企事业单位储备常用应急物资和本单位防护用具用品，由家庭储备家用和个人应急用具用品，形成横向到边、纵向到底而又互相衔接、互为补充的储备格局，凝聚全民动员、全民参战的强大合力。

六、结合实际，突出重点

应急物资储备要紧密结合区域实际，针对可能发生的、影响重大的突发事件确定物资储备的种类，先急后缓、保证重点。储备数量要紧密结合区域实际人口数量、经济发展规模和社会发展状况等因素。在具体设计应急物资储备体系时，紧急程度较高、需实物储备的物资是重点；其他是可以通过直接征用、市场采购、组织突击研制和生产、组织捐赠等方式进行筹措的物资。

第三节　应急物资储备方式

一、现行应急物资储备方式

（一）实物储备与商业储备相结合

实物储备是指国家及各级地方政府为了应对突发事件发生，将一些至关重要的应急物资放在各级应急物资储备库进行储备的活动。1998 年民政部、财政部建立了应急物资储备制度。我国实行中央与地方分级负责的救灾工作管理体制，救灾物资储备以地方各级政府储备为主。由于仓库的物理容量及应急物资所占用资金预算的限制，应急救援需用的物资不可能全部来源于实物储备。因此，为了确定实物储备种类，有必要根据应急物资的特点及应急救援工作需求，将应急物资进行合理分类，确定物资的储备等级，保证应急救援得到足够的物质保障，同时将应急物资储备仓库及应急物资占用资金的利用率最大化。

商业储备是指国家及各级政府在实物储备之外，还可以与相关企业签订储备合同，将一部分应急物资交由企业储备管理，以扩大应急物资储备的方式。这样做既能保证数量和质量，又能降低成本。这种合同从性质上讲属于行政合同。因此，政府与保管单位应当遵守《中华人民共和国合同法》中关于合同双方权利义务的一般性规定，另外，政府有以下行政优益权：①政府有权了解企业的储备方案和保管程度；②政府可以对储存的情况定期或者不定期进行检查监督。企业若不按协议储备物资，给突发事件应对工作造成损失的，除承担民事责任外，还要被追究行政责任、刑事责任。

（二）生产能力储备与技术储备相结合

生产能力储备是指政府确定具有一定生产能力的企业作为储备企业，在发生突发事件时，迅速生产应急物资。实践中的实现方式也多种多样，有的通过签订紧急供货协议的方式，有的通过签订紧急征用合同的形式。适合做生产能力储备的应急物资主要有以下几类：医药、食品等时效性强、不易做实物储备的物资；需求量小，本国资源相对丰富、获取容易的物资；生产周期短、扩大生产容易的物资。

应急物资中的技术储备是指为提高技术水平、促进生产发展所进行的一系列技术准备和技术开发工作。应急物资技术储备既包括在新设施、新规划、新设备、新材料等方面所进行的一系列研究与开发工作，还包括科技人才的培养与引进、科技知识的积累与更新等，保持应急物资储备的可行性与实效性。

（三）政府储备

政府根据应急物资的特点，按不同的储备要求分类仓储应急物资，并进行库存管理的活动。政府多采用建立储备库的方式仓储应急物资，因此政府储备大多是实物储备方式。全国性应急物资储备网络已初步形成，这些储备库由相应省级人民政府民政部门代为存储、代为管理。此外，各省区市以及各级地方政府也按照民政部和财政部统一部署，设立了规模适当的地方应急物资储备库，采购、储备应对本区域突发事件所需要的应急物资，达到应急物资储备合理以及救灾救急效果最优情况下的成本最小目标。这些储备库储备的应急物资主要是与受灾群众的生活紧密联系的净水设备、饮食用具、棉衣、棉被、救灾帐篷等。大量棉衣、棉被、救灾帐篷等各种应急物资的储备，为突发事件发生后的大量救灾救急需求提供了一定的保障。

政府储备的主体为中央及各级地方政府。在突发事件发生前，政府根据科学的预测在全国范围内建立储备库，采购应急物资并进行储备，并由点及面完成从县到省再到中央的立体化应急物资政府储备网络体系。在突发事件发生后，政府储备可以短时间内成为最直接、最主要、最可靠的应急物资来源。政府首先就近调配必需的应急物资以保障受灾人群的基本生存需求，同时相关部门通过对突发事件有关信息的采集分析，完成对实际需求应急物资的种类和数量的预测，完成对应急物资来源渠道、调配路线、调配方式的优化组合，进而实现对应急物资的快速调配。

二、创新应急物资储备方式

近年来，我国区域协调发展战略落地生根，为创新应急物资储备方式提供了先决条件。可率先在京津冀、长三角、黄河流域等协同发展区域内建立应急物资共享模式。共享各方需签订合作协议，实现一地物资、各地共用，进一步提高物资储备效能。

第四节　应急物资储备布局

一、应急物资储备布局

（一）应急物资储备布局选择

（1）国家应急物资储备库选址可采取自上而下分层建设思路。在建立中央物资储备仓库时，要综合考虑选址因素，考察交通条件、历史灾害观测数据、频发的灾害种类等，并经过具体论证分析，根据结果初步确定备选地址；然后利用场景分析方法，综合考虑各种场景下的需求，根据折中目标，最终确定仓库地址。同时，在地区级仓库建立时也应充分考虑上述思路，力争科学地建立物资储备，形成国家储备—地方储备这样一种分层次的全国救灾物资储备网络，而且这种分层次的储备网络应该在各自的独立运营过程中接受中央的统一协调部署工作。

（2）根据分类分级原则，对于不同的突发事件分别设立相应种类的应急物资储备。这样在面对不同级别的突发事件时，就能够动员相应层次的资源，并根据突发事件的动态变化及时调整调配策略，以便满足向周边地区进行物资援助和救助任务，使救援工作能够顺利进行。

（3）具体进行物资配置时，需要综合考虑物资的分布情况，保证大规模突发事件发生后，能够快速及时地从仓库调配物资，保证灾区供给。合理分布物资对救灾工作有着至关重要的作用。

（4）物资储备布局确定以后，有的物资要进行定期维护。根据保质期不同可以将应急物资分为耐久性物资和非耐久性物资。非耐久性物资的保质期短，要保证物资的更新，使物资时时处于保质期内；耐久性物资需要定期保养和维护。根据平急结合的原则，要保证保养和维护合理，需要研究如何用最少的投入，以及如何更新、维护物资，保证物资处于可用状态。

（二）目前我国应急物资储备布局存在的问题

我国应急物资储备库的建立和资源的配置是一项长期而复杂的任务。经过多年建设，我国应急物资储备体系初步形成，在应对重大突发公共事件时已发挥了重要作用，但仍存在一些问题。

（1）目前，国家的重点放在国有物资储备上，对于资源配置缺乏一定的社会统筹意识。在发生突发事件时，容易造成统一指挥的困难，给应急物资管理工作带来困难。

（2）在突发事件发生时，信息共享机制不能很好地发挥作用，不能准确地收集需求信息，给物资调配带来一定的困难；同时，由于社会资源的大量集中供应，可能造成物资过于集中或者供应过量的情况出现。

二、物资储备定额

物资储备定额是指在一定的管理条件下，企业为保证生产顺利进行所必需的、经济合理的物资储备数量。确定物资储备定额取决于物资周转期和周转量等因素。物资储备定额是物资管理工作的基础。

（一）经常性储备定额

经常性储备定额是指在前后两批物资的供应间隔期内，为保证日常储备管理正常进行所需的储备数量。经常性储备定额是动态的，当第一批物资进库时，达到最高储备量。随着物资储备量逐渐减少，直到第二批物资进库前的瞬间，物资储备量才降到最低点。当第二批物资进库后，又达到最高储备量。这样不断补充、不断耗用，由高到低、由低到高，周而复始、循环往复，物资储备始终在最大值和最小值之间变动，形成物资的经常储备，保障突发事件应急物资供应的正常进行。

（二）保险性储备定额

保险性储备定额是指供应单位误期供给及其他意外情况发生时，为保证生产、供应正常进行所必需的物资储备数量标准。保险性储备定额一般根据保险性储备天数和平均一日需要量来确定：保险性储备定额＝平均一日需要量×保险性储备天数。

由于保险性储备是在供应过程出现意外变故时使用的，而供应过程的意外变故是由内部外部多方面的因素引起的，事先很难确切估计。确定保险性储备天数一般按临时需要比例确定，从内部影响因素考虑，对内部供料记录进行分析，求得各供应期平均临时需要量的比例，以此核算保险性储备天数。除了按保险性储备天数来确定保险性储备定额外，还可采用概率方法，根据一定的保证供应率要求来确定，如安全系数法，以预测需要量（销售量）和安全系数为基础来确定合理库存量。根据要求的保证供应率，核算需要几个安全系数，就相应增加几个预测误差的物资数量。增加的这部分物资数量就是保险性储备定量，也称为安全存量。

（三）季节性储备定额

季节性储备定额是指供应中断的季节初所应当达到的最高数量。季节性储备是由生产季节性和用料季节性所形成的。确定季节性储备定额，主要在于正确确定季节性储备天数。季节性储备定额是由于物资供应（生产或运输）有季节性，为保证生产（供应）的正常进行而建立的物资储备数量标准。季节性储备定额的计算公式为：季节性储备定额＝季节性储备天数×平均每日需用量。季节性储备天数一般根据运输或供应中断天数决定。

案例一

阜新地区近年曾多次发生重大动物疫情。其中，2019 年 2 月阜新市太平区发生猪瘟疫情，当地大量猪群死亡。这次疫情实际上是我国各地相继发生的猪瘟疫情之一，这些疫情给我国的养殖业带来了巨大的灾难。加强重大动物疫情应急管理工作，将突发重大动物疫情控制在疫点上，防止扩散和蔓延，是重大动物疫病防控工作的关键措施。近年来，阜新市畜禽的养殖量和跨区域流动量逐年增加，外来动物疫病威胁不容小觑，重大动物疫情隐患持续存在。因此，加强阜新市重大动物疫情应急管理工作，提升阜新市重大动物疫情应急处置能力，建立阜新市应对重大动物疫情长效机制，对于保障阜新市养殖业健康稳定发展具有重要意义。

阜新市现有市本级、阜新蒙古族自治县、彰武县 3 个应急物资储备库，其中市本级应急物资储备库建于 2006 年，占地面积 180m²；阜新蒙古族自治县储备库面积 135m²，彰武县储备库面积 100m²；严格按照辽宁省地方标准《防控重大动物疫病应急物资储备及储备库建设规范》储备应急物资，阜新市本级现有消毒机、发电机、应急灯、防护用品等 26 个品种，数量充足，阜蒙、彰武两县应急物资储备达到规定要求，并建立台账、保管制度、防火制度、物资出库制度等，应急物资库管理规范。2021 年，全市投入资金 150 万元，对过期消毒药、集中免疫期间消耗的防护用品进行及时更新。

为了应对动物疫情，阜新市政府采取了以下一些措施。

召开疫情防控紧急会议。市政府迅速召开会议，组织各级官员、专家和防疫人员等，采用新型监测系统，追踪疫情的蔓延并制定应对措施。

实施动物封锁和隔离。当地政府禁止疫区内的动物、饲料等物品出入，并开始对牲畜隔离、扑杀和安全处理，确保疫情不会进一步蔓延。

开展疫情信息宣传和培训。社会各界加强宣传和培训，提高公众和从业人员对动物疫情的认识，并推广使用科技设备，协助防疫工作的开展。

组织物资供应和救援。当地政府向灾区提供了足够的防护用品和工作装备，并会同其他机构和组织配合向灾区提供一些必要的生活用品和救援物资，使灾区群众得到了及时的人道援助和医疗救助。

这些措施有效地控制了病毒的传播和蔓延，并在一定程度上挽回了当地养殖业的损失。在疫情防控过程中，各级政府、民间组织和个人积极行动，凝聚起无数人的心血和经验，共同为疫情防控作出了应有贡献。

案例二

《湖北省应急体系"十四五"规划》对生活保障类、抢险救援类应急物资储备提出明确要求。新冠疫情期间，湖北省成为疫情最严重的省份之一，当地政府采取了多种措施加强应急物资储备、物资分配和物资调配。

物资储备。湖北省政府采取了多种措施充分储备口罩、医用防护服、消毒剂、呼吸机等防疫物资，以应对疫情的扩大和需求增加。湖北省通过多种渠道采购大量医用物资，如向全国求援、采取集中采购、支持制造企业转产等。

物资分配。湖北省积极分配疫情防控物资，并向社会各界公开物资采购和分配信息，以确保物资分配公平公正。灾区内的医院、社区、公共场合、居民区等都得到了物资的供应。此外，湖北省采取良好防控策略，防止物资被恶意炒作、套利和漫天索价。

物资调配。湖北省采用多种方式，实现疫情防控物资和应急物资的调配。例如，将部分防疫物资集中分配给重点地区和重症患者，并利用物流管道将防疫物资及时输送到居民家门口，同时还要保障长途司机有足够的口罩和消毒液等物资。

湖北省积极推进"华中区域应急物资供应链与集配中心"和黄石、咸宁、孝感、随州、荆门、荆州、十堰、恩施等市级应急物资储备库建设，争取每年安排省级财政预算资金 1500 万元用于采购救灾物资。"十四五"期间湖北将力争全省所有县（市、区）各建有 1 个县级应急物资储备库。同时，建立应急物资储备监管机制和绩效评估机制。湖北省对不同类型的物资采用实物储备、协议储备、产能储备等多元化储备模式。同时，鼓励居民家庭自行储备，积极引导社会组织参与应急物资储备，接受社会捐赠，完善征用补偿机制，构建"政府主导、社会共建、多元互补"的应急物资储备体系。

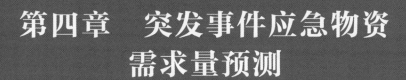

第四章　突发事件应急物资
需求量预测

第一节 应急物资需求概述

应急物资需求是指国家有效应对突发事件时的最低物资要求。所谓有效是指应对突发事件的效益要高，也指物资的使用效率要高；最低是指成功应对突发事件的物资需求数量最小。

一、应急物资需求特征

应急物资需求特征主要表现为应急物资需求同传统物资需求在需求的非预见性、随机性、急迫性等方面的区别。

（一）应急物资需求的非预见性

突发事件涉及面广、破坏力大、突发性强，一般情况下很难做出准确的预测。而且，由于平时不可能储备全部需要的物资，突发事件爆发时，物资需求在很短的时间内急剧膨胀而出现相对短缺，此即应急物资需求的非预见性。但其非预见性也是相对的，随着科技的进步，原先不可预测或难以预测的东西变得可以预测，而且随着救援活动的开展和成功应对，物资的需求就会逐步恢复到正常的需求状态。

（二）应急物资需求的随机性和不确定性

在发生突发事件情况下，无论是应急物资需求的种类、数量和时间，还是供应地和需求地都存在着很大的随机性。而且，当突发事件发生后，经常无法用常规性规则进行判断，信息存在着严重的不及时、不全面或不准确，人们无法在事前准确地估计全部的物资需求，得出的物资需求也具有高度的不确定性。

突发事件的持续时间、强度大小、影响范围等直接影响着应急物资需求的内容和规模。还可能因意料之外的变数，产生额外的应急物资需求，应急物流的主要任务和目标会因此发生重大变化。

（三）应急物资需求的非平稳性

由于突发事件的复杂性，应急物资的需求通常表现为强烈的非平稳性。

（四）应急物资需求的事后选择性

突发事件应急物资需求的复杂性和随机性特征，决定了其供给不可能像企业那样根据客户的订单或需求提供产品或服务。它是在应急需求产生后，在极短的时间内紧急筹措所需应急物资的行为，所以具有事后选择性。

（五）应急物资需求的急迫性

由于突发事件本身的特性，短时间之内需要大量的物资，从应急救灾专用设备、医疗设备、通信设备到生活用品无所不包。应急物资要求有很强的时效性，灾害可能造成的损失同物资能不能及时满足存在着一定的相关性（如应对水灾的救生设备和应对地震的医药物资与灾民的生命安全之间存在着很大的相关性），这就要求应急物资能够做到快速、及时、准确地调配和送达。

（六）应急物资需求的强制性和社会性

突发事件管理属于公共管理行为，是一种特殊类型的社会经济活动。与商业物资需求不同，紧急状态下为了应对突发事件制定的物资需求具有一定的社会性和强制性。

二、应急物资需求影响因素

应急物资需求保障体系构建要综合考虑多方面因素，其中包括应急物资储备仓库的布局、容量与数量，应急物资的种类与数量配置、配送与调度的有效性，储备设施设备的可维护等。

（一）应急物资储备结构的合理化与优化

可采用 ABC 分类法按照应急物资重要程度、价值大小等指标进行合理分类，根据实际情况合理设置物资的库存量，保证突发事件发生时能提供及时的供给。

（二）应急物资储备与配送调度的有效性

对于应急物资的采购、入库、储存、调度、出库、配送、运输等环节要建立严格的制度，并进行详细的记录，以避免突发事件发生时，出现无准备、手忙脚乱的情况，耽误了应急物资的及时供应。

（三）建立应急物资公共信息平台

充分运用现代技术建立应急物资公共信息平台，一旦发生紧急事件，救援物资可及时调配到位，从而大大提高应急救援能力，确保终端供应的畅通。

第二节　应急物资需求预测方法

对应急物资需求进行科学合理预测是应急救援工作顺利开展的前提条件和重要保障。科学的预测是将定性分析与定量分析方法相结合，在数据模型支撑基础上，根据数据结果总结规律、提出应用建议。应急物资需求预测主要包括：一是采用传统的计量方法（如时间序列模型、多元线性回归预测模型等）对应急物资需求的影响因素进行量化，研究这些因素尤其是时间因素与需求量之间的相关关系，分析在时间因素变动下的应急物资基本需求量，做好应急物资日常保障工作，这是有效开展救援工作必须要考虑的前提；二是鉴于突发事件的非规律性、剧烈波动性等相关特征，仅仅运用时间序列等方法对小规模样本进行预测可能精度不佳，因此需要打破时间和样本数量约束，采用更加贴合实际的案例推理法、神经网络模型、支持向量机模型等方法，对突发事件应急物资需求量进行预测；三是采用组合预测形式，对应急物资需求计算结果进行综合分析，判断其误差并对结果进行加权平均，得到应急物资需求数量或其波动的区间范围，为做好应急救援保障工作提供科学依据。应急物资需求预测方法如下。

一、时间序列模型

时间序列模型即根据时间变化对因变量进行预测，对照、总结历史规律得出新的预测结果。时间序列模型包括多项式曲线趋势预测法、一元线性预测法、对数曲线趋势预测法、乘幂趋势预测法等。

2013—2019 年 A 市应急物资需求量情况如表 4-1 所示。

表 4-1　　　　2013—2019 年 A 市应急物资需求量情况

年份	2013	2014	2015	2016	2017	2018	2019
需求量(件)	49110	54300	60060	70650	82300	101000	126650

分析表 4-1 中的数据,可发现 A 市应急物资需求量与时间序列有相关关系。运用时间序列预测方法预测 2020—2030 年 A 市的应急物资需求量,其走势如图 4-1 所示。

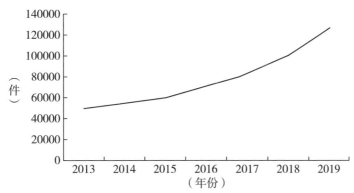

图 4-1　2013—2019 年 A 市应急物资需求量走势

根据图 4-1 中 2013—2019 年 A 市应急物资需求量走势,分别选用多项式曲线趋势预测法、一元线性预测法、对数曲线趋势预测法、乘幂趋势预测法对 2020—2030 年 A 市应急物资需求量进行预测,并结合 2013—2019 年数据进行误差分析。经测算发现,多项式曲线趋势预测法和一元线性预测法得出的数据更符合 A 市应急物资需求量发展趋势,且误差较小(见图 4-2)。

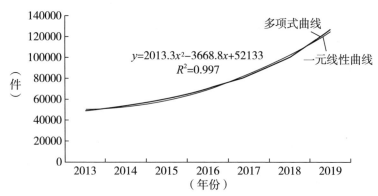

图 4-2　2013—2019 年 A 市应急物资需求量多项式曲线拟合图

（一）多项式曲线趋势预测法

多项式曲线趋势预测法方程为 $y = 2013.3x^2 - 3668.8x + 52133$，$R^2 = 0.997$。

相关系数 $R = 0.9985$，自由度 $n - 2 = 5$，根据相关系数显著性检验表，当显著性水平 $\alpha = 0.05$（置信度为 95%）时，$R_{0.05}(5) = 0.754 < 0.9985$；当 $\alpha = 0.01$（置信度为 99%）时，$R_{0.01}(5) = 0.874 < 0.9985$。可以得出在 $\alpha = 0.05$ 和 $\alpha = 0.01$ 的显著性水平上，检验都通过，说明两变量之间相关关系显著，该模型可以用来预测。2020—2030 年 A 市应急物资需求量多项式曲线趋势预测值如表 4-2 所示。

表 4-2　2020—2030 年 A 市应急物资需求量多项式曲线趋势预测值

年份	需求量（件）	年份	需求量（件）	年份	需求量（件）
2020	151634	2024	298023	2028	508837
2021	182191	2025	344686	2029	571607
2022	216775	2026	395377	2030	638404
2023	255386	2027	450094		

由表 4-2 可以推算出，2020—2030 年，A 市应急物资需求量年均增长率为：

$$\left(\sqrt[10]{\frac{638404}{151634}} - 1\right) \times 100\% \approx 15.46\%$$

（二）一元线性预测法

2013—2019 年 A 市应急物资需求量一元线性趋势拟合图如图 4-3 所示。

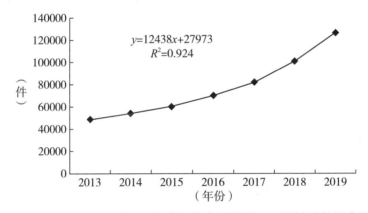

图 4-3　2013—2019 年 A 市应急物资需求量一元线性趋势拟合图

一元线性预测法方程为 $y = 12438x + 27973$，$R^2 = 0.924$。

相关系数 $R = 0.9612$，自由度 $n-2=5$，根据相关系数显著性检验表，当显著性水平 $\alpha = 0.05$（置信度为 95%）时，$R_{0.05}(5) = 0.754 < 0.9612$；当 $\alpha = 0.01$（置信度为 99%）时，$R_{0.01}(5) = 0.874 < 0.9612$。可以得出在 $\alpha = 0.05$ 和 $\alpha = 0.01$ 的显著性水平上，检验都通过，这说明两变量之间相关关系显著，该模型可以用来预测。2020—2030 年 A 市应急物资需求量一元线性趋势预测值如表 4-3 所示。

表 4-3   2020—2030 年 A 市应急物资需求量一元线性趋势预测值

年份	需求量（件）	年份	需求量（件）	年份	需求量（件）
2020	127477	2024	177229	2028	226981
2021	139915	2025	189667	2029	239419
2022	152353	2026	202105	2030	251857
2023	164791	2027	214543		

同理可得，乘幂趋势预测法方程为 $y=42216x+0.458$。可计算出，2025 年和 2030 年 A 市应急物资需求量的预测值分别为 136667 件和 158632 件。

对数曲线趋势预测法方程为 $y=35121\ln(x)+34952$。可计算出，2025 年和 2030 年 A 市应急物资需求量的预测值分别为 125036 件和 136465 件。

二、多元线性回归预测模型

接下来，我们继续使用上述例子来分析多元线性回归预测方法对应急物资需求量的预测。表 4-4 为 2013—2019 年 A 市应急物资需求量、人口数量和 GDP 发展水平，根据三者之间的相关关系，判断其 2020—2030 年的应急物资需求量。

表 4-4   2013—2019 年 A 市应急物资需求量、人口数量和 GDP 发展水平

年份	需求量（件）	人口数量（人）	GDP（亿元）
2013	49110	452781	3585.2
2014	54300	545500	4417.7
2015	60060	666897	5158.1

续表

年份	需求量（件）	人口数量（人）	GDP（亿元）
2016	70650	798513	6150.1
2017	82300	922855	7002.8
2018	101000	1012542	7650.8
2019	126650	1137340	7655.6

用 EViews 8.0 软件进行二元回归分析，输入数据，如图 4-4 所示。

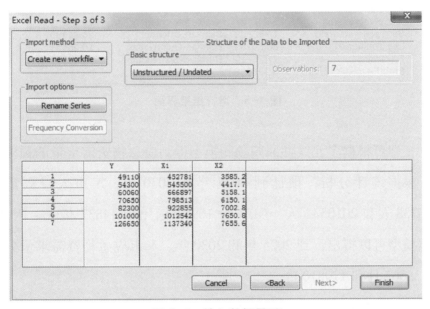

图 4-4 输入数据界面

运行后得到结果如图 4-5 所示。

最终建立模型：$Y = 0.259567X_1 - 24.12332X_2 + 15859.56$，$Y$、$X_1$、$X_2$ 分别表示 A 市应急物资需求量、人口数量和 GDP。$R^2 = 0.97475$，$R = 0.987 < 1$，模型精确度较高。

因此，只需要判断出 2020—2030 年 A 市的人口数量和 GDP 发展

EViews - [Equation: UNTITLED   Workfile: EVIEWS::Eviews\]

File   Edit   Object   View   Proc   Quick   Options   Add-ins   Window   Help

View | Proc | Object | Print | Name | Freeze | Estimate | Forecast | Stats | Resids |

Dependent Variable: Y
Method: Least Squares
Date: 06/01/15   Time: 16:14
Sample: 1 7
Included observations: 7

Variable	Coefficient	Std. Error	t-Statistic	Prob.
X_1	0.259567	0.052201	4.972480	0.0076
X_2	-24.12332	8.131506	-2.966649	0.0413
C	15859.56	10585.79	1.498194	0.2084
R-squared	0.974750	Mean dependent var		77724.29
Adjusted R-squared	0.962125	S.D. dependent var		27946.28
S.E. of regression	5438.787	Akaike info criterion		20.33803
Sum squared resid	1.18E+08	Schwarz criterion		20.31485
Log likelihood	-68.18309	Hannan-Quinn criter.		20.05151
F-statistic	77.20732	Durbin-Watson stat		1.943076
Prob(F-statistic)	0.000638			

图 4-5   运行结果界面

程度，即可根据多元线性回归预测模型得到应急物资需求量的预测结果。根据统计分析，预计到 2025 年和 2030 年，A 市人口数量为 1485738 人和 2010532 人，GDP 为 10983 亿元和 14837 亿元。因此，根据模型可以得出：到 2025 年和 2030 年，A 市应急物资需求量分别为 136562 件和 179810 件。

2020—2030 年，A 市应急物资需求量年均增长率为：

$$\left(\sqrt[10]{\frac{179810}{126650}} - 1 \right) \times 100\% \approx 3.57\%$$

三、灰色预测模型

用灰色预测法进行拟合如图 4-6 所示。其中，图的圆点为原始数据，曲线为所得预测数据的趋势曲线。

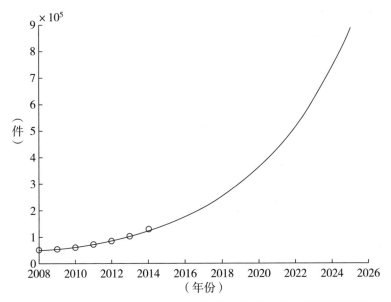

图 4-6　2008—2025 年 A 市应急物资需求量灰色预测拟合图

用 Matlab 做 GM（1，1）编程：

syms a b；

c＝［a b］′；

A＝［49110 54300 60060 70650 82300 101000 126650］；％输入原始

数据序列

B＝cumsum（A）；

n＝length（A）；

fori＝1：（n－1）

C（i）＝（B（i）+B（i+1））/2；

end

D＝A；

D（1）＝［ ］；

D＝D′；

$E = [-C; ones(1, n-1)];$

$c = inv(E * E') * E * D;$

$c = c';$

$a = c(1);$

$b = c(2);$

$F = [\ ]; F(1) = A(1);$

for i = 2: (n+11); %预测的期数

$F(i) = (A(1) - b/a)/exp(a * (i-1)) + b/a;$

end

$G = [\ ]; G(1) = A(1);$

for i = 2: (n+11) ; %预测的期数

$G(i) = F(i) - F(i-1);$

end

t1 = 2008:2014; %现有数据期间

t2 = 2008:2025; %原始数据以及所需要预测数据的总期间

G

a

b

plot(t1, A, 'o', t2, G);

f = G(1, 1:7); %原始数据期数

[q, c, p] = checkgm(A, f)

运行结果如下：

G = 1.0e+005 *

Columns 1 through 8

0.4911　0.4976　0.5956　0.7130　0.8535　1.0217　1.2231

1.4641

Columns 9 through 16

1.7527　2.0981　2.5115　3.0065　3.5990　4.3083　5.1574

6.1738

Columns 17 through 18

7.3906　8.8471

a=−0.1799

b=3.6580e+004

q=0.0088

c=0.0102

p=1

由运行结果可见，预测相对误差小于 0.88%，模型精确度较高；$p=1$，$c=0.0102<0.35$，有较好的预测精度。

其中灰色预测方程为 $X^{(1)}(k+1)=252445.1862e^{0.1799k}-203335.2$。2020—2030 年 A 市应急物资需求量灰色预测值如表 4-5 所示。

表 4-5　　2020—2030 年 A 市应急物资需求量灰色预测值

年份	需求量（件）	年份	需求量（件）	年份	需求量（件）
2020	146410	2024	300650	2028	617380
2021	175270	2025	359900	2029	739060
2022	209810	2026	430830	2030	884710
2023	251150	2027	515740		

由表 4-5 可以推算出，2020—2030 年，A 市应急物资需求量年均增长率为：

$$\left(\sqrt[10]{\frac{884710}{146410}} - 1 \right) \times 100\% \approx 20.45\%$$

四、案例推理法

案例推理（Case-Based Reasoning，CBR）技术是人工智能领域中一项重要的推理技术，是人们依据以往的经验和知识来解决问题的求解技术。其原理可以简述为：首先，从源案例库中搜索到符合该问题的相似案例，对各案例和新问题进行描述。其次，从案例库中检索出与新问题相似的案例，检查是否满足相应的条件，若满足则可输出最佳相似案例直接采用；反之则修正所得的解，使其更好地符合新问题，得到新案例的解决方案。最后，保留新案例及解决方案至案例库，以便下次使用。

五、向量机模型

与多元回归分析算法相比，支持向量机（Support Vector Machines，SVM）具有更加出色的泛化能力，它运用结构风险最小化原则，能在经验风险和模型复杂度之间做合理的折中，从而获得更高的推广能力。在有限样本情况下，用经验风险最小化原则来求解机器学习问题并不是最好的选择。支持向量机是统计学习理论中最核心而实用的部分，主要内容是 Vapnik 等于 20 世纪 90 年代初期提出的。统计学习理论是专门研究小样本情况下的统计学习规律，不依赖于样本的数量。为了提高学习机器的推广能力，提出了 VC 维（Vapnik-Chervonenkis Dimension）概念，并以此为基础提出结构风险最小化（Structural Risk Minimization，SRM）准则。不同于传统的统计学研究样本趋于无穷大时的情况，SVM 着重研究小样本情况下的统计学习规律，对样本的依赖性弱，更符合实际应用中有限样本的假设。

向量机模型是一种常用的机器学习算法，可以根据历史数据来预测未来的应急物资需求量。在应急救援管理中，可利用向量机模型对物品需求量进行预测和优化，提高应急救援的效率和准确性。

以下为运用向量机模型预测应急物资需求量的案例。

某市遇到某自然灾害事件，需要对食品需求量进行预测，以便提前储备应急食品。根据历史数据和相关影响因素，使用向量机模型进行需求量预测。

解决方案如下。

（1）数据收集和处理。收集历史相关数据，包括自然灾害事件前、中、后期逐日的食品需求量数据以及灾害事件发生时的天气、地形等数据。将数据进行清洗和预处理，对缺失数据进行处理，以便后续分析。

（2）数据分析和特征选择。对历史数据进行探索性数据分析，确定与食品需求量相关的影响因素。使用相关性分析和特征选择算法（如卡方检验、信息增益等），筛选出与食品需求量相关的特征，同时减少模型复杂度。

（3）向量机模型建立和训练。使用筛选出来的特征数据作为向量机模型的输入变量，将食品需求量历史数据作为输出变量，建立向量机回归模型。使用训练数据对模型进行训练，优化模型参数，使得模型对历史数据有较好的拟合效果。

（4）模型测试和评价。使用测试数据评估模型的预测性能，将未知的数据输入模型，预测需求量，并计算预测误差；使用模型评价指标（如均方误差、平均绝对误差等）来评估模型的预测能力。

（5）模型应用。在应急物资管理工作中，使用建立好的向量机模型预测未来需求量，提前储备应急食品，提高应急救援效能。

六、组合预测法

由上述时间序列预测方法、多元线性回归预测方法、灰色预测法等方法下的数据结果可以看出，不同的预测方法，其预测值是不同的，对应急物资需求量进行预测都会存在相应的误差。为此，可以采用组合预测法对其他几种预测法得到的预测值进行加权平均，得出最终预测值。以上述算例结果为例，灰色预测法得到的预测数值与其他方法得到的预测值差距较大，因此去掉灰色预测法结果，然后对二元回归预测法、多项式曲线趋势预测法、一元线性预测法、对数曲线趋势预测法、乘幂趋势预测法 5 种预测方法的预测误差进行统计，并进行加权组合预测。各种预测方法下的 A 市应急物资需求量实际值、预测值、绝对误差如表 4-6 至表 4-10 所示。

表 4-6　二元回归预测法计算 2013—2019 年 A 市应急物资
需求量实际值、预测值、绝对误差

年份	实际值（件）	预测值（件）	绝对误差
2013	49110	46900	−2210
2014	54300	50884	−3416
2015	60060	64534	4474
2016	70650	74766	4116
2017	82300	86471	4171
2018	101000	94119	−6881
2019	126650	126397	−253

表 4-7　　多项式曲线趋势预测法计算 2013—2019 年 A 市
　　　　　应急物资需求量实际值、预测值、绝对误差

年份	实际值（件）	预测值（件）	绝对误差
2013	49110	50478	1368
2014	54300	52849	−1451
2015	60060	59246	−814
2016	70650	69671	−979
2017	82300	84122	1822
2018	101000	102599	1599
2019	126650	125103	−1547

表 4-8　　一元线性预测法计算 2013—2019 年 A 市应急物资
　　　　　需求量实际值、预测值、绝对误差

年份	实际值（件）	预测值（件）	绝对误差
2013	49110	40411	−8699
2014	54300	52849	−1451
2015	60060	65287	5227
2016	70650	77725	7075
2017	82300	90163	7863
2018	101000	102601	1601
2019	126650	115039	−11611

表 4-9　　对数曲线趋势预测法计算 2013—2019 年 A 市
　　　　　应急物资需求量实际值、预测值、绝对误差

年份	实际值（件）	预测值（件）	绝对误差
2013	49110	34952	−14158
2014	54300	59296	4996

续表

年份	实际值（件）	预测值（件）	绝对误差
2015	60060	73536	13476
2016	70650	83640	12990
2017	82300	91477	9177
2018	101000	97880	−3120
2019	126650	103294	−23356

表 4-10　乘幂趋势预测法计算 2013—2019 年 A 市应急物资
需求量实际值、预测值、绝对误差

年份	实际值（件）	预测值（件）	绝对误差
2013	49110	42216	−6894
2014	54300	57989	3689
2015	60060	69823	9763
2016	70650	79656	9006
2017	82300	88228	5928
2018	101000	95911	−5089
2019	126650	102928	−23722

预测误差平方和越大，表明该项预测模型的预测精度越低，因而它在组合预测中的重要性就越低。重要性越低表现为它在组合预测中的加权系数就越小。因此，这里采用简单加权平均法，得出组合预测权系数向量。显然，预测方法的误差平方和按由大到小排序分别为：对数曲线趋势预测法、乘幂趋势预测法、一元线性预测法、二元回归预测法、多项式曲线趋势预测法。因此，赋权重分别为：（1/15，2/15，3/15，4/15，5/15）。

综上所述，若要得到 2025 年和 2030 年 A 市应急物资基本需求量，则对其预测的结果分别为：

$$125036 \times \frac{1}{15} + 136667 \times \frac{2}{15} + 189667 \times \frac{1}{5} + 136562 \times \frac{4}{15} + 344686 \times$$

$$\frac{1}{3} \approx 215803 \text{（件）}$$

$$136465 \times \frac{1}{15} + 158632 \times \frac{2}{15} + 251857 \times \frac{1}{5} + 179810 \times \frac{4}{15} + 638404 \times$$

$$\frac{1}{3} \approx 341371 \text{（件）}$$

据此，预测到 2025 年，A 市应急物资基本需求量约 22 万件；到 2030 年，A 市应急物资基本需求量约 34 万件。

七、GM（1.1）模型

GM（1，1）模型是利用灰色理论对时间序列预测问题进行建模的方法，适用于变化缓慢、受随机因素影响较大的小样本预测问题，特别是一些非线性、非平稳、不确定的系统。GM（1，1）模型可以用于应急物资需求的预测，主要是对应急物资需求数量进行预测和估算。利用 GM（1，1）模型对应急物资需求进行预测的主要步骤如下。

1. 数据处理

首先需要将历史数据进行预处理，例如累加、差分等，使之成为满足 GM（1，1）模型的数据形式。这些历史数据可以是过去几年同期的灾害情况，也可以是类似应急物资类型的需求量。

2. 建立 GM（1，1）模型

根据预处理后的历史数据，使用 GM（1，1）模型进行建模，使用灰色微分方程来描述历史数据的变化规律，然后对模型进行求解和拟合。

3. 模型验证

使用历史数据对 GM（1，1）模型进行验证，判断其预测准确率和模型可用性；如果不符合需求，则需要对模型进行调整和优化。

4. 进行预测

使用已建立并验证的 GM（1，1）模型，针对未来一段时间的应急物资需求进行预测，为应急物资存储、调配和采购等决策提供参考。

采用 GM（1，1）模型对应急物资需求进行预测，可以更加准确地估算应急物资的需求量，从而更好地满足应急场合下的需求。但需要注意的是，GM（1，1）模型只适用于时间序列数据较为平稳、变化缓和的情况，对于需求量极大、突发的应急物资需求，可以采取其他更为严格的预测模型进行分析和决策。

以下为运用 GM（1，1）模型对应急物资需求量进行预测的案例。

某地区为应对灾害情况进行应急物资储备，储备时间为 2015—2019 年，储备物资为药品（见表 4-11）。根据历史备药量数据，采用 GM（1，1）模型进行预测，预测 2020—2025 年的应急药品需求量。

表 4-11　　　　　　某地区 2015—2019 年备药量

年份	备药量（万盒）
2015	75
2016	90
2017	110
2018	120
2019	135

首先，采用累加方法生成 1-AGO 序列，如表 4-12 所示。

表 4-12　　　　　　　　　1-AGO 序列

年份	备药量（万盒）	1-AGO
2015	75	75
2016	90	165
2017	110	275
2018	120	395
2019	135	530

然后，对数据进行一次指数化处理，得到：

$$\frac{x(i)}{x(1)} = a\left(1 - e^{-\frac{i}{T}}\right)$$

其中，i 为时间序列数，T 为累加项数，a 为发展系数。对于该数据，取 $T=5$，得到以下式子：

$$\frac{x(i)}{x(1)} = a\left(1 - e^{-\frac{i}{5}}\right)$$

变化后的式子为：

$$x(i) = x(1)(1 - a)e^{-\frac{i}{T}} + a \cdot x(1)$$

将原始数据带入式子中，得到：

$$x(1) = 49.92(1 - 0.6844)e^{-\frac{i}{5}} + 0.6844 \cdot 74$$

$$x(i) = 15.9e^{-\frac{i}{5}} + 51.3$$

利用该模型，可以预测 2020—2025 年某地区应急药品需求量，预测结果如表 4-13 所示。

表 4-13　　　2020—2025 年某地区应急药品需求量预测

年份	预测需求量（万盒）
2020	140.8
2021	132.8
2022	125.3
2023	118.4
2024	112.0
2025	106.1

管理者可以根据预测结果，及时进行储备计划的调整，确保应急药品需求得到满足。

八、BP 神经网络

BP 神经网络具有任意复杂的模式分类能力和优良的多维函数映射能力，解决了简单感知器不能解决的异或（Exclusive OR，XOR）和一些其他问题。BP 算法是以网络误差平方为目标函数，采用梯度下降法来计算目标函数的最小值。BP 神经网络的拓扑结构类似多层感知器的拓扑结构，在正向信息传播过程中输入层接受外部信息，将其传送给中间层各神经元；中间层可设置为单层或多层结构，对信息处理变换；输出层将各神经元信息进行输出，完成一次正向信息传播。当实际值与输出值存在较大误差时，进行反向传播，使用梯度下降方法不断向前调整权值，不断循环往返直到误差达到期望值或设定学习次数。BP 神经网络的三层结构如图 4-7 所示。

以下为运用 BP 神经模型对应急物资需求量进行预测的案例。

假设要预测 2021—2025 年某地区的应急医疗设备需求量，该地

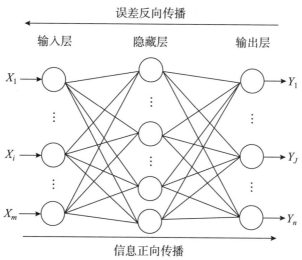

图 4-7 BP 神经网络的三层结构

区应急医疗设备需求量的历史数据如表 4-14 所示。

表 4-14 2016—2020 年某地区应急医疗设备需求量

年份	需求量（万元）
2016	50
2017	55
2018	60
2019	65
2020	70

首先，需要将原始数据进行归一化处理，将数据缩放到 0~1，以便于神经网络模型的训练。具体修改方法如下。

$$Y = \frac{X - \min(X)}{\max(X) - \min(X)}$$

其中，X 为原始数据，Y 为归一化后的数据。按照上述公式，可以将历史数据进行归一化，得到以下结果，如表 4-15 所示。

表 4-15　　2016—2020 年某地区应急医疗用品归一化后的需求量

年份	需求量（万元）	归一化需求量
2016	50	0.0000
2017	55	0.2500
2018	60	0.5000
2019	65	0.7500
2020	70	1.0000

然后，建立 BP 神经网络模型，设置输入层节点数为 1，隐藏层节点数为 4，输出层节点数为 1，然后进行训练。完成训练后，可以使用模型进行 5 年的需求量预测，预测结果如表 4-16 所示。

表 4-16　　2021—2025 年某地区应急医疗用品需求量预测

年份	归一化需求量	需求量（万元）
2021	0.9931	68.52
2022	1.0031	69.15
2023	1.0125	69.77
2024	1.0215	70.38
2025	1.0301	70.98

需要注意的是，BP 神经网络模型需要对训练数据进行正则化和交叉验证等处理，以提高预测的准确性和可靠性。同时，模型的训练过程需要较多的计算资源和时间，需要选择合适的计算方法和工具。

九、地理信息系统模型

应急物资地理信息系统模型是指利用地理信息系统（GIS）技术，结合各类地图数据、受灾区的地理信息和资源条件等数据信息，对应急情况下物资需求进行模拟和预测的一种方法。该模型可以对灾区人口、气象、地貌、交通、物流等信息进行综合分析，预测物资需求的类型和数量，并制订合理的调配计划。地理信息系统模型主要由以下部分组成。

1. 数据采集

应急物资 GIS 模型需要整合各类数据，并进行有效的数据管理，包括应急场景模拟数据、交通数据、灾害地形数据、人口统计数据等各类数据。

2. 数据处理

对整合的各类数据进行处理和融合，使用地图数据进行可视化处理，形成可供应急救援决策的数据。

3. 场景模拟

运用 GIS 模型模拟各种应急场景，根据不同场景模拟结果，预测各类应急物资需求的种类和数量。

4. 优化调配

待物资需求预测完成后，对预测结果进行分析和比较，并制定物资调配计划，明确物资调配策略，以优化调配效果。

应急物资 GIS 模型是一种先进、智能的调配模型，可大大提高物资调配的效率和质量，使应急救援行动更加科学化和智能化。

以下为采用地理信息系统模型对应急物资需求量进行预测的案例。

某市面临洪涝灾害风险情况，需要预测应急物资需求量，以便提前储备应急物资和调配救援队伍。

解决方案如下。

（1）数据收集和处理。收集历史相关数据，包括灾害记录、家庭、商店、医院等人员密集地点空间数据，以及交通、水资源等空间数据。将数据处理为通用 GIS 格式，导入 ArcGIS 软件。

（2）空间分析和特征选择。利用 ArcGIS 进行空间分析，使用克里金插值算法在受灾区域生成人口密度热力图和洪涝影响范围等空间分布图。然后使用地理加权回归（GWR）算法，建立可用于预测物资需求量的 GIS 模型。采用多元线性回归和相关性分析等方法，筛选出与需求量相关的特征，同时减少模型复杂度。

（3）GIS 模型建立和训练。将筛选出的特征数据，结合上述生成的空间分布图和 GIS 模型构建一个比较完整的预测需求量 GIS 模型。使用历史数据对模型进行训练，并通过多次调整模型参数，使模型对历史数据有较好的拟合效果。

（4）模型测试和评价。使用测试数据评估模型的预测性能，在测试数据中将未知数据输入模型，预测需求量，并计算预测误差。利用模型评价指标（如均方根误差、平均绝对误差等）来评估模型的预测能力。

（5）应用模型。在应急救援管理具体工作中，利用建立好的 GIS 模型预测未来需求量，提前储备应急物资，提高应急救援的效率和准确性。

GIS 模型可以对各种影响因素进行整体分析，最终得出准确的需求量预测；同时还可以提供空间路线等信息，为救援队伍提供有力的支持。

十、专家咨询法

运用专家咨询法对应急物资需求预测主要是采集并整合相关行业

专家的意见、经验以及专业知识等，针对应急场景下所需的各类物资进行需求分析和预测。专家咨询法在应急物资需求预测上的应用步骤主要有以下几点。

1. 调查问卷设计

为便于专家对应急物资需求进行准确分析，应根据应急场景类型制定相应的调研问卷，比如地震、台风、洪水等；并根据行业特点提出问题，以便专家们更加科学地分析应急物资需求。

2. 开展调研

对相关领域专家进行采访，收集意见建议，整理数据，分析结果，再根据场景模拟制订应急救援计划，同时对应急物资需求进行预测和调配。

3. 分析预测

将问卷调查结果进行统计分析，提取出共性需求和瓶颈问题等，并根据实际情况预测和分析各类物资的需求量，进行物资供应预案设计。

4. 报告输出

将调查分析结果进行综合汇总，制定相应的应急救援预案，编制应急物资需求报告，向相关领导汇报并定期更新。

通过专家咨询法对应急物资需求进行预测，可以获得丰富的专业知识和经验，从而提高预测结果的准确性和科学性。但需要注意的是，不同专家的观点和建议可能会有所差异，需要进行综合分析和权衡。专家咨询法主要适用于中小型灾害的应急物资需求预测，对于大型灾害的应急物资需求预测，需要采用更为严格和科学的方法和模型，以确保预测结果的准确性和可靠性。

十一、数据包络分析

数据包络分析（DEA）是一种评价决策单元效率的方法，也可用于应急物资需求的评估和分析。DEA方法基于多个输入变量和多个输出变量，对不同的应急物资需求进行分析和评估，确定各种物资的需求量。DEA方法预测应急物资需求主要包括以下步骤。

1. 确定输入变量和输出变量

首先需要确定所要评估的应急物资的输入变量和输出变量，例如受灾人口、气象因素、交通因素、特殊需求等因素可作为输入变量，而食品数量、医疗用品等可以作为输出变量。

2. 确定参考集合

在设计DEA模型时，需要确定参考集合或基准组，以便衡量其他决策单元的效率。

3. 对决策单元进行效率评估

对特定的决策单元进行效率评估，以确定其相对效率，并在此基础上进一步确定各种应急物资的需求量。

4. 建立数学模型

基于上述分析结果，建立数学模型，进行求解和拟合。

5. 结果分析

根据分析结果进行优化，确定需求量，优化配置物资供应。

DEA方法可以量化各种应急物资的需求量，以及各种因素对应急物资需求的影响程度，提高应急救援决策的准确性和灵活性。但需要注意，在应急状态下，DEA模型应用需要充分考虑现实场景的特殊性，及时进行修正和调整，以更好地满足应急场合下的物资需求。

十二、层次分析法

层次分析法（AHP）是一种基于对准则的量化分析，将问题层次化、标准化处理的决策方法，可以用于应急物资需求中的决策前期需求分析和决策选择。AHP 方法在应急物资需求分析上的应用步骤主要有以下几点。

1. 确定应急物资需求决策的层次结构

首先需要确定决策目标，然后考虑到达目标的决策标准和选择应急物资的方案，根据目标、标准和方案逐步分层，得出清晰的决策层次架构。

2. 确定权重系数

在不同决策层次下，使用数学方法对各档次的决策标准分别确定权重系数，以此计算出最终的权重系数作为各标准的重要程度。

3. 构建判断矩阵

在标准层次和方案层次中分别列出对应的评估标准和备选方案，并根据标准层和方案层构建判断矩阵。

4. 求出权重矩阵

判断矩阵对标准和方案权重进行计算，得到标准和方案的权重矩阵。

5. 评估并确定最终需求方案

将各个方案根据其权重评估出其优越度，并以此对各方案进行排序，最终确定适用于实际应急场景的应急物资需求方案。

AHP 方法的优点在于它可以对决策过程中的多重目标进行考虑，能够更好地反映出应急物资需求的实际和需求情况，而且可以提供科学且全面的分析和决策支持。但需要注意的是，该方法对数据量和数据质量的要求比较高，应结合实际情况进行分析，避免产生偏差和误解。同时，AHP方法需要反复细化调整应急物资需求结构，制定合理的应急物资需求方案。

以下为运用层次分析法对应急物资需求量进行预测的案例。

某市面临自然灾害等应急情况，需要预测应急物资需求量，以便提前储备应急物资和调配救援队伍。

解决方案如下。

（1）确定层次结构。将应急物资需求量预测表示为层次结构问题，此问题包含三个层次：目标层、决策层和数据层。目标层表示预测应急物资需求量的目标；决策层表示影响应急物资需求量的因素；数据层表示收集的数据，包括历史应急情况数据、相关统计数据等。

（2）判断因素的重要性。对决策层中的每个因素进行评估，判断其相对重要性。专家采用1~9的标度对每个因素进行评估，其中9表示一个因素比另一个因素更重要，1表示两个因素同等重要。评估结果为：

①灾区范围：0.25；

②人口数量：0.35；

③气象因素：0.15；

④道路交通状况：0.15；

⑤水资源情况：0.10。

将评估结果标准化为权重，得到结果为：

①灾区范围：0.189；

②人口数量：0.265；

③气象因素：0.113；

④道路交通状况：0.113；

⑤水资源情况：0.071。

（3）计算因素对应急物资需求量的影响值。根据上述权重值和历史数据，计算每个因素对应急物资需求量的影响值。例如，利用历史数据分析，得到灾区面积是 2000 平方公里，人口数量为 150 万人，气象因素包括降雨量等，道路交通状况包括交通流量等，水资源情况包括水源数量等，得出影响值如下：

①灾区范围影响值：5000 件；

②人口数量影响值：7500 件；

③气象因素影响值：2500 件；

④道路交通状况影响值：2500 件；

⑤水资源情况影响值：1250 件。

（4）求解并评估。将各因素的影响值加权求和，得到总预测需求量为 19750 件。可以据此提前储备应急物资，以应对未来应急情况。

AHP 方法是一种可行的方法，可为应急物资需求量预测提供有力支持。利用 AHP 方法，专家可以根据决策层中的因素进行权重排序，计算各因素对应急物资需求量的影响值，最终得到应急物资需求量总预测值。在实际应用中，可以将预测值与实际数据进行比较，并根据专家经验对权重值进行重新评估，优化模型的预测能力。

十三、人工神经网络模型

人工神经网络（Artificial Neural Network，ANN）是一种模拟大脑神经网络结构和功能的计算模型，借助于训练算法和实例数据，可以解决一些复杂的问题。神经网络是一种运算模型，由大量的节点（或称神经元）之间相互联接构成。每个节点代表一种特定的输出函数，称为激活函数（Activation Function）；每两个节点间的连接都代表一个对于通过该连接信号的加权值，称之为权重，相当于人工神经网络的记忆；网络的输出则依网络的连接方式、权重值和激活函数的不同而不同。而网络自身通常都是对自然界某种算法或者函数的逼近，也可能是对一种逻辑策略的表达。利用人工神经网络模型进行应急物资需求预测，可以利用大量的历史数据进行人工神经网络的训练，然后使用训练出的模型来进行未来的应急物资需求预测。

利用 ANN 进行应急物资需求预测的基本流程如下。

1. 数据收集

收集历史应急事件发生时的应急物资需求数据，包括数量、种类、地点、时段等关键信息。同时，需要收集相关的特征数据，如天气、自然灾害的种类、规模等数据，以这些数据作为训练模型的输入特征。

2. 数据预处理

对收集到的历史数据进行预处理，包括数据清洗、缺失值处理、异常值处理、数据归一化等操作，以确保数据的完整性和可靠性。

3. 模型训练

将预处理好的历史数据作为神经网络的训练输入，采用反向传播算法进行训练，以得到适合于数据集的神经网络模型。

4. 模型验证

为了测试训练好的模型的准确性，需要使用一部分历史数据作为验证集对模型进行测试，并计算预测结果的误差和准确率。如果模型的误差和准确率达到了预先设定的阈值，说明模型训练成功。

5. 应急物资需求预测

使用训练好的模型对未来的应急事件需求进行预测，一旦应急事件发生，可以使用预测结果作为不同应急物资的需求量和种类的基础，制定应急物资采购、储备等方案，以保障应急情况下人民群众的生命安全和财产安全。

需要注意的是，神经网络模型的训练过程需要消耗相应的计算资源和时间，同时需要处理好数据的业务逻辑和实现的复杂性。在进行应急物资需求预测时，需针对本地区特殊的地理、社会、文化等因素进行调整，确保模型的适用性和准确性。

十四、差分自回归移动平均模型

差分自回归移动平均模型（ARIMA）是一种常用于时间序列分析和预测的方法，可用于预测应急物资需求量。在应急物资预测中，ARIMA 模型可以帮助决策者更好地分析过去的需求特征，预测未来的需求趋势，以便更好地制定储备方案和调配物资。

具体地说，ARIMA 模型需要先对时间序列数据进行平稳性检验，以确保模型的稳定性和可靠性。然后，根据数据的自相关性、偏自相关性等特征，确定 ARIMA 模型的参数（如阶数、滞后步数、移动平均数等），建立模型进行预测；在应急物资需求量预测中，ARIMA 模型可以对历史数据进行分析和拟合，推断未来需求量的变化趋势和规律。预测的时间范围和精度可以根据需求而定，一般可以选择适当的时间段和预测误差范围，以满足应急物资储备和调配的需要。需要注意的是，ARIMA 模型只是一种预测方法，其预测结果并不一定完全准确和可靠。在实际应用中，需要充分考虑模型的局限性和误差范围，同时结合其他分析方法和数据，进行综合性的预测和决策。

以下是基于 ARIMA 模型的应急物资需求预测的详细过程。

1. 收集应急物资需求数据

收集所需应急物资（如口罩、药品、饮用水等）的历史需求量数据。最好是收集跨越 5 年以上的数据，以便更好地进行趋势分析和预测。

2. 对数据进行平稳性检验

使用自相关图、偏自相关图、单位根检验以及 ADF 检验等方法，对数据进行平稳性检验。如果数据不满足平稳性要求，需要进行差分操作，使数据趋于平稳。

3. 进行模型拟合和参数估计

基于差分后的平稳数据，进行 ARIMA 模型的拟合和参数估计。选择适当的模型阶数和参数值，进行最大似然估计的拟合。

4. 进行模型的诊断和评估

用残差序列的自相关图和偏自相关图检验模型是否存在自相关，并进行白噪声检验来评估模型的拟合质量。

5. 根据模型进行应急物资需求预测

使用建立好的 ARIMA 模型对未来需求量进行预测。预测结果应该是一个时间序列，包括未来的需求量估计值和相应的置信区间。

6. 对预测结果进行校验和调整

对预测结果进行评估，根据实际情况进行校验和调整。可以使用均方误差、平均绝对误差等方法，来评估预测结果的准确性。

以应急口罩需求量预测为例：

假设某地区 2016—2020 年 5 年间口罩需求量数据分别为 120 万只、130 万只、150 万只、180 万只、200 万只。我们需要根据这些数据建立 ARIMA 模型，预测 2021—2023 年的口罩需求量。

（1）数据的平稳性检验。可以看到数据有较强的趋势性和季节性变化，需要进行差分平稳性检验。通过进行一阶差分的 ADF 检验和 ACF/PACF 分析，我们可以得到一个 ARIMA（1，1，0）模型。

（2）模型拟合和参数估计。根据差分后的平稳数据，使用 ARIMA（1，1，0）模型进行最大似然估计的拟合。根据 AIC 和 BIC 等信息量准则，对模型进行校验和评估，发现其模型拟合质量较好。

（3）预测未来口罩需求量。使用该模型，可以预测 2021—2023 年 3 年间的口罩需求量。预测结果如表 4-17 所示。

表 4-17　　　　　2021—2023 年某地区口罩需求量预测

年份	预测口罩需求量（万只）
2021	215
2022	220
2023	227

（4）模型的校验和调整。对于这些预测结果，对其进行校验和调整。可以使用均方误差和平均绝对误差等方法，来评估预测结果的准确性，并根据实际情况进行校正和调整。

十五、决策树模型

决策树模型可以应用于预测应急物资需求量，该模型的树形结构有利于对需求量进行分类和排序，有效指导应急物资采购和管理的决策。在复杂决策情况中，往往需要多层次或多阶段的决策。当一个阶段决策完成后，可能有 m 种新的不同自然状态发生；每种自然状态下，都有 m 个新策略可选择，选择后产生不同的结果并再次面临新的自然状态，继续产生一系列的决策过程，这种决策被称为序列决策或多级决策。此时，如果继续遵循上述的决策准则或采用效益矩阵分析问题，就容易使相应的表格关系十分复杂。决策树是一种能帮助决策者进行序列决策分析的有效工具，其方法是将问题中有关策略、自然状态、概率及收益值等用类似于树状的线条和图形表示出来。

构建决策树模型用于预测应急物资需求量通常有以下步骤。

1. 数据收集

收集历史的应急物资需求量数据及其影响因素数据，包括政策法规变化、自然灾害、经济情况等方面的数据。

2. 数据处理

对数据进行清洗、筛选、去除噪声以及缺失值填充等预处理工作。

3. 建立决策树

利用数据进行决策树的构建，树的每个节点表示一个决策问题，每个分支表示一个可能的决策结果。

4. 模型训练

对构建好的决策树模型进行训练，提高决策树的准确性。

5. 模型预测

利用已构建、训练好的模型预测应急物资需求量，输出预测结果。

决策树模型具有可解释性强、易于理解和应用等特点，并且可以对应急物资需求量的各种因素进行综合分析和预测，可应用于各种场景下的应急物资需求量分析；它还能够对各项指标的重要性进行评估，指导应急物资管理人员进行合理的物资供应和储备决策。

决策树模型预测应急物资需求量时需要注意数据的质量，避免出现数据错误导致预测结果不准确的情况。

案例一

2017 年 9 月 19 日（墨西哥时间），墨西哥发生了一次里氏 7.1 级地震，造成 370 多人死亡，伤者数超过 5000 人，成千上万的家庭失去住所和财产，灾民遍布墨西哥城和周边各县市。面对这场自然灾害，墨西哥政府采取了以下一些应对措施。

1. 启动紧急救援计划

在地震发生后，墨西哥政府迅速启动了一系列紧急救援计划，向受灾区域派出医学救护队伍和搜救人员，把受灾人员从废墟中拯救出来，并将他们转移到安全地点。

2. 指导民众有序疏散

政府通过广播、电视等媒体向民众发布疏散指引，并介绍危险区域和安全地点。该行动使受灾民众按疏散计划有序撤离，减少了灾难的影响。

3. 开放救援中心

政府指定多个救援中心提供食物、水、医疗用品和紧急住房等物资，为受灾民众提供安全而妥善的住所和生活保障。政府还在救援中心附近设立了售卖必需品的临时商品销售点，以便灾民购买生活必需品。

4. 国际援助

墨西哥政府还接受了来自多个国家的援助，例如，欧美国家和其他拉美国家的搜援队伍、医疗器材、食物和水等物资的救援支持。总之，墨西哥政府认真应对地震灾害，通过掌握正确的信息，顺利地实施了救援行动。

应急物流系统在墨西哥地震救援中扮演了重要角色。相关物流公司使用无人机、直升机和其他技术，向受灾地区提供物资和人员支援。同时，物流公司还与当地的应急机构和非政府组织密切合作，加快救援行动和物资运输。FedEx 是这些应急物流活动中的主角之一，在地震发生后的第一时间，FedEx 立即启动了紧急响应计划，为受灾地区提供包括医疗用品、防护设备、干粮、床上用品等在内的紧急物资；FedEx 还调用了大量直升机和无人机提供救援和支持；FedEx 同时还提供无偿的物流运输服务，帮助当地的慈善组织和医疗机构分发物资。其他国际物流公司，如 DHL 和 UPS 也积极参与了救援行动中。

在墨西哥地震救援中，应急物流起到了至关重要的作用，帮助救援人员快速地运送物资。此次救援物资的供应相对比较顺畅，归功于物流公司为此次救援行动提前制订的紧急应急计划和他们的快速响应行动。

案例二

2008 年 5 月 12 日，四川省汶川县发生震级为 8.0 级的特大地震。截至 2008 年 9 月 25 日，汶川地震共造成 69227 人遇难、17923 人失踪、374643 人不同程度受伤、1993.03 万人失去住所，受灾总人数达 4625.6 万人。截至 2008 年 9 月，汶川地震造成的直接经济损失达

8451.4亿元。在此次地震中，中国政府迅速启动应急预案，全力展开救援行动。中央政府立即将全国各地包括解放军在内的救援力量调往灾区，并通过多种方式展开灾区救援，如组织抢险队和救援队进入灾区，及时向灾区运送救援物资，确保受灾民众的基本生活需求。

此外，政府还启动了慈善捐赠，号召全社会积极捐助，提供物品和资金援助，确保救灾物资及时、有序、有效地分发到灾民手中。政府还运用现代化通信设施和技术，如卫星电话、遥感、GIS等技术，高效地协助救援行动。

在得到外界援助和支持下，政府采取有效措施，成功挽救了生命，为当地受灾民众提供了庇护和帮助，重建工作也得到了很好的推进。灾后，政府加强了地震监测和防灾减灾机制建设，注重应急和灾后重建工作，例如运用数字地震预测和智能救援装备，加强防灾和应急救援能力，以保障人民生命财产安全和社会稳定。

汶川地震的应急救援行动表明，政府需要建立健全应急预案和响应机制，并采取多种措施来保障灾民的基本生活需求。同时，运用科技与网络技术，如卫星电话、GIS等技术，做到更快速、更高效地响应灾难，为受灾民众提供及时帮助和援助。

第五章　突发事件应急物资筹集

　　在预测了突发事件应急物资需求量后，就要着手进行应急物资的筹集。本章重点介绍我国突发事件应急物资筹集的常规方式，分析每种筹集方式存在的问题及解决措施；对于应急物资需求量大的非常规突发事件，仅靠常规筹集方式不能满足应急需求，必须采用非常规筹集方法，结合生产厂家的产能、成本和到达事发地的时间等因素，实现最小化应急时间和最小化应急成本目标。

第一节　应急物资筹集方式

　　要成功地处置突发事件就必须对其所消耗的大量人、财、物等各种经济资源予以有效保障。当突发事件发生时，应急物资的筹集效率决定着应急的成败，而解决应急物资需求的方案就是在最短的时间内供应较多的产量。突发事件发生时，常常会伴随人员伤亡、建筑物倒塌、供水供电中断、交通通信中断等情况，此时应急的重点是及时为灾民提供医疗救助以及衣、食、住等生活必需品和应急作业工具，因此应急设施、药品、衣服、食物等应急物资的筹集渠道和筹集方式显得尤为重要。实践证明，应急资源准备工作越充分，防灾、减灾、救灾的效果就越好。应急物资储备通常采用实物储备、协议储备、产能储备等多种方式，以提高应急物资使用效率，提升应急物资储备效能。

一、动用储备物资

（一）应急储备物资类别

物资储备一般是为保证一国（地区）国民经济按比例协调发展和应付战争、各类灾害等可能遭到的意外困难而进行的物资储存。应急储备的物资一般包括三大类：第一类是救生类，包括救生舟、救生船、救生艇、救生圈、救生衣、探生仪器、破拆工具、顶升设备、小型起重设备等；第二类为生活类，包括衣被、毯子、方便食品、急救药品、救灾帐篷、净水器械、净水剂等；第三类是医疗器械及药品。

动用储备物资是应急物资筹措的首选方式，为了应急需要，缩短物资供应时间的最佳途径是使用储备物资。应急物流储备应实行实物储备与协议储备相结合的方式。协议储备是指由有关部门提前与提供主要救灾物资如粮食、纯净水、方便食品、临时帐篷等企业签订采购供应协议，一旦灾害发生，供应企业可迅速提供价廉、优质的救灾物资。这样既能减少因储备物资产生的资金占用和保管费用，又能满足灾后紧急救援需求。

（二）动用储备物资要求

在动用储备物资时，应根据应急的级别，经过有关部门授权迅速动用相关的储备物资。对动用的储备物资要做好物资的包装和运输，物资动员系统要把正确的物资以正确的方式在正确的时间送到正确的地点。同时，要对储备物资及时补充。

二、应急物资直接征用

(一) 应急物资直接征用内涵

直接征用是指在重大突发事件发生时,由于物资紧缺,国家根据动员法规对一些物资生产和流通企业,在事先不履行物资采购程序的情况下,对所生产和经销的物资进行强制性地征用,以满足应急需要。事后,根据所征用物资的品种、规格、数量和市场价格与供应商进行结算和补偿。

(二) 应急物资直接征用特征

1. 紧急性

由于事件的突发性,决策时间比较短,需要较快地对突发事件作出应对。而事件的危害多涉及人民群众生命财产安全、国家财产安全、社会政治稳定,所以应急物资的征用工作通常比较紧急。

2. 强制性

由于突发事件处理的紧迫性,在应对过程中的物资征用处置需要有一定的强制性,以保证在紧急状态下,突发事件能够有效应对。

3. 程序性

虽然应急物资征用工作具有紧急性,但它也必须遵循一定的程序。在征用时,享有征用权的主体只能是各级人民政府或政府授权的处置突发事件的领导机构,其他任何组织和个人都没有征用权。在补偿时,也要遵守补偿的管理程序。

4. 临时性

征用的物资多是为应对突发事件的临时性征用,并不具有长期性。

5. 有偿性

应急处置突发事件，往往会在短时间内需要大量物资，有些物资可能无法事先储备或者储备不足又无法通过市场购买等渠道快速到位，依据相关法律规定可向单位和个人征用，但使用完毕后或者应急处置工作结束后应给予补偿。《中华人民共和国突发事件应对法》规定有关人民政府及其部门为应对突发事件可以征用单位和个人的财产，但使用完毕或者突发事件应急处置工作结束后，应当及时返还，对于财产被征用或者征用后毁损、灭失的，应当给予补偿；《中华人民共和国物权法》规定因抢险、救灾等紧急需要，依照法律规定的权限和程序可以征用单位、个人的不动产或者动产。

三、市场应急采购

(一) 市场应急采购特点

市场应急采购是指在如抗灾抢险、战时动员等紧急状态下，为完成急迫任务而进行的采购活动。根据筹措计划，对储备、征用不足的物资实行政府集中采购。应急采购主要有以下特点：一是采购时间紧迫、质量要求严格；二是采购部门单一、供应部门多元化；三是采购方法多变化、采购行为规范化。

(二) 应急物资市场采购方式

主要以竞争性谈判、询价、单一来源采购以及由此衍生出来的协议采购和定点采购的方式进行。竞争性谈判方式在应急采购中主要适用于技术复杂、采购量大、时限要求不是很紧或难以计算价格总额的物资。询价方式主要适用于技术标准统一、价格相对稳定的物资。单一来源方式主要适用于只能从唯一供应商获得产品或来不及从多家企业选择供应商的物资。协议采购是指采购机构按照事先与供应商签订的紧急供货协议而进行的采购。定点采购是指在突发事件前采购部门就与供应商建立了长期合作伙伴关系，签订合作协议并在一定期限内采购其产品的方式，主要适用于大宗应急物资的应急采购。另外，还可以采用网上采购的方式进行应急采购。

四、应急捐赠

(一) 应急捐赠内涵

应急捐赠主要是针对重大突发灾难性事件而进行的捐赠。具体地说，应急捐赠是指发生各种严重自然灾害、突发性公共卫生事件、公共安全事件及军事冲突等突发事件后，国内社会各界、外国政府、港澳台地区及国外的组织、单位、团体、个人不附带任何政治条件无偿向灾区捐赠的救援资金、物资。在捐赠中，企业往往承担着不可推卸的责任，当各种突发事件发生时，适时适度地进行一些有针对性的捐赠活动，有利于树立良好的公众形象，为企业自身发展赢取更大的发展空间。

由于我国还没有形成稳定有效的募捐渠道，当重大突发事件发生时产生的应急性捐赠是一种独特的模式。从应急捐赠经费来源上看，主要包括四条渠道：一是企业捐赠；二是政府财政的拨款或援助；三是基金会捐赠；四是个人捐赠。从应急捐赠参与主体来看，主要有两类：一类是个体行为，指参与捐赠活动的公民个人；另一类是组织行为，包括政府、宗教和社会其他团体支持的各种慈善组织以及志愿服务组织。

（二）应急捐赠的特点

1. 捐赠用途的应急性

应急性捐赠是对突发事件做出快速反应而进行的捐赠，与临时性捐赠以"救穷""救贫"为中心不同，应急性捐赠要求社会捐赠以"救急"为中心。

2. 捐赠时间的短暂性

应急性捐赠"急"的特点决定了它对捐赠延续的时间有限，需要在较短时间内筹集大量的钱物来解决问题。

3. 短期内捐赠款物数额较大

由于应急性捐赠对象一般范围较大，往往吸引全社会共同关注，容易产生"聚焦裂变效应"，在短期内能迅速地募集大量资金，捐赠者也常常是纷纷解囊。如汶川地震发生后不到半个月时间就募集到善款 20 亿元；2008 年年初的南方冰雪灾害，日捐赠量达 6000 万元。1998 年、2003 年、2008 年这三个年份的捐赠出现"井喷"现象，说明应急性捐赠募集善款金额巨大。应急性捐赠尽管在短期内捐赠金额巨大，但这只是公众对巨大突发事件的一种应急反应，远未成为我国社会捐赠的常态。

五、应急生产

（一）应急生产必要性

突发事件发生后，动用应急储备物资是应急物资筹措的首选方式，物资紧缺时也可采用直接征用、市场采购、组织捐赠等筹集方式加以补充。但当重大突发事件发生时，由于受灾面积大、受灾人口多，仅靠以上方式筹集到的应急物资仍然不能满足巨大的应急物资需求，就需要通过应急生产来迅速弥补应急物资需求，因此产能储备显得尤为重要。例如，2008 年 5 月 12 日汶川地震发生后，帐篷需求量巨大，截至 5 月 28 日已有 44.7 万顶帐篷下拨四川灾区，尚需帐篷157 万顶，这些帐篷只有动员相关厂家加急生产。2019 年全国国标医用防护服产量仅 40 万套，而 2019 年 12 月底新冠疫情发生早期，湖北提出的医用防护服需求就达到 10 万套/日，仅武汉就需要 5 万套/日。市场基本规则是以价格信号自发实现资源配置的优化和供求关系的平衡。但在突发事件时期，由于公众对于某类产品需求的急剧增长以及可能出现的商家乘机哄抬价格、囤积居奇等导致供求关系突然性的严重失衡，其结果是加剧了人们对突发事件的恐慌心理，损害了公共安全和公众利益。在市场失灵的情况下，管理者应该采取措施满足公众对应急品的需求，可以运用行政手段实行特殊价格管制政策，动员生产企业最大限度地运用剩余生产能力增加应急品产量。

（二）产能储备

突发事件一般具有发生突然、破坏巨大以及影响广泛等特点，这就使处置突发事件有一个时限要求，如果错过了处置突发事件的最佳时机或者延长了处置突发事件的时间，就会使突发事件造成的经济和社会损失大大增加。突发事件引发的对应急品的突发需求通常是很大的，仅靠突发事件发生时企业的应急生产是很难满足的，如新冠疫情期间对于各类物品与药品等的大量需求。为此，需要选择条件较好的企业纳入产能储备企业范围，建立动态更新调整机制，建立健全集应急物资生产能力储备与实物储备为一体的应急物资储备体系，做到关键时刻调得出、用得上。建立完善"平急转换"机制，发展一批生产能力强、技术水平高、储备能力足的应急物资企业，实现产品储备与产能储备相衔接，确保应急物资保障有序有力。同时，还要健全应急物资集中生产调度机制，当重特大灾害事故发生时，引导和鼓励产能储备企业应急生产和扩能转产。

第二节　优化应急物资筹集方式路径

一、优化应急物资储备

经过多年发展，我国已建立起以中央应急救灾物资储备库为支柱、省级应急救灾物资储备库为中心、市州级应急救灾物资储备骨干库为支撑、县级应急救灾物资库和乡镇应急物资储备点为补充的国家、省、市、县、乡五级应急救灾物资储备体系。

（一）当前我国应急物资储备工作存在的问题

1. 中央级国家救灾物资储备仓库数量少，布局不合理

中央级国家救灾物资储备仓库在我国救灾物资储备体系中发挥着重要作用。但是，目前中央级国家救灾物资储备仓库数量偏少，布局不合理，导致救灾物资运距过远，运输时间过长，影响了救灾工作的时效。灾害发生时不得不从几百甚至上千公里之外的储备仓库调运救灾物资，这就大大增加了运输时间和运输成本。中央应急救灾物资储备库大多分布在东部地区和中部地区，西部主要在西安和成都等地。2003年2月23日新疆喀什地震，民政部不得不紧急从遥远的武汉储备点调运救灾帐篷入疆，6000顶帐篷经过5000公里铁路跋涉后，2月28日才抵达灾区，此刻离灾情发生已经过去了5天。按照民政部要求，在灾害发生24个小时之后，灾民就应该得到救助，解决基本生活问题。由于水、食物易于在当地采购，一般可以达到这一目标，而帐篷等平均运到灾民手中的时间是4天。2008年5月12日汶川地震发生时，民政系统仓库（包括中央直属库和省库）有18万顶左右的救灾帐篷，离灾区所需数量差距非常大。

2. 救灾物资储备仓库建设和管理资金不足

由于建设资金不足，救灾物资储备仓库硬件建设水平普遍较低。除此之外，各储备仓库作业现代化程度过低，缺乏用于装卸和搬运的硬件设施，管理体制和运营机制也有待完善，难以实现对突发公共事件的快速反应。在仓库管理资金方面，应急物资储备管理费用通常为实际储备物资金额的3%，这是最低比例；而中央粮食储备和防汛物资储备的管理费用是实际储备物资金额的5%。以西安应急物资储备为例，民政部分配的储备帐篷约为11000顶，陕西省民政厅租用的库房面积为7000~8000平方米，多的时候大约为1万平方米。根据每年租用情况，民政厅和陕西省商业储运公司每年结算一次租金，中央财政每年拨付的储备资金约在40万~50万元，而仅仓库租金每年就在100万元以上。2023年2月印发的《中央应急抢险救灾物资储备管理暂行办法》提出对中央储备物资给予保管费补贴，采取当年补上年的方式。对国家粮食和物资储备局委托相关单位代储的物资保管费补贴，防汛抗旱类物资按照年度平均月末库存成本的6%核算，生活救助类物资按照年度平均月末库存成本的4.5%核算。

3. 救灾储备物资种类少，难以满足各地多样化需求

中国地域广阔，民族众多，气候各异，不同地区灾害发生后对救灾物资品种的要求也不尽相同，而目前国家救灾物资储备尚无法满足各地对救灾物资多样化的需求。国家救灾物资储备一般只有救灾帐篷和一些捐赠来的衣被，离紧急抢救、保障灾民生活所需要的物资要求还有相当大的差距。

4. 管理环节繁复，救灾物资储备方面的法律法规有待完善

如破坏性地震从发生到灾区接到应急物资之间的时间太长、环节太多，灾害发生后，申请使用储备物资需由受灾地区的省级民政部门向民政部提出申请，民政部审核同意后向代储单位发出调拨通知，申请单位负责储备物资的接收发放以及回收运到代储单位的工作，调运所发生的省际间运费由申请单位承担。同时中央调令下达中有许多不必要的环节，如报批制度等。党和国家机构改革后，中央救灾和防汛抗旱物资储备管理职责统一由国家粮食和物资储备局承担，相关部门职责界定、物资动用程序、管理费核算标准等都已发生变化，先前制定的《中央救灾物资储备管理办法》《中央防汛抗旱物资储备管理办法》已不能满足实际管理需要。2023年2月印发的《中央应急抢险救灾物资储备管理暂行办法》提出，应对国家启动应急响应的重大自然灾害时，各省（自治区、直辖市）应先动用本辖区储备物资。确需调用中央储备物资的，由省级防汛抗旱指挥机构、应急管理部门向国家防总办公室或者应急管理部提出书面申请。申请内容包括地方已调拨物资情况、省级物资储备情况、申请物资用途、品名、规格、数量、运往地点、时间要求、交接联系人与联系方式等。紧急情况下，可先电话报批，后补办手续。按照"谁使用、谁承担"原则，调用中央储备物资所发生的调运费用（包括运输、搬运装卸、过路费、押运人员补助和通信、运输保险等费用）由申请调用单位负担。

目前我国有关救灾物资储备的法律、法规尚不够健全，需要进一步加快建立救灾物资储备领域法律体系，使各级救灾物资管理有法可依。

（二）完善应急物资储备的措施

1. 建立国家储备物资统一调配组织

该组织包括领导层和执行层两个方面，领导层由国务院和相关部委领导组成，负责对突发事件的防范准备工作，并在危机发生后协调各方面的行动，包括政府部门之间、政府与企业之间的各种资源调配、工作协调等。执行层要整合现有国家物资储备管理机构和资源，组建具有高度权威和统一性的国家物资储备的决策和监督部门，负责制定储备法规和政策，编制储备规划和计划，收集整理相关储备信息，监督储备计划的实施。对各类储备物资的收储、轮换、动用等统一决策，构建战略性、全局性、分工明确、相互协调、密切配合、资源共享的大储备体系，在确保国家经济安全的前提下，低成本、高效率地运行国家物资储备体系，提高国家物资储备的应急综合保障能力和整体救援能力。党和国家机构改革后，中央救灾和防汛抗旱物资储备管理职责统一由国家粮食和物资储备局承担。

2. 调整充实储备品种规模布局

国家物资储备系统要根据科学技术、国民经济、军事战略、作战方式和武器装备的发展变化，将国家战略物资储备、救灾应急物资储备、军事战备物资储备等结合起来，研究制定应急物资储备各类目录；论证国家、军队、地方、企业等层面储备物资的种类、名称、作用、配载方式等；优化完善现有生活救助、抢险救灾、公共卫生等类型物资储备及国家专业应急队伍装备储备，从战略全局上对应急物资储备的规模、品种、结构和布局等进行优化设计和宏观规定，以便指导各级政府按照需要安排好相应的应急物资实物和能力等储备。特别是应急物资储备，要根据各地地理位置、气候条件和灾害发生特点的不同，增加处置突发公共事件的专业应急物资、在突发公共事件发生后用于救济的基本生活物资及与人民生产生活息息相关的重要物资的储备。如沿海地区应重点围绕抵御台风和应急救援需要，适当储备食品、急救药材、发电机等物资器材；地震多发地区应重点储备救援工程机械和帐篷等物资器材。

3. 创新国家物资储备管理机制

按照公共产品提供和生产理论，作为公共产品的国家储备物资，应当由政府提供，但是储备物资的储存管理不一定要由政府机构承担。要调动社会力量共同参与国家物资储备，采取立法强制、政府规制、行政合同、外包管理、财政补贴、贴息贷款、税收优惠等多种措施，形成政府、非政府组织与相关企业的战略物资储备联盟，加快建立实物储备与资源信息、技术储备相结合，政府储备与军队储备、企业储备相结合，战略物资储备与周转物资储备相结合的储备模式。建立健全储备领域的相关法律法规，明确储备的社会地位，规范储备行为，推动储备工作的规范化、法制化。强化市场化运作，提高效率，降低成本。要加强监督管理，保证在突发事件时能够让企业及时生产并提供所需的应急物资，以大大降低有关的储备成本、提高全民储备意识。《中央应急抢险救灾物资储备管理暂行办法》对相关部门职责做出了明确规定，国家防汛抗旱总指挥部办公室（以下简称"国家防总办公室"）或者应急管理部按照各自职责提出中央应急抢险救灾储备需求和动用决策；商财政部、国家粮食和物资储备局等部门编制保障规划，确定储备规模、品种目录和标准、布局等。财政部负责安排中央储备物资购置和更新、保管等相关经费，组织指导有关单位开展全过程预算绩效管理，开展中央储备物资资产报告制度落实情况的监督检查。国家粮食和物资储备局负责中央储备物资的收储、轮换和日常管理等工作，确保库存中央储备物资数量真实、质量合格、账实相符。根据国家防总办公室或者应急管理部的动用指令按程序组织调出，并对相关经费组织实施全过程绩效管理。

4. 改善应急物资储备条件手段

加快仓库布局调整步伐，充分利用现有国家、军队和社会各界的物资储备仓库资源，调剂仓库容量余缺，采用优势互补、横向"联合"调配等方式合理利用有效配置，这样就能够既避免重复建设、提高仓库利用效率，又便于国家对物资储备仓库布局的统筹规划。适应新形势下的国家物资储备发展需要，需做到储备仓库布局与工业布局、消费结构和资源分布相结合，与交通布局相结合，与国防布局相结合，以加快大型、多功能、高技术现代化骨干综合仓库建设，提高其储备运输、快速反应能力。建立信息共享的大物资储备体系，引入计算机操作管理系统，加强储备物资的数据库管理，实现仓储管理自动化、信息化和动态化。以信息网络为支撑，建立应急物资储备和运输动态数据库，加强物资储备监测、应急事件监测、预警信息发布和有效媒体管理，确保应急所需物资的及时调拨和供应。

5. 实现储备网络开放化

首先，以省级储备物资为骨干，各县（市、区）应结合本区域和灾种、气候、生活习惯等特点，分级储备适合本区域需要的应急物资，以对省级应急物资储备进行补充，较大可能地满足灾民需要。省级储备库应建立适合本省特点的紧急救援物资储备机制，储备物资的规模、数量、品种依据各省的特点而定；储备的物资来源，主要是集中采购，也可以从社会捐赠品中预留，始终保持一定的储量，但核心问题是需要明确资金来源，确保随调随补不能空档。其次，建立应急物资社会动员机制，对不容易储存的一般生活物品可与生产厂家（含大型物流超市）签订供应协议。最后，可以参照日本、德国等国家做法，采取政府、社会机构（如协会、企业联盟等）和企业共同承担国家储备。除政府建立储备外，对部分品种采取立法强制或向企业提供低息甚至贴息贷款等方式，促进和鼓励企业进行储备。

6. 做好应急物资的逆回收管理

应急物资具有弱经济性，但并非不考虑经济效益问题。有些紧急救援物资逆向回收后，经过一定的处理和修复就能恢复原来的价值，这不仅能避免浪费，而且因为回收产品的修复或再制造周期远远短于新产品的生产运送周期，可以大大缩短供货时间，提高应急物流系统的运行效率。

7. 加强应急仓储设备现代化建设

目前我国应急物资储备库普遍存在库容空间小、器材存放方式原始、作业手段和管理方式落后、作业效率低等问题。可以引进全自动立体仓库设备，运用现代库存技术，建立信息管理系统，以计算机控制实现整个作业活动的自动化，达到既充分利用仓库空间，又提高工作效率，缩短应急物流响应时间。

二、完善应急物资征用补偿

应急物资征用补偿是指在突发事件应对过程中，如果行政紧急权利的行使给相对人造成了侵害或增加了负担，行政机关应当根据相对人的请求或依职权防止和补偿这种侵害或负担，以保护、救济相对人的权益。

应急物资补偿是以政府为主的相关责任主体对应急处置过程中所损耗的资源进行的补偿。所损耗的物资主要是指在突发事件应对过程中，为减缓事件的发展，减低其造成的危害以及为紧急抢救、转移安置灾民所投入的物资。应急财产征用补偿工作属于行政征用补偿范畴，相对于其他行政征用补偿（如土地征用补偿）来讲，尚属于比较新的领域。它主要是对被征用应急的财产造成的损耗以及被征用期间对财产所有者（个人或组织）造成的经济损失给予的一定补偿。

不同类型的机构在补偿时由不同的主体负责。全国性公共处置机构应由中央政府来负责，地方政府负责地方性公共处置机构的资金来源和补偿工作，准全国性公共处置机构可以通过中央政府专项转移支付或中央与地方政府共同来承担。在考虑机构性质的基础上还要考虑机构参与的事件类型，看是全国性的、中央政府组织的，还是地方政府组织的。这些专业处置机构具有处理突发事件，保障公民安全、维护社会稳定的职责，但当遭遇大规模的突发事件时其专用资金往往无法解决问题，仍然需要给予适当的补偿以保障其正常运转，并激励有关部门积极投入抢险救灾工作。

在具体的补偿工作中应注意因地制宜、分级负担。中央政府负责危害大、波及广的重大突发事件的物资消耗补偿，地方政府对于本地区的公共处置机构予以补偿，但对某些特定地区，应考虑其经济发展水平，给予特殊的政府倾斜和保护。

三、鼓励应急市场采购

（一）应急采购工作存在的问题

1. 法律法规对应急采购的规定尚不完善

由于突发事件的特殊性，《中华人民共和国招标投标法》第六十六条规定："涉及国家安全、国家秘密、抢险救灾或者属于利用扶贫资金实行以工代赈、需要使用农民工等特殊情况，不适宜进行招标的项目，按照国家有关规定可以不进行招标。"《中华人民共和国政府采购法》第八十五条规定："对因严重自然灾害和其他不可抗力事件所实施的紧急采购和涉及国家安全和秘密的采购，不适用本法。"可见，以上两法都将应急采购作为适用的例外。《中华人民共和国突发事件应对法》虽然界定了突发事件的概念并明确了应急处置与救援、事后恢复与重建的原则，但仍未对突发事件中的采购事宜做出明确规定。2008 年 5 月 29 日，《财政部关于加强汶川地震救灾采购管理的紧急通知》印发，对于应急采购的适用范围、执行方法、开展宗旨、实施原则、监督管理、负责制度、验收方法、责任承担等做出了一些规定，为加强汶川地震的应急采购管理提供了依据。《中央应急抢险救灾物资储备管理暂行办法》对应急物资采购做出了较为明确的规定，第六条提出"每年国家防总办公室或者应急管理部会同财政部根据储备保障规划确定的储备规模、当年储备物资调拨使用、报废消耗及应急抢险救灾新技术装备物资需求等情况,研究确定下一年度中央储备物资购置计划,包括物资品种、数量、布局等。国家防总办公室或者应急管理部向国家粮食和物资储备局提供采购物资技术要求"。第七条、第八条提出"发生重特大自然灾害需应急追加物资的,由国家防总办公室或者应急管理部会同财政部制定紧急购置计划,并联合下达国家粮食和物资储备局。国家粮食和物资储备局根据国家防总办公室、应急管理部、财政部联合下达的年度购置计划或者紧急购置计划,向财政部申请储备购置经费预算。财政部按程序审批"。可见,我们对突发事件应急物资保障的重要性认识在不断深化。然而,我国目前尚没有形成专门针对应急采购的法律制度。

2. 应急采购程序仍待进一步规范

对于应急采购活动,在实际执行中,使用较多的是竞争性谈判、单一来源或询价采购方式。由于在应急程度、时间限制、标准要求及采购方式等方面往往存在较多争论,因此在具体执行时往往程序不一,主观因素对执行过程及结果影响较大。目前,很多单位在应急采购方面积累了一定的经验,也能够在很短时间内完成很大金额的采购活动,有些也形成了较为完善的应急采购管理规定,但活动开展的方式、方法、程序缺乏统一尺度,规范化程度还不高,应急采购标准化建设滞后。采购程序的混乱会导致公平竞争原则无法落实,扰乱采购秩序,滋生腐败行为,影响政府的公信力。

3. 对采购效率及结果的尺度权衡不一

在应急采购活动中,采购效率往往是最重要的考虑因素,而严格的程序则需在维护严肃性的同时尽量予以简化。政府及社会各界对于灾害引起的应急采购的公平性要求是很高的，即对于采购的不公平的过程及结果的容忍程度是较低的。因此，在应急采购中反映出来的效率与公平的矛盾尤为突出。对于效率和公平的权衡把握可能主要取决于采购活动的执行人，主观因素将可能再一次对该尺度产生重大影响。

4. 应急采购缺乏有效的监督及评估

汶川地震发生后，审计署很快决定组织对地震救灾资金和物资进行审计，查处损失浪费和弄虚作假等问题，促进救灾物资规范采购和有效管理。类似这种及时有效的监督措施在我国应急采购活动中并不多见，也没有形成严格统一的制度。事实上，应急采购由于其突发性和不可预见性，在具体执行过程中难免有较多的主观随意性，要避免对采购活动造成实质性影响，除了提高采购相关方素质外，及时有效的监督和后评估机制是至关重要的。

（二）完善应急采购的对策

1. 建立应急物资采购管理制度

汶川地震发生后，应急物资之所以能够快速运达灾区，主要得益于1998年国家建立中央级救灾物资储备制度。政府采购方式有助于储备一定数量的帐篷、棉衣、棉被、食品、饮水、照明和取暖设备等救灾应急物资。对重要战略物资的市场调控、专向预购、定向预储等措施既能充分发挥公开招标采购的优势，确保应急物资的质量，又可避免面对突发事件时仓促进行大量应急采购，有效防止了应急物资不能及时到位等问题。

2. 建立应急采购供应商库

供应商库在采购领域已得到广泛应用。对应急采购而言，应及早着手建立供应商库，组建供应商评估机构，建立供应商诚信体系和评估系统，共享供应商信息，公开选择诚信等级高的定点供应商。针对供应商的管理，应采取一系列措施对其进行激励与控制，做到既充分发挥供应商的积极性和主动性，切实保证采购任务按时按质完成，又防止应急采购过程中供应商的不轨行为，避免潜在风险与损失。

3. 设计科学的应急物资采购程序

鉴于应急采购的特殊性，应针对性地设计几种符合实际情况的采购程序，在确保采购物资质量前提下，尽量缩减烦琐程序，提高采购效率。对没有预先储备而又来不及生产的物资以及专用设施，可采用竞争性谈判方式；而紧急状态下的零星物资，特别是日用消费品、办公用品，可就近进行筹措。

4. 建立高效的应急物资采购运行机制

应急物资采购高效运行机制至少应包括健全的组织机制、及时的响应机制、有效的调控机制和有力的评估机制。组织机制必须内部机构健全，专兼职结合，职责分工清晰；响应机制和调控机制可参照国民经济动员机构做法，建立应急采购部门，扩大采购队伍，从政策、信息和专业上指导协调应急采购工作；评估机制以应急响应速度、供货及时到位程度、资金使用合理性和实际保障力度为标准，综合评估采购管理能力和效果。

5. 完善应急物资采购法律制度保障

汶川地震后，财政部、水利部、卫生部等部门根据《中华人民共和国招标投标法》《中华人民共和国突发事件应对法》等发布通知，对地震后应急物资的采购作出了原则性规定，但目前尚没有法律层面的制度对如何开展应急采购作出了明确规范。由于应急采购是在紧急情况下，为满足特殊任务而进行的采购活动，为此必须从法律制度上建立应急物资采购保障机制，明确界定应急采购的范围、采购主体和方式等，充分考虑应急的程度、采购资金来源及采购内容，设计出切实合理的采购程序与监督机制，保障顺利、及时、平稳渡过紧急状态。

6. 进一步健全应急采购保障组织

《中华人民共和国突发事件应对法》规定，要根据应急实际需要，设立相关类别突发事件应急指挥机构，组织、协调、指挥突发事件应对工作。当发生重大突发事件时，要迅速建立应急指挥机构并成立物资应急采购保障指挥组，设立综合计划、采购管理、物资调拨三个指挥小组，并成立物资采购站、专业应急采购骨干保障执行小组等。指挥组要设立跨区域联络人员、责任区及救灾物资应急采购渠道接口等，从而使指挥系统畅通，准确及时传达各级指示。

7. 加强救灾物资采购资金保障和动态监管

各级财政部门要按照现行事权、财权划分原则，分级负担应急物资储备与采购资金。同时，一方面要充分动员社会力量，开展志愿服务，为应急救灾捐款、捐物；另一方面要建立完善应急物资监测网络和预警机制，强化对应急物资采购的监督、管理和控制，做到专款专用，确保应急物资充分发挥应急作用。

8. 加强应急物资运输配送保障

建立覆盖全国的各大交通工具和应急队伍动态数据库，调动社会各方面运输能力，形成以陆路运输为基础，空运、水运等多种方式相结合的立体综合运输体系。各交通线路及时开通应急绿色通道，根据运输任务、地形特征、气象情况等，充分发挥各种运力优点，进行无缝衔接；同时优化选择最优运输路线，采用各种现代运输方式（如托盘化运输、智能化运输、甩挂运输）等。

四、大力发展应急捐赠

（一）我国应急捐赠活动存在的主要问题

中国是一个有着乐善好施、扶贫济困传统的文明古国，但目前的慈善捐赠还属于"动员与交换"为主导的模式。当前中国慈善事业与欧美发达国家相比还有很大差距，存在着诸多问题，主要为以下几个。

1. 募捐主体的资格审查不足

民政部 2008 年 4 月 28 日公布实施的《救灾捐赠管理办法》明确募捐主体是指在县级以上人民政府民政部门登记的具有救灾宗旨的公募基金会。同时规定，经同级人民政府批准，县级以上地方人民政府民政部门组织开展本行政区域内的救灾捐赠活动，但不得跨区域开展。在县级以上地方人民政府民政部门开展的救灾捐赠活动中，同级人民政府辖区内的各系统、各部门、各单位在本系统、本部门、本单位内组织实施。

2. 慈善文化生态环境尚未形成

具体体现为，一是人们的慈善意识不强。慈善事业是一项道德事业，建立在自愿捐赠基础上，要求捐赠者有乐善好施的道德风尚、人道关怀的价值观和行为方式。西方国家的民众慈善意识往往与宗教信仰结合在一起，具有牢固基础。而我国社会传统的慈善意识尚未得到应有重视，人们的现代慈善意识正在逐步形成中。二是缺乏社会舆论支持和民间文化价值肯定。拥有财富却得不到民间文化价值的肯定，是富人不愿意捐赠的一个原因。三是没有形成一种高度普及的大众慈善文化。慈善事业依赖于人们的自觉行动，慈善组织本质是一种民间组织，它依赖广大志愿者不计报酬地贡献时间、技能和精力来维持。近些年我国义工和志愿者队伍不断壮大，但总体上看还是极少数人的选择。

3. 应急捐赠法律法规和政策激励机制不完善

主要表现如下：一是缺乏有效的私有财产合法性保护制度。当前，我国关于私有财产保护的法律还不是很健全，富人更关注自己合法拥有的财产，担心国家政策一旦有变，可能会危及他们的私有财产安全。而且，政策有变也会影响他们对未来的预期，会把现有财富用作未来的保障，或者宁愿把钱留给后人也不愿捐赠给慈善机构。二是慈善捐款筹集、管理和使用的法规有待完善。相关法规不健全，慈善机构管理体制不完善，对其运作缺乏有效的监督，也一定程度上抑制了人们的捐赠行为。有些基金会尤其是非政府性质的基金会的慈善款项的数量与走向透明度不够，相关慈善款到底流向了哪些地方，办了哪些具体的项目，其中的成本是多少，成本占慈善款的百分比又是多少，以及是否符合使用善款的原则，一些诸如此类的问题缺乏完善的法规加以规范。三是没有充分发挥税收政策的激励作用。运用税收政策引导和激励人们的慈善捐赠行为一直是各国通行的做法。目前我国尚未实行遗产税制度，很多富豪都愿意积累财富留给自己的子孙后代。目前我国实行的是特事特批原则，企业只有向事先得到国家批准的少数基金会捐款才能得到减免税收的优惠，政策的激励作用没有充分发挥出来。

（二）完善我国应急捐赠的对策

我国发展慈善事业的条件已基本成熟，要积极引导和鼓励人们重视慈善事业，积极参与到慈善捐赠事业中来。

1. 强化民众慈善意识

我国在发展社会主义市场经济过程中，存在极端个人主义、见物不见人等现象，呈现互助互济意识淡化、社会道德水平下降现象。在社会道德基础上，倡导人道主义，发扬中华民族优良的美德，加强道德风尚建设，是促进我国慈善事业健康发展的重要基础。为此，需要主动营造有利于慈善捐赠的社会文化环境，倡导慈善意识，褒扬慈善行为。

2. 发展民间或半官方捐赠机构

慈善事业本质上是民间事业，政府应出台专门的政策法规以引导民间捐赠机构和半官方捐赠机构的建立与健康发展，加强捐赠机构管理的透明度，实现社会化捐赠管理。半官方捐赠机构应着重于国民重大事项方面的捐赠，而民间捐赠机构则应渗入国民生活的各个领域，民间捐赠机构的组织形式和运作方式可以灵活多变，只要合法就可以成立和运作。

3. 推进发展慈善事业的制度建设

慈善事业作为民营公益事业，需要国家在政策上的扶持。制定更加优惠的税收政策，加强慈善资金的筹集和管理，提高基金的公信度，都将极大地推动着我国慈善事业的健康发展。参照发达国家的经验做法，制定相应的税收政策，对企业的慈善捐献给予免税待遇，对富人的所得或遗产征收超额累进税，鼓励并促使企业及富人热心慈善事业，并对有关慈善组织给予必要的财政扶持，以此推动我国慈善事业的发展。

4. 规范募集资金管理和使用监督

慈善事业的捐献制与民营性特征，以基金会为组织形式的慈善组织，决定了对慈善组织及其运作必须实行规范化管理。为此，国家应当制定相应的法律、法规和政策，从法制上统一规范慈善事业的性质、组织形式和具体运作程序，以及接受捐献、善款管理、实施救助的纪律要求，同时明确政府监督部门与社会协调机构的监督责任，确保慈善组织运作符合法制规范。同时，要重视和培养基金会从业人员的道德素质，加强社会监督。

五、提升应急生产能力

突发事件发生给社会带来了一系列问题，其中如何满足事件发生带来的对应急产品的需求是非常重要的一个方面。

（一）提升企业应急生产能力

1. 做好企业剩余生产能力动员

动员是指政府调动全社会人力、物力和财力应对特定事件的行为过程，包括经济（物质和财力）动员、人力动员、技术动员、生产能力动员等。应急动员主要是指政府调动非政府资源应对突发公共事件和紧急状态的行为过程，应急生产动员主要指调动企业充分利用剩余生产能力为受害地区提供应急物资的过程。应急物资生产企业的剩余生产能力在突发事件期间相当于生产能力储备，对企业剩余生产能力的动员程度越高，政府获得这种暂时性生产能力储备的数量就越多。为此，要加强应急动员能力建设，将条件较好的企业纳入产能储备企业范围，建立动态更新调整机制。在突发事件发生时促使企业快速地、最大程度地启动剩余生产能力，想方设法提高应急物资产量，是突发事件应急处置的重要保证。

2. 提升企业产能储备能力

提升企业产能储备能力，必须制定适合产能储备的应急物资品种目录，完善应急物资生产能力调查制度，加强应急物资生产能力的动态监控，建立产能储备企业评价体系。发挥政策引导带动作用，鼓励支持企业参与应急物资的生产、研发和储备，着力提升应急物资生产企业的灵活转产扩产能力、稳定供给保障能力，确保特殊应急产品关键时刻"产得出"。

3. 政府与企业共同投资建造生产能力储备

政府积极与企业一起进行生产能力储备的投资建造，设计并引导建造适宜规模的生产能力储备。建成的生产能力平时可由企业管理和使用，但在突发事件发生时，必须迅速投产或转产应急物资。

4. 政府补贴下企业代储

政府给予生产企业一定的资金补贴，选择企业为其代储一定的生产能力；当突发事件发生后，政府可指定代储企业迅速投产或转产，快速提高应急物资产量。这意味着代储企业不仅拥有平时扩大生产的权利，更具有应急时扩大生产的义务。

5. 做好应急物资生产企业信息采集

建立国家级、省级应急物资产业链全体系备案制度；建立应急物资信息数据库，同时对应急物资及上游原材料供应单位（如疫情期间医用应急防护物资及原材料供应单位——丙烯生产企业、无菌包装袋生产企业、无纺布生产企业、环氧乙烷消毒柜生产企业等）进行备案，实时掌握企业产能，提高应急物资信息化管理水平。

（二）提高应急物资产能保障能力

1. 健全应急物资集中生产调度机制

加强对重大灾害事故物资需求的预判研判，完善应急物资储备和集中生产调度机制。完善鼓励、引导重点应急物资产能储备企业扩能政策，培育和优化应急物资产业链。在重特大灾害事故发生时，引导和鼓励产能储备企业应急生产和扩能转产。

2. 优化应急物资产能布局

开展应急物资产能分布情况调查，分类掌握重要应急物资上下游企业供应链分布。结合区域灾害事故风险以及重要应急物资生产、交通运输能力分布，实施应急产品生产能力储备工程，建设区域性应急物资生产保障基地，优化应急物资生产能力空间布局。培育和优化应急物资产业链，引导应急物资产能向中西部地区转移。

3. 加大应急物资科技研发力度

加强国家级项目资金支持，鼓励建设应急物资科技创新平台，支持应急产业科技发展。发挥重点企业、高校、科研单位等产学研优势，加强核心技术攻关，研发一批质量优良、简易快捷、方便使用、适应需求的高科技新产品，推动应急物资标准化、系列化、成套化。

案例一

2008 年 11 月 21 日上午，山东省新泰市陈官庄煤矿发生煤尘爆炸，事故共造成 105 人死亡，28 人受伤。当时该矿由一家名为宁阳县德元煤矿有限责任公司的私人企业经营。事后，有关部门对该矿的安全管理等方面进行了调查。

经过调查发现，该矿在生产过程中违反了安全规定，存在多项安全隐患。例如，生产用的电缆、电器设备等未保持良好状况，极易引发事故；该矿使用的瓦斯检测仪不准确，不能及时发现危险；同时，该矿隐瞒了部分矿工的实际工作时间，不给矿工缴纳社保等。新泰矿难发生后，应急响应部门和救援队伍立即展开抢险救援。同时，当地政府也成立了救援指挥部，对事故进行组织、指挥和协调。

在矿难现场，救援人员进行了多次抢险救援，带着自救器和防护装备进入井下，拯救被困矿工。同时，伤者被紧急送往医院治疗，政府部门也尽力给予家属及时的心理疏导和经济援助。

此外，当局也对附近的煤矿和居民进行了疏散，避免事故的扩大。事后，政府部门继续开展了相关的善后工作，如处理有关责任人、赔偿受害者等。在应对煤矿事故等紧急情况时，及时出动救援人员，组织抢险救援是首要任务。事故发生后，当地政府立即启动了应急预案，抽调大量救援人员和设备进行搜救，对事故进行调查和处理，确定事故原因。对于未经许可擅自开采、未按要求安装及使用设备和无证经营等违规行为，当地政府将采取严厉惩罚措施，对相关企业人员进行追责处理，并引导其加强管理和落实安全措施，以减少类似事故的发生。同时，加强煤矿的安全管理，推动煤矿企业落实安全制度。

案例二

2015 年 8 月 12 日，天津市发生了一起火灾和爆炸事故，涉及该城市位于港口地区的天津港和天津滨海新区，是一起特别重大安全事故，这个事件被称为"8·12天津港爆炸事故"。2015年8月12日22时51分46秒，位于天津市滨海新区天津港的瑞海公司危险品仓库发生火灾爆炸事故，本次事故爆炸总能量约为450吨TNT当量。事故造成165人遇难（参与救援处置的公安现役消防人员24人、天津港消防人员75人、公安民警11人，事故企业、周边企业员工和居民55人）、8人失踪（天津港消防人员5人，周边企业员工、天津港消防人员家属3人），798人受伤（伤情重及较重的伤员58人、轻伤员740人），304幢建筑物、12428辆商品汽车、7533个集装箱受损。面对这场灾难，当地政府采取了以下措施。

将事故定性为重大突发公共事件。当地政府迅速将事故定性为重大突发公共事件，调派了大量救援队伍前往现场进行救援和治理。同时，政府高度重视民众安全和情绪稳定问题，并迅速推出了一系列有针对性的安抚措施，为受灾民众提供细致周到的帮助。立即调集各种应急资源，提供医疗、救援和安全保障。一些地方的应急队伍，包括警察、消防员、医生等快速行动，紧急处理灾难现场的各种问题。同时，政府也派遣专家对可能遭受到影响的人和地点进行紧急评估，并全力应对任何发生的新问题和风险。

公开、透明的信息沟通。当地政府及其相关机构加强了在媒体上的宣传报道，公开透明，及时、真实、准确发布事故信息，一方面让公众及时了解情况，争取更多的支持和理解；另一方面，让社会各界更好地参与和支持与灾难有关的工作。政府重新评估了市内的所有重要设施和生产线，调查了有关企业是否严格遵守安全法规。这些努力旨在确保类似事件不会再次发生，并且向天津市民表明了政府对安全和健康的承诺。

对危险品运输业加强监管。当地政府加强了对危险品物流运输企业安全管理的检查和评估，确保其在危险品运输中严格遵守相关规定和标准，以避免同样的事故再次发生。

全力恢复正常生产生活秩序。当地政府不仅做好了救援和灾后清理，同时也全面恢复了生产和生活秩序，以保障民生。政府还出重资，推动城市转型升级工作，引导企业规范运营，开展多项工程和项目，决心把天津市打造成一个更安全、更可靠、更美好的新天津。天津的应急响应是非常成功的，这清楚说明了政府、应急工作人员和志愿者在处理灾难时的重要性，也说明了他们在巨大压力下保持冷静、应对困难、分工协作。

总体而言，"8·12天津港爆炸事故"给我们的教训是，必须强化对危险品运输企业的风险防控措施和监管力度，加大应急预警和应急措施建设；同时要落实好突发公共事件的信息公开和真实性披露工作，提高公众对安全防范的认知、参与和监督。

第六章　突发事件应急物资管理

第一节　应急物资采购

一、应急物资采购流程

在应对突发事件工作中，我国已经逐渐形成了比较完善的应急物资采购流程，主要包括四个阶段：准备阶段、启动阶段、执行阶段以及结束阶段，如图 6-1 所示。

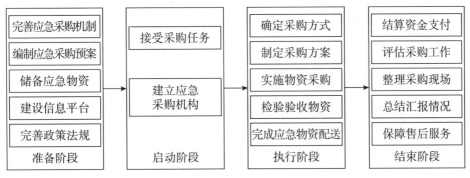

图 6-1　应急物资采购流程

（一）准备阶段

主要完成应急物资采购的准备工作，包括完善应急采购机制、建设信息平台、完善政策法规以及储备应急物资等。

（二）启动阶段

主要完成采购任务的受领和应急采购机构的建立。当突发事件发生时，各支救援队伍提出物资需求，由应急救援指挥部汇总后交由各个应急采购机构完成采购任务。

（三）执行阶段

主要完成确定采购方式，制定合理的采购方案，检验验收物资，确保物资储备的数量充足和质量良好，完成应急物资配送，实现应急物资采购过程的可视化。

（四）结束阶段

主要对采购工作的后续任务进行处理，包括结算资金支付、评估采购工作和整理采购现场，总结汇报情况并保障售后服务等。

二、应急物资采购制度

（一）应急物资采购相关制度

《"十四五"应急物资保障规划》明确提出，要建立应急物资保障标准体系，制定完善应急物资保障相关标准，完善应急物资分类、生产、采购、储备、装卸、运输、回收、报废和补充等相关管理规范。各级应急管理部门商财政部门，根据库存物资调用情况明确应急物资年度采购计划，并将所需资金列入财政预算。

《中央应急抢险救灾物资储备管理暂行办法》对中央应急救灾物资采购做出了明确规定。其中，第六条：每年国家防总办公室或者应急管理部会同财政部根据储备保障规划确定的储备规模、当年储备物资调拨使用、报废消耗及应急抢险救灾新技术装备物资需求等情况，研究确定下一年度中央储备物资购置计划，包括物资品种、数量、布局等。国家防总办公室或者应急管理部向国家粮食和物资储备局提出采购物资技术要求。第七条：发生重特大自然灾害需应急追加物资的，由国家防总办公室或者应急管理部会同财政部制订紧急购置计划，并联合下达国家粮食和物资储备局。第八条：国家粮食和物资储备局根据国家防总办公室、应急管理部、财政部联合下达的年度购置计划或者紧急购置计划，向财政部申请储备购置经费预算。财政部按程序审批。第九条：国家粮食和物资储备局按照年度购置计划或者紧急购置计划，以及财政部批复的购置经费预算，按照政府采购规定组织采购，并及时将采购情况通报国家防总办公室、应急管理部、财政部。

（二）应急物资采购制度要求

（1）采购人员要熟悉应急物资的使用情况，准确掌握应急物资的库存，将应急物资库存控制在合理范围内。遇到特殊情况需要超计划采购物资的，必须事前报告上级部门并得到其批准。

（2）采购回的应急物资如果遇到质劣量少、规格不符等问题，应及时查明原因，办理应急物资的换货、退货、索赔等事宜。

（3）应急物资采购应当坚持公开、透明、节俭原则，严格按照申购程序、制度和流程操作。

（4）采购部门负责对应急物资的申请、采购、储备、管理等环节的监督和检查，对管理混乱、挪用应急物资等行为，依法严肃查处。

（5）采购部门要负责落实应急物资储备情况，落实资金保障，科学合理的确定应急物资储备的方式、数量和种类，加强实物储备。

（6）突发事件发生时，由采购部门负责应急物资的准备和调运，应急物资的调配运输应当选择安全快捷的运输方式。

三、应急物资采购管理

（一）加强应急物资信息系统建设，保持供应商信息的畅通

突发事件发生时，由于应急物资短时间需求量大将会导致市场上此类物资资源比较稀缺，这就要求应急物资采购必须加强对供应商的管理，从而提高对应急物资市场资源的全面掌控能力。应急物资采购特点决定了一些常规的采购方式无法适用于突发事件处理的快速要求，因此无法像常规采购一样在供应商选择阶段进行大量的调查询问，只能利用平常时期收集掌握到的供应商有关信息，并与供应商保持及时的联系。

应急信息系统必须依托平常时期内的信息收集，建立全面完整的供应商数据库，及时整理参与采购的供应商资料并将供应商按采购物品进行分类分级管理，及时掌握可能采购物品的现货市场信息。应急物资往往涉及人员的生命财产安全，因此需要对供应商进行严格的资质审查，确保供应商能提供合格的足量的物资，切实把好物资质量关。

应急指挥与管理系统应当与供应商之间建立起信息交流平台，尤其是在一些突发事件易发生的地方，双方应能够保持信息的及时沟通与交流，在信息平台上共享有关信息，以确保在紧急情况下供应商可以对应急物资的储备和配送进行及时的安排与处理。

（二）在应急物资采购中使用电子采购

随着电子商务发展和互联网技术的普及，越来越多的企业选择电子采购作为降低采购成本的手段。在信息化时代，同样可以采用网络电子商务来实现应急物资采购。电子商务采购能更好地掌握供应商的信息，对供应商的选择更宽广、方便和快捷；利用电子商务模式优势，通过互联网搜索找到尽可能多的应急物资供应商，在网上对供应商的报价进行比较，结合网上交易过程中对供应商的评价、资信体系的调查等信息，选择质量最好、报价最低、准确度最好的供应商，从而降低应急物资采购的成本。

时间因素在应急事件处置中是相当关键的，采购时间越短，应急救灾的效率越高。利用电子商务网络优势，也能尽快地缩短采购所需的时间，询价、报价、比价的过程均在网上进行，利用互联网高速信息传递，可以大大节约救灾物资采购时间。此外，电子商务采购有利于提高采购的透明度，实现采购过程的公开、公平、公正，杜绝采购过程中的腐败；电子商务是一种不谋面的交易，在网站将采购信息公开，采购流程公开，避免交易双方有关人员的私下接触，由计算机根据设定标准自动完成供应商的选择工作，有利于实现实时监控，避免采购中的黑洞，使采购过程更透明、更规范。

（三）健全应急物资采购机制

《"十四五"国家应急体系规划》提出，要制定应急物资产能储备目录清单，加强生产能力动态监控，掌握重要物资企业供应链分布。依法完善应急处置期间政府紧急采购制度，优化流程、简化手续。完善各类应急物资政府采购需求标准，细化技术规格和参数，加强应急物资分类编码及信息化管理。完善应急物资分类、生产、储备、装卸、运输、回收、报废、补充等相关管理规范。完善应急捐赠物资管理分配机制，规范进口捐赠物资审批流程。

（1）建立应急管理、民政、审计、财政、监察等政府部门的应急联动机制，完善有关应急采购制度，确保紧急情况下采购救灾物资能够及时到达灾害地，既做到特事特办、快事快办，又合乎有关规定、合情合理。

（2）制定救灾应急物资采购预案，对救灾应急物资的组织、实施、调度等作出明确的规定，确保应急物资采购忙而不乱、高效快捷。

（3）按照救灾物资所需的品种，如医药类、帐篷类、棉被类、棉衣类、食品类、照明类等，分类建立救灾物资供应厂商名录，以应对救灾物资数量不足等情况。

（4）对不宜长期储存的食品、饮用水等物资，可以采用招标方式，与供应厂商签订生产供应合同，确保紧急需要时能够及时组织生产，满足应急采购的需要。

（四）建立科学的救灾物资采购评价机制

（1）建立应急物资供应商评价体系。按照救灾物资供应商已有救灾物资的业绩、诚信等因素，评定应急物资供应商的等级，从中找出质量好、价格低、交货及时、服务周到的供应商，以便在招标采购特别是紧急采购救灾物资时，作为重要参考依据，从而能够从中迅速挑选出合适的供应商，及时作出采购决策。

（2）建立救灾物资储备库评价体系。根据库容规模、应急调运能力、服务水平等因素，评定应急物资储备库的等级，以此作为应急管理部门、生产厂商进行救灾物资入库储备的参考依据。

（3）推进救灾物资采购、储备标准化体系建设，建立和完善应急物资采购程序、物资品种、储备管理服务的标准化进程。

（五）建立健全应急采购监管的法律法规

要尽快完善应急物资采购监管的相关立法，稳步推进应急物资采购监管立法的组织实施。要在现有采购法规基础上，坚持固强补弱，紧紧抓住影响应急采购监管的瓶颈问题不放松，尽快完善专项管理办法和具体监督操作流程，有针对性的细化规章制度，让采购行为始终有法可依，净化应急物资采购环境，从法律上防止应急采购二次腐败行为的发生。

第二节　应急物资储存

一、应急物资出入库管理

为了保证应急物资快速有效的满足应急抢险需要，提高调配和保障能力，加强对应急物资的出入库管理显得尤为重要。

（一）应急物资入库流程

应急物资入库流程包括应急物资到货、应急物资分类、应急物资信息确定、应急物资上架、应急物资系统信息更新等主要步骤。首先，当筹措的应急物资到达应急物资仓储中心时，仓储中心管理人员首先按照采购合同对应急物资进行质量检验，不合格的物资进行退换货等处理，质量合格的应急物资则形成入库单。其次，仓储管理人员进一步对应急物资信息进行核对，应急物资信息确认无误后，根据应急物资重要程度和特殊需求进行分类标注；依据应急物资分类结果放置到所对应的仓储中心位置，建立应急物资与库位的对应关系利于提高管理人员对应急物资仓储管理的科学性和高效性；分类结束，把应急物资运送到其仓储位置进行应急物资上架。最后，在应急物资仓储管理系统中录入应急物资的生产日期、保质期、供应商、生产商、分类、规格型号、重要程度、数量等相关信息，便于后期应急物资的实时监控和管理。

（二）应急物资出库流程

应急物资出库流程包括应急物资出库通知、应急物资信息确认、应急物资分拣、应急物资下架、应急物资系统信息更新等主要步骤。当有应急物资需求时，应急物资调度中心向灾害发生地应急物资仓储中心或离灾害地最近的应急物资仓储中心发出物资请求，应急物资仓储管理系统根据需求信息产生应急物资出库单。应急物资仓储中心管理人员通过系统确认应急物资的数量、种类、所在仓储中心位置等相关信息，根据应急物资信息分拣订单进行拣货，把应急物资从货架上取出；仓储中心管理人员对应急物资信息与出库单进行核对确认，若有误则联系相关管理人员处理异常信息，若无误则应急物资出库。最后通过应急物资仓储管理系统更新仓储中心的应急物资信息。

应急物资出入库管理是应急物资仓储管理的关键环节，做好应急物资出入库管理工作，对后期节约仓储管理的人力和资金成本具有重要意义。

二、应急物资保养和维护

应急物资的维护保养是应急物资仓储管理的重要环节，保管人员对所管应急物资进行检查，了解和掌握应急物资保管过程中的变化情况，以便及时采取措施。应急物资维护保养的一般要求是在应急物资入库时应确定应急物资的保养方法和维护保养周期，对于一些特殊的入库时需要保养的应急物资应保养后再上垛或料架；对于有维护保养周期的应急物资，仓储管理人员应定期检查，按期保养，并及时填写应急物资维护保养记录，做好应急物资维护保养台账。加强对应急物资的维护保养工作，要做到"六无"保存，即无损坏、无锈蚀、无霉烂变质、无丢失、无腐烂、无变形；对应急物资进行科学合理的养护，尽可能地创造适合应急物资储存的必要条件和采用科学的维护保养技术，就能够最大限度地降低应急物资的损耗，保证应急物资的质量和安全。

三、应急物资更新和补充

为了保证突发事件发生时应急物资可以不间断的供应，做好应急物资的更新和补充工作是至关重要的。应结合应急物资的入库、出库、借出、借入、调拨、报损等和当前应急物资仓储中心的物资信息，实时对应急物资仓储中心的物资进行监控和盘点，生成现有应急物资库存信息表。设置最低或最高应急物资库存信息，仓储管理人员定时对当前物资信息表与物资的安全信息表进行对比，当应急物资的库存低于安全库存信息时，应急物资仓储管理系统会发出库存预警，提示仓储管理人员对库存进行及时的更新和补充。实时监控仓储中心的应急物资利于保障应急物资的存储状态一直在安全库存范围内，这就保证了物资的充足和及时供应。

第三节　应急物资调度

突发事件发生总是伴随着大量的物资需求，这时候有效地调度应急物资进行救援在应急管理中起着非常重要的作用，直接决定应急救灾工作的成效，因此提前做好物资调度安排计划很有必要。

一、应急物资调度特点

与普通物资调度相比，应急物资调度具有其独有的特点，决定了应急物资调度的特殊性。

1. 高时效性

应急事件处置工作往往争分夺秒，物资必须尽早到位才能保证救援行动顺利进行、受害者得到及时的保护，因此物资调度必须以用时最短为首要目标。

2. 不可替代性

突发事件发生后，对药品及医疗器械、衣物及帐篷、食品及饮用水、通信及运输工具等应急物资的短时间需求量庞大，而这些应急救灾物资大多数是其他物品不能替代的。

3. 不确定性

突发事件何时、何地发生，以及波及范围、破坏程度等无法确定；应急物资种类、急需量难以确定；由于应急物资储备点分散，各储存单位拥有的物资数量不确定，因而物资调度过程的运输路线具有不确定性。

二、应急物资调度测度

（一）供应充分条件下的应急物资调度

1. 背景分析

在突发事件发生初期，应急物资往往不能满足应急需求，因此，研究如何在供应不足条件下进行物资调度十分重要。针对应急物资调度过程中往往存在受灾点满意度不高、应急效率低下等问题，本部分从受灾点满意度视角来研究应急物资的调度。考虑到应急物资需求量与应急时间分别属于效益型指标和成本型指标，引入上限与下限测度白化权函数界定受灾点对应急时间和应急物资需求的满意度，并以最大化目标建立多目标模型。

设 A_1，A_2，$\cdots$，A_m 为 m 个应急服务设施点（或称为应急物资供应点），B_1，B_2，$\cdots$，B_n 为 n 个受灾点（或称为应急物资需求点），已知供应点 $A_i(i = 1, 2, \cdots, m)$ 的最大可供应量为 a'_i，实际供应量为 a_i，需求点 $B_j(j = 1, 2, \cdots, n)$ 的需求量为 $\otimes b_j$（$\otimes b_j$ 为不确定的灰区间数），从供应点 $A_i(i = 1, 2, \cdots, m)$ 到需求点 $B_j(j = 1, 2, \cdots, n)$ 的应急物资为 x_{ij}，从供应点 $A_i(i = 1, 2, \cdots, m)$ 到需求点 $B_j(j = 1, 2, \cdots, n)$ 的时间为不确定的灰色区间数 $\otimes t_{ij}$，需求点 B_j 的应急

时间目标值为 t_j，则单位物资延误时间为 $(\otimes t_{ij} - t_j)$；由于在相同的单位延误时间下，延误的物资量越大产生的损失越大，因此可把从供应点到需求点的物资总延误时间 $x_{ij}(\otimes t_{ij} - t_j)$ 最小化作为应急目标；要制定出最优物资调度方案，即从供应点 A_i 调度到需求点 B_j 的应急物资数量 x_{ij} 应最小（当 $x_{ij} = 0$ 则表示不需要从供应点 A_i 调度物资到需求点 B_j），应急物资调度总延误时间最少。

2. 建立模型

根据以上问题描述，可建立以下灰线性规划模型。

$$\min \sum_{j=1}^{n} \sum_{i=1}^{m} x_{ij}(\otimes t_{ij} - t_j) \qquad (6-1)$$

$$\text{s. t.} \sum a_i = \sum \otimes b_j \qquad (6-2)$$

$$\sum_{i=1}^{m} x_{ij} = \otimes b_j \qquad (6-3)$$

$$\sum_{j=1}^{n} x_{ij} = a'_i \qquad (6-4)$$

$$0 \leqslant a_i \leqslant a'_i \qquad (6-5)$$

$$x_{ij} \geqslant 0 \qquad (6-6)$$

$$\otimes t_{ij} \in [t_{ij1}, \ t_{ij2}] \qquad (6-7)$$

$$\otimes b_j \in [b_{j1}, \ b_{j2}] \qquad (6-8)$$

在模型中，式（6-1）为目标函数，表示应急总延误时间最短；式（6-2）至式（6-8）为约束条件。其中，式（6-2）表示实际总供应量等于总需求量；式（6-3）表示调度到需求点的物资数量等于其需求量；式（6-4）表示各供应点调出的总应急物资数量是其实际供应量；式（6-5）表示各供应点的实际供应量不能超过最大供应量；式（6-6）表示从供应点调到需求点的物资数量为非负数；式（6-7）中

$\otimes t_{ij}$ 表示从供应点到需求点的时间为区间数，上限为 t_{ij1}，下限为 t_{ij2}；式（6-8）中 $\otimes b_j$ 表示需求点的需求量为区间数，上限为 b_{j1}，下限为 b_{j2}。

3. 模型算法

模型算法步骤如下。

（1）列出灰线性规划的第一和第二白化线性规划；

（2）用 LINGO 软件计算出结果；

（3）如果给出灰线性规划的参数线性规划，根据函数（规划的最优值函数）的单调性，采用试算的方法，区间数的灰色满意解即可得到。

（二）供应不足条件下的应急物资调度

1. 背景分析

设 A_1，A_2，$\cdots$，A_m 为 m 个应急服务设施点（或称为应急物资供应点），B_1，B_2，$\cdots$，B_n 为 n 个受灾点（或称为应急物资需求点），已知供应点 $A_i(i = 1, 2, \cdots, m)$ 的可供应量为 a_i，需求点 $B_j(j = 1, 2, \cdots, n)$ 的需求量为 $\otimes b_j$（$\otimes b_j$ 为不确定的灰区间数），从供应点 $A_i(i = 1, 2, \cdots, m)$ 到需求点 $B_j(j = 1, 2, \cdots, n)$ 的应急物资为 x_{ij}，从供应点 $A_i(i = 1, 2, \cdots, m)$ 到需求点 $B_j(j = 1, 2, \cdots, n)$ 的时间为不确定的灰色区间数 $\otimes t_{ij}$，现以受灾点对应急物资数量和应急时间满意度最大化为目标给出应急方案。

2. 模型建立与求解

在供应不足应急初期，假设同种应急物资质量相同，则决定受灾点满意度的因素为受灾点应急物资的实际调度数量和应急时间，考虑应急物资需求的效益型指标，引入上限测度白化权函数，将受灾点 j 的物资需求满意度函数定义为：

$$f(x_{ij}) = \begin{cases} 0, & x_{ij} < c_1 \\ \dfrac{x_{ij} - c_{j1}}{d_{j1} - c_{j1}}, & x_{ij} \in [c_{j1}, \ d_{j1}] \\ 1, & x_{ij} > d_{j1} \end{cases}$$

x_{ij} 为供应点调度到受灾点 j 的应急物资量，式中：c_{j1} 表示受灾点 j 对应急物资到达数量的心理下限，d_{j1} 表示受灾点 j 对到达应急物资数量的心理上限。考虑应急时间的成本型指标，引入下限测度白化权函数，将受灾点 j 的时间满意度函数定义为：

$$f(t_{ij}) = \begin{cases} 0, & \otimes t_{ij} < c_1 \\ \dfrac{\otimes t_{ij} - c_{j2}}{d_{j2} - c_{j2}}, & \otimes t_{ij} \in [c_{j2}, \ d_{j2}] \\ 1, & \otimes t_{ij} \geqslant d_{j2} \end{cases}$$

$\otimes t_{ij}$ 为区间数，c_{j2} 表示受灾点 j 对应急物资到达时间的心理下限，d_{j2} 表示受灾点 j 对应急物资到达时间的心理上限，因此可建立如下模型。

$$\max f(x_{ij}) = \sum_j \frac{x_{ij} - c_{j1}}{d_{j1} - c_{j1}}, \ x_{ij} \in [c_{j1}, \ d_{j1}] \tag{6-9}$$

$$\max f(t_{ij}) = \sum_j \frac{\otimes t_{ij} - c_{j2}}{d_{j2} - c_{j2}} x_{ij}, \quad \otimes t_{ij} \in [c_{j2}, \ d_{j2}] \tag{6-10}$$

$$\text{s. t.} \ \sum_{i=1}^{m} a_i = \sum_j^n \otimes b_j \tag{6-11}$$

$$\sum_{i=1}^{m} \sum_{j=1}^{n} x_{ij} = \sum_j^n \sum_{i=1}^{m} a_{ij} \tag{6-12}$$

$$0 \leqslant \sum_{i=1}^{m} x_{ij} \leqslant \otimes b_j \tag{6-13}$$

在模型中，式（6-9）和式（6-10）是目标函数，其中式（6-9）表示受灾点 j 对应急物资到达数量的总满意度最大，式（6-10）表示受灾点 j 对应急物资到达时间的总满意度最大。式（6-11）至式（6-13）为约束条件，其中式（6-11）表示在调度时间段内各供应点的总供应量不足该段时间内受灾点的总需求量；式（6-12）表示供应点调度到需求点的物资总量为供应点的总供应量；式（6-13）表示调度到各需求点的物资数量小于各需求点的实际需求量，且为非负数。

此模型为区间数多目标模型，可采用逐步法或基于二维欧式距离客观赋权的模糊算法对模型进行求解。

（三）确定条件下的应急物资调度

设 A_1，A_2，$\cdots$，A_m 为 m 个应急服务设施点（或称为应急物资供应点），B_1，B_2，$\cdots$，B_n 为 n 个受灾点（或称为应急物资需求点），已知供应点 $A_i(i = 1, 2, \cdots, m)$ 的最大可供应量为 a'_i，实际供应量为 a_i，需求点 $B_j(j = 1, 2, \cdots, n)$ 的需求量为 b_j（b_j 为确定的实数），从供应点 $A_i(i = 1, 2, \cdots, m)$ 到需求点 $B_j(j = 1, 2, \cdots, n)$ 的应急物资为 x_{ij}，单位成本为 c_{ij}。现要制定出最优的应急调度方案，即确定每个供应点应提供多少应急物资到哪个或哪几个应急需求点或者每个应急需求点应由哪个或哪几个供应点提供，当 $a_i = 0$ 时，表示第 i 个应急供应点不参与应急工作，应急调度的目标是在满足各需求点的应急需求条件下，使应急成本或延迟时间最小。

1. 总成本最少的调度

（1）背景分析。

假设需求点 B_j 的需求量为 b_j（b_j 为实数），各供应点的总物资供应

量 $\sum a'_i$ 能满足各需求点的总需求量 $\sum b_j$，即 $\sum a'_i \geqslant \sum b_j$，从供应点 A_i 到需求点 B_j 的单位成本为 c_{ij}，现要制定出最优应急调度方案，即确定出从供应点到需求点的应急物资数量使总应急成本最少。

（2）模型建立与求解。

根据描述，可建立以下模型：

$$\min \sum_{j=1}^{n} \sum_{i=1}^{m} c_{ij} x_{ij} \qquad (6-14)$$

$$\text{s. t. } \sum a_i = \sum b_j \qquad (6-15)$$

$$\sum_{i=1}^{m} x_{ij} = b_j \qquad (6-16)$$

$$\sum_{j=1}^{n} x_{ij} = a_i \qquad (6-17)$$

$$0 \leqslant a_i \leqslant a'_i \qquad (6-18)$$

$$x_{ij} \geqslant 0 \qquad (6-19)$$

在模型中，式（6-14）是目标函数，表示应急物资总成本最少；式（6-15）至式（6-19）是约束条件，其中式（6-15）表示实际总供应量等于总需求量，式（6-16）表示分配到各个需求点的物资数量之和等于其需求量，式（6-17）表示每个供应点分配到各个需求点的应急物资数量之和等于该供应量的实际供应量，式（6-18）表示各供应点应急物资实际供应量不能超过其最大供应量，式（6-19）表示从供应点分配到需求点的物资数量为非负数。

该模型为线性规划模型，可用 LINGO 或 MATLAB 软件进行求解。

2. 总延误时间最短的调度

（1）背景分析。

假设应急供应点 A_i 到应急需求点 B_j 的应急时间为 t_{ij}（t_{ij} 为确定性

实数），需求点 B_j 的应急物资时间目标值为 t_j，则单位物资延误时间为 $(t_{ij} - t_j)$；由于在相同的延误时间下，延误的物资量越大产生的损失就越大，因此可把从供应点 i 到需求点 j 的物资延误时间记为 $x_{ij}(t_{ij} - t_j)$，现要制定出最优物资调度方案，即确定出从供应点到需求点的应急物资数量 x_{ij}，使应急物资总延误时间最少。

（2）模型建立与求解。

根据描述的问题，可建立以下模型：

$$\min \sum_{j=1}^{n} \sum_{i=1}^{m} x_{ij}(t_{ij} - t_j) \tag{6-20}$$

$$\text{s. t.} \sum a_i = \sum b_j \tag{6-21}$$

$$\sum_{i=1}^{m} x_{ij} = b_j \tag{6-22}$$

$$\sum_{j=1}^{n} x_{ij} = a_i \tag{6-23}$$

$$0 \leqslant a_i \leqslant a'_i \tag{6-24}$$

$$x_{ij} \geqslant 0 \tag{6-25}$$

在模型中，式（6-20）是目标函数，表示应急物资的总延误时间最少；式（6-21）至式（6-25）是约束条件，其中式（6-21）表示实际总供应量等于总需求量，式（6-22）表示分配到各个需求点的物资数量之和等于其需求量，式（6-23）表示每个供应点分配到各个需求点的应急物资数量之和等于该供应量的实际供应量，式（6-24）表示各供应点应急物资实际供应量不能超过其最大供应量，式（6-25）表示从供应点分配到需求点的物资数量为非负数。

该模型为线性规划模型，可用 LINGO 或 MATLAB 软件进行求解。

（四）不确定条件下的应急物资调度

在突发事件发生的中期，由于受灾情况以及伤亡人数的变动，应急物资的需求量仍是不确定的，同时由于道路交通情况、天气情况的不确定，从供应点到需求点调度的时间也可能是不确定的。设 A_1，A_2，$\cdots$，A_m 为 m 个应急服务设施点（或称为应急物资供应点），B_1，B_2，$\cdots$，B_n 为 n 个受灾点（或称为应急物资需求点），已知供应点 $A_i(i = 1，2，\cdots，m)$ 的最大可供应量为 a'_i，实际供应量为 a_i，需求点 $B_j(j = 1，2，\cdots，n)$ 的需求量为 b_j（b_j 为不确定的区间数），从供应点 $A_i(i = 1，2，\cdots，m)$ 到需求点 $B_j(j = 1，2，\cdots，n)$ 的应急物资为 x_{ij}，单位成本为 c_{ij}，从供应点 $A_i(i = 1，2，\cdots，m)$ 到需求点 $B_j(j = 1，2，\cdots，n)$ 的时间为 $\otimes t_{ij}$，应急需求点 B_j 的目标时间值为 t_j。现要制定出最优的应急调度方案，即确定每个供应点应提供多少应急物资到哪个或哪几个应急需求点或者每个应急需求点应由哪个或哪几个供应点提供，当 $a_i = 0$ 时，表示第 i 个应急供应点不参与应急工作，应急调度的目标是在满足各需求点的应急需求条件下，使应急成本或延迟时间最小。

1. 成本最少的区间数调度

（1）背景分析。

在应急处置过程中，由于信息、灾情的不确定性以及其他一些不可控因素，应急物资的需求量是不确定的，如果用区间来表示这种不确定性，则需求点 B_j 的需求量可表示为 $\tilde{b}_j$，$\tilde{b}_j \in [b_{j1}，b_{j2}]$，其中，$\tilde{b}_j$ 是区间数，b_{j1} 是 $\tilde{b}_j$ 的下限，b_{j2} 是 $\tilde{b}_j$ 的上限。现要制定出最优的应急调度方案，即确定每个供应点应提供多少应急物资到哪个或哪几个应急需求点或者每个应急需求点应由哪个或哪几个供应点提供，使应急成本最小。

（2）模型建立与求解。

根据上面的要求，可建立如下模型：

$$\min \sum_{j=1}^{n} \sum_{i=1}^{m} c_{ij} x_{ij} \qquad (6\text{-}26)$$

$$\text{s. t.} \sum a_i = \sum \tilde{b}_j \qquad (6\text{-}27)$$

$$\sum_{i=1}^{m} x_{ij} = b_j \qquad (6\text{-}28)$$

$$\sum_{j=1}^{n} x_{ij} = a_i \qquad (6\text{-}29)$$

$$0 \leqslant a_i \leqslant a'_i \qquad (6\text{-}30)$$

$$x_{ij} \geqslant 0 \qquad (6\text{-}31)$$

$$\tilde{b}_j \in [b_{j1}, \ b_{j2}] \qquad (6\text{-}32)$$

在模型中，式（6-26）是目标函数，式（6-27）至式（6-32）是约束条件，其中式（6-27）表示实际总供应量等于总需求量，式（6-28）表示分配到各个需求点的物资数量之和等于其需求量，式（6-29）表示每个供应点分配到各个需求点的应急物资数量之和等于该供应量的实际供应量，式（6-30）表示各供应点应急物资实际供应量不能超过其最大供应量，式（6-31）表示从供应点分配到需求点的物资数量为非负数，式（6-32）表示 $\tilde{b}_j$ 是区间数。

该模型为不确定的线性区间数规划模型，可以用区间数的运算方法将其转化为确定性实数求出。

2. 总延误时间最短的区间数调度

（1）背景分析。

由于道路情况、天气情况的原因，应急供应点到应急需求点 B_j 的应急时间是不确定的，如果这种不确定性用模糊区间数来表达，可记为 $\tilde{t}_{ij}$，$\tilde{t}_{ij}$ 为不确定性区间数，且 $\tilde{t}_{ij} \in [\tilde{t}_{ij1}, \tilde{t}_{ij2}]$，$\tilde{t}_{ij1}$ 是 $\tilde{t}_{ij}$ 的下限，$\tilde{t}_{ij2}$ 是 $\tilde{t}_{ij}$ 的上限，需求点 B_j 的应急物资时间目标值为 t_j，则单位物资延误时

间为 $(\tilde{t}_{ij} - t_j)$；由于在相同延误时间下，延误的物资量越大产生的损失越大，因此可把从供应点 i 到需求点 j 的物资延误时间记为 $x_{ij}(\tilde{t}_{ij} - t_j)$。现要制定出最优物资调度方案，即确定出从供应点调度到需求点的应急物资数量 x_{ij}，使应急物资总延误时间最少。

（2）模型建立与求解。

根据以上问题描述可建立以下模型：

$$\min \sum_{j=1}^{n} \sum_{i=1}^{m} x_{ij}(\tilde{t}_{ij} - t_j) \tag{6-33}$$

$$\text{s. t. } \sum a_i = \sum b_j \tag{6-34}$$

$$\sum_{i=1}^{m} x_{ij} = b_j \tag{6-35}$$

$$\sum_{j=1}^{n} x_{ij} = a_i \tag{6-36}$$

$$0 \leqslant a_i \leqslant a'_i \tag{6-37}$$

$$x_{ij} \geqslant 0 \tag{6-38}$$

$$\tilde{t}_{ij} \in [t_{ij1}, t_{ij2}] \tag{6-39}$$

在模型中，式（6-33）是目标函数，表示应急总延误时间最少，式（6-34）至式（6-39）是约束条件，其中式（6-34）表示实际总供应量等于总需求量，式（6-35）表示分配到各个需求点的物资数量之和等于其需求量，式（6-36）表示每个供应点分配到各个需求点的应急物资数量之和等于该供应量的实际供应量，式（6-37）表示各供应点应急物资实际供应量不能超过其最大供应量，式（6-38）表示从供应点分配到需求点的物资数量为非负数，式（6-39）表示 $\tilde{t}_{ij}$ 是应急区间数。

该模型是模糊区间数的线性规划模型，可将其转化成确定的线性规划模型，然后用 LINGO 或者 MATLAB 软件进行求解。

三、应急物资调度评价

（一）应急物资调度评价指标体系

应急物资调度评价主要包括应急物资调度准备和应急物资调度实施两个过程，可把它们设计为两个一级指标，每个一级指标下各包含几个二级指标：应急物资调度准备过程包括时间、成本、道路可靠性三个二级指标，应急物资调度实施过程包括应急时间、应急成本、供应及时性、受灾区满意度四个二级指标。每个二级指标下面包含着相对应的三级指标。由此构成了应急物资调度的评价指标体系，如图6-2所示。

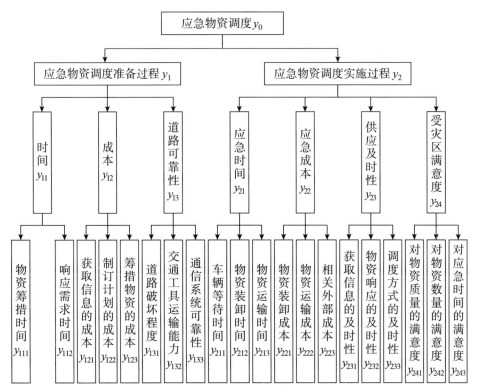

图6-2　应急物资调度评价指标体系

（二）应急物资调度影响因素分析

1. 时间

应急物资保障状况关系着受灾救援地区人们的生命安全，尤其是在巨大灾难面前，时间因素是排在第一位的。应急物资供应的时间效率已不再关乎经济效益，而是关乎着人民群众的生命安全；救援物资要想发挥其最大的效用就必须以最快的速度、最短的时间送到所需地区和受灾群众手中，物资保障必须争分夺秒，快速满足应急需求，实现对突发事件的快速响应。

2. 成本

突发事件发生时应急物资的调度并不是一味地只追求时间最快而不顾调度成本，在可以满足需求的情况下降低动员成本也是应急物资调度所要优化的目标之一。但在应急处置的不同阶段，对成本的要求是不同的。准备过程的成本包括获取信息的成本、制订计划的成本、筹措物资的成本；实施过程的成本包括物资装卸成本、物资运输成本、相关外部成本。

3. 道路可靠性

当地震、洪水、泥石流等突发事件发生时，平整安全的路面常常会遭受到严重破坏，这就给应急物资调度开展带来很大困难。因此，道路桥梁的破坏程度所造成的交通阻塞情况也是应急物资调度过程能否顺利进行的决定性因素之一。

4. 供应及时性

应在最短的时间内实现应急物资的供给，并对多个受灾点做到尽量平均分配应急物资；同时针对突发事件后造成的公路、铁路、港口等基础运输设施的毁坏，是否选择合理有效的调度方式进行物资供应也是影响物资调度的重要因素。

5. 受灾区满意度

不同的受灾区对于应急物资的数量、质量、到达时间的满意度是不同的，考虑到受灾区人们的心理感受，在应急物资调度实施过程中，受灾区满意度也是一个重要的考量因素。

（三）应急物资调度的多指标多层次评估

由图 6-8 可知，应急物资调度评价指标体系由三级指标构成，总目标为应急物资调度，用 y_0 表示；一级指标有两个，应急物资调度准备过程用 y_1 表示，应急物资调度实施过程用 y_2 表示；y_1 下面包含三个二级指标，y_2 下面包含四个二级指标，而每个二级指标下面又包含着若干个三级指标。假设案例库中有 n 个应急物资调度的源案例，它们和目标案例都是被评估对象。

1. 第 3 层次综合评估

将 m 个源案例与 1 个目标案例的二级指标 y_{pq}（$p = 1$ 或 2，$q = 1$，2，3 或 $q = 1$，2，3，4，）下的三级指标 y_{pqr} 的指标值构成一个 $(m+1)r$ 矩阵

$$A = \begin{bmatrix} a_{pq11} & a_{pq12} & \cdots & a_{pq1r} \\ a_{pq21} & a_{pq22} & \cdots & a_{pq2r} \\ \vdots & \vdots & & \vdots \\ a_{pq(m+1)1} & a_{pq(m+1)2} & \cdots & a_{pq(m+1)r} \end{bmatrix}$$

其中，a_{pqij} 表示案例 i（$i = 1$，2，…，$m + 1$）中二级指标 y_{pq} 下包

含的三级指标的第 $j(j = 1, 2, \cdots, m + 1)$ 个指标值。

（1）确定最优对象。

最优对象 S 的各元素是对应指标的最佳值，其元素分别为 $(a_{pqO1}, a_{pqO2}, \cdots, a_{pqOr})$，但不同指标的最佳值是不同的。一般来说，指标的类型有效益型、成本型、区间型、固定型、偏离区间型、偏离型六种，而本书中涉及的指标类型为成本型、效益型，成本型属性是指标越小越好的属性，效益型属性是指标越大越好的属性。

（2）规范化处理。

为了便于分析与比较，保证指标的等效性，要对原始数据进行规范化处理，使之归一化。成本型和效益型指标的规范化可分别用式（6-40）和式（6-41）进行处理。

$$a'_{paij} = \frac{a_{pqij} - \mathrm{min}a_{paij}}{\mathrm{max}a_{pqij} - \mathrm{min}a_{pqij}} \qquad (6\text{-}40)$$

$$a'_{paOj} = \frac{a_{pqOj} - \mathrm{min}a_{paOj}}{\mathrm{max}a_{pqOj} - \mathrm{min}a_{pqOj}} \qquad (6\text{-}41)$$

（3）计算指标权重。

指标权重确定方法从总体上可分为两大类，即主观赋权评价法和客观赋权评价法。主观赋权评价法是指根据重要性程度对各指标进行比较、赋值和计算得出其权重的方法，如层次分析法、专家调研法等。客观赋权评价法是基于各方案评价指标的客观数据的差异而确定各指标权重的方法，如均方差法、熵值法、主成分分析法。本章采用一种能避免两类赋权法缺点的方法——基于关联度的权重求法，计算步骤如下。

①利用前面的量化技术得到消除量纲后的新矩阵 $\boldsymbol{A}'_3 = (a_{pqij})'_{(m+1)r}$，

从矩阵 A'_3 各列中选出最大值，得到最优对象：

$$S_O{}^+ = (a_{pqO^+1},\ a_{pqO^+2},\ \cdots,\ a_{pqO^+r})$$

②从各列中选出最小值，得到最劣对象：

$$S_O{}^- = (a_{pqO^-1},\ a_{pqO^-2},\ \cdots,\ a_{pqO^-r})$$

③计算各案例与最优对象、最劣对象在各分指标下的关联系数，如指标为收益性指标或成本型指标，则有：

$$\min_i\min_j\Delta_{pqO^+ij} = \min_i\min_j\Delta_{pqO^-ij} = 0,\quad \max_i\max_j\Delta_{pqO^+ij} = \max_i\max_j\Delta_{pqO^-ij} = 1$$

故此时

$$\xi_{pqO^+i}(j) = \frac{0.5}{\Delta_{pqO^+ij} + 0.5} = \frac{1}{2\Delta_{pqO^+} + 1}$$

$$\xi_{pqO^-i}(j) = \frac{0.5}{\Delta_{pqO^-ij} + 0.5} = \frac{1}{2\Delta_{pqO^-} + 1}$$

④模型建立与分析。

$\xi_{pqO^+i}(j)$ 越大，表示案例 i 与最优对象在指标 j 上的关联系数越大；$\xi_{pqO^-i}(j)$ 越小，表示案例 i 与最优对象在指标 j 上的关联系数越小。

设 n 个指标的权重向量为 $w = (w_{pq1},\ w_{pq2},\ \cdots,\ w_{pqr})$，则

$$f_i(w) = \sum_{j=1}^{r} w^2_{pqj}\left[1 - \xi_{pqO^+i}(j)\right]^2 + \sum_{j=1}^{r} w^2_{pqj} \cdot \xi^2_{pqO^-i}(j)$$

对应着方案 i 离最优对象与最劣对象的加权距离平方和，在距离的意义下 $f_i(w)$ 越小越好，由此建立以下多目标规划模型：

$$\min f_r(w) = \left[f_1(w),\ f_2(w),\ \cdots,\ f_r(w)\right]^{\mathrm{T}}$$

$$\mathrm{s.\,t.}\begin{cases} \sum_{i=1}^{n} w_{pqj} = 1 \\ w_{pqj} \geqslant 0,\ j = 1,\ 2,\ \cdots,\ r \end{cases}$$

由于 $f_i(w) \geqslant 0\,(i = 1,\ 2,\ \cdots,\ r)$，故上面的多目标规划可归结

为单目标规划。

构造拉格朗日函数：

$$F(w, \lambda) = \sum_{i=1}^{m} \sum_{j=1}^{n} w_{pqj}^2 \{ [1 - \xi_{pqO^+i}(j)]^2 + \xi_{pqO^-i}^2(j) \} - \lambda \left(\sum_{j=1}^{n} w_{pqj} - 1 \right)$$

令：

$$\begin{cases} \dfrac{\partial F}{\partial w_j} 2w_j \sum_{i=1}^{m} \{ [1 - \xi_{O^+i}(j)]^2 + \xi_{O^-i}^2(j) \} - \lambda = 0 \\ \dfrac{\partial F}{\partial \lambda} = \sum_{j=1}^{n} w_j - 1 \end{cases}$$

求解此方程组得：

$$\omega_{pqj} = \frac{1}{u_{pqj} \sum\limits_{i=1}^{m+1} \dfrac{1}{u_{pqi}}}$$

由此可得各指标的权重。

（4）计算关联度。

对于效益型和成本型指标，由于：

$$\min_i \min_j \Delta_{pqOi}(j) = 0$$

$$\max_i \max_j \Delta_{pqOi}(j) = 1$$

故 $r_{pqOi} = \sum \omega_j \dfrac{0.5}{\Delta_{pqOi}(j) + 0.5} = \sum \omega_j \dfrac{1}{2\Delta_{pqOi}(j) + 1}$ ，其中 r_{pqOi} 是指

案例 S_i 与理想对象 S_O 的关联度。

同理，可进行第 2 层次的综合评估。

2. 第 1 层次综合评估

同样用从下而上的层次评估法，将 m 个源案例与 1 个目标案例的

一级指标 $y_t(t = 1, 2)$ 的指标构成一个 $(m+1) \times 2$ 矩阵 $\boldsymbol{A}_1 = [a_{ij}]_{(m+1) \times 2}$。

同样利用第 3 层次综合评估法，可得出

$$r_{O(m+1)} \ r_{Oi} = \sum_{j=1}^{2} W_j \frac{\min\limits_{i}\min\limits_{j}\Delta_{Oi}(j) + 0.5\max\limits_{i}\max\limits_{j}\Delta_{Oi}(j)}{\Delta_{Oi}(j) + 0.5\max\limits_{i}\max\limits_{j}\Delta_{Oi}(j)}, \ i = 1, 2, \cdots, m+1$$

其中，W_j 表示一级指标的权重，$\Delta_{Oi}(j) = |a'_j - a'_{ij}|$。$r_{Oi}$ 表示评估对象 S_i 与理想对象 S_O 关联度的综合值，r_{Oi} 越大，表明 S_i 与理想方案 S_O 接近的程度越好；当 $i = m+1$ 时，$r_{O(m+1)}$ 的值为目标案例与最优对象关联度的综合值。对目标案例、源案例与最优对象关联度综合值进行比较，即可得出目标案例的物资调度效果。

第四节　应急物资管理系统

一、智慧应急物资管理系统建设的必要性

构建智慧应急物资管理系统，整合政府、企业、社会组织等各类主体的物资资源，汇聚中央、省、市、县和社会应急物资保障信息，利用大数据、区块链、物联网等现代技术手段，开展应急物资生产、采购、储备、调拨、运输、发放和回收全生命周期信息化管理，实现全程留痕、监督追溯和动态掌控，构建应急物资需求预测、供需匹配、智能调拨和物流优化等关键模型算法并实现业务化应用，以上种种重大举措可以极大地提高应急物资的运作效率和管理水平，有效提升应急物资管理决策支撑能力和应急响应能力，确保在灾害性事件、紧急情况或突发事件发生时能够及时有效地满足紧急需求。

（1）智慧应急物资管理系统借助物资库存数据库能够准确地记录

和管理物资的种类、数量、存放位置等信息。这样的数据库为物资调度提供了准确的基础数据，因而调度决策更加科学和精确。在灾害发生前，系统可以基于历史数据和需求模型进行需求预测，进而合理规划物资储备量和种类。在灾害发生后，系统能够及时更新物资库存信息，并通过实时监控系统监测物资的流向和消耗情况，确保库存数据的准确性和实时性。

（2）智慧应急物资管理系统应配备实时监控系统，利用物联网技术实现对物资的实时监控和追踪。利用传感器、RFID等技术，系统可以获取应急物资的位置、状态和运输情况等信息。这样的监控系统能够帮助管理人员实时掌握应急物资的位置和可用性，提高应急物资调度的准确性和灵活性。同时，当有紧急需求出现时，系统可以迅速定位和调度合适的物资，并安排最佳的运输路径，以最短的时间和最少的资源满足灾区或受灾人员的需求。

（3）智慧应急物资管理系统要配备智能决策支持系统。通过大数据分析和人工智能算法的运用，应急物资管理系统能够对灾区或受灾人员的需求进行准确预测。该系统还可以基于历史数据、人口统计信息、灾情程度等多个因素进行综合分析，并利用预测模型提供合理的应急物资调度建议和进行优先级设置。这样的智能决策支持系统能够帮助决策者在应急情况下做出合理的调度决策，确保应急物资的及时供应和合理分配，最大程度地满足紧急需求。

（4）智慧应急物资管理系统的构建离不开先进的技术手段。物联网技术使得物资与系统实现了无缝连接，实现了物资的实时监控和追踪；大数据分析和人工智能算法能够对海量数据进行挖掘和分析，提供准确的预测和决策支持；云计算技术能够提供高效的计算和存储能力，为系统的稳定运行提供保障；无线通信技术能够使得各个节点实时地进行数据交流和共享。这些先进技术的应用使得智慧应急物资管理系统能够高效地组织和协调物资的调运、存储和分配等活动，为灾区或受灾人员提供紧急救援和生活所需物资。

智慧应急物资管理平台依托物联网、大数据分析、人工智能、云计算以及无线通信技术等先进技术，可以建立物资库存数据库、实时监控系统和智能决策支持系统，这对突发灾害事件和紧急情况的救援和支援工作具有重要意义。

二、智慧应急物资管理系统构成

(一) 应急物资库存管理系统

智慧应急物资管理系统可以帮助用户实时监测和管理应急物资的库存情况，提高库存利用效率，确保应急物资的充足供应，并降低库存成本。这样的系统为应急物流提供了强大支持，提升了应急响应能力，确保在紧急需求下能够及时有效地满足灾区或受灾人员的需求。系统管理功能如下。

1. 应急物资采购管理功能

（1）供应商管理功能。智慧应急物资管理系统可以利用供应商数据库记录供应商的联系信息、信誉评价和价格政策等相关信息，以更好地管理供应商关系，优化采购流程，能够为更好地选择合适的供应商，为高效的应急物资采购提供便利和支持。

（2）采购计划制订功能。智慧应急物资管理系统支持基于物资需求和供应商信息生成采购计划。用户可以设定采购策略、优先级和时间表等参数，系统利用智能算法和优化模型生成合理的采购计划，以确保应急物资供应的及时性和充足性，提高应急救援的能力和效果。

（3）采购合同管理功能。智慧应急物资管理系统可以管理采购合同的相关信息，包括合同期限、履约情况和支付条款等。利用记录和管理的信息，系统可以确保双方按照约定履行合同义务，维护供应链的稳定性和可靠性，为应急救援提供持续的物资支持。

2. 应急物资入库管理功能

物资入库包括新进物资入库和出库物资再入库两部分。对新进物资入库进行规则编码，将编码赋予标签，标签应固定在物资或箱体上，保证管理系统实时更新；将完成编码、固定完标签并且信息录入的物资按照规则放置在约定的货架上，完成入库，并生成入库清单。对于出库物资的再次入库操作，物资的耗损可通过系统实时更新；被手持读写器读到的物资自动完成入库操作，最后按规则放置在约定的货架上，完成入库。

当物资到达仓库或集散地时，可以通过系统进行物资的入库登记。输入相关信息，如物资名称、规格、数量、质量状况等，以便后续的库存管理和跟踪。系统支持对物资进行库位管理，即为物资指定存放位置；用户可以定义库位信息，如库位编号、存储条件等，以方便后续的物资查找和管理。在物资入库后，应通过系统确认入库操作，标记物资的入库状态为已完成，并更新库存信息。

3. 应急物资出库管理功能

当需要将物资从仓库或集散地中取出时，应提交出库申请。申请中包括物资名称、规格、数量、出库目的等信息，以便系统进行审核和处理。系统可以支持出库申请的审批流程，相关人员可以对申请进行审核和批准，确认出库的合理性和必要性。通过审批后，系统会生成相应的出库单，指示物资的具体出库操作；可以根据出库单的信息，执行出库操作，包括物资的拣选、装载和出库确认。系统会记录每次的出库操作，包括出库时间、物资数量、接收方等信息，以便后续的跟踪和管理。系统可以根据出库记录生成统计和报表，包括物资出库数量、频率、目的地分布等。

4. 应急物资自动盘点功能

智慧应急物资管理系统利用物资自动盘点功能，可以提供全面的库存盘点支持，确保物资库存的准确性和可靠性，并提高物资管理的精确性和效率。通过定期的应急物资自动盘点操作，用户可以及时发现和处理库存差异，保证应急救援过程中物资供应的可靠性及时性。

5. 应急库存预警与补充功能

智慧应急物资管理系统可查询物资出入库状态、所存物资数量及完好率、物资动用记录等即时信息，为应急物资调用决策提供更有价值、更具时效性的分析数据；并帮助用户避免库存不足的情况，及时采取补货措施，以满足应急需求。这样可以有效减少因库存不足而延误应急救援的情况发生，提高应急物资供应的可靠性和及时性。

（二）应急物资追踪和监控系统

智慧应急物资管理系统可以帮助用户实时追踪应急物资的位置和状态，提高应急物资的可视性和安全性。该功能有助于优化物资的调配和配送流程，提高应急响应的效率和准确性。有了智慧应急物资管理系统的支持，用户能够更好地掌控应急物资的动态情况，确保应急物资能够准时、安全地到达灾区或受灾人员，满足紧急需求。

1. 应急物资标识追踪功能

每个物资都配备有唯一的标识符或标签，可以是条码、RFID 标签、二维码等。这些标识符可以在应急物资入库时与物资信息关联，并在应急物资出库后随着物资流动进行追踪。标识符可以对物资进行分类，例如按照物资类型、存储地点、生产批次等进行分类。

2. 应急物资定位追踪功能

通过物联网技术的应用，智慧应急物资管理系统可以实时获取应急物资的位置信息，例如，可以使用 GPS 定位设备、传感器网络或无线通信设备来追踪物资的位置。准确的物资追踪和监控可以提高物资的可视性和安全性，更好地支持应急响应和物资管理的工作。

3. 应急物资实时追踪查询功能

智慧应急物资管理系统可以提供全面的应急物资追踪和监控支持，帮助用户了解应急物资的实时位置和运输状态，优化应急物资调配和供应链管理，提高应急响应和物资管理的效率。

（三）应急物资需求预测与优化系统

智慧应急物资管理系统可以帮助用户准确预测物资需求，制定优化的调配策略，提高应急响应的效率和准确性。系统能够根据需求预测结果提前准备所需物资，并合理规划应急物资调配，以更好地满足紧急情况下的物资需求。这样的系统为应急物流提供了重要的支持，提升了应急响应的能力和效果，保障了灾区或受灾人员的紧急救援和生活所需物资的供应。

1. 历史数据分析功能

通过对过去的应急事件和紧急情况进行历史数据分析，系统可以获取相关应急物资需求的趋势、模式和周期性规律。这有助于识别和理解应急物资需求的变化模式，并为预测模型提供基础。

2. 预测算法应用功能

系统应用各种预测算法，如时间序列分析、回归分析、机器学习等，并基于历史数据和实时监测数据，进行应急物资需求的预测。预测模型可以考虑季节性变化、特殊事件、地理因素等，以提高预测的准确性和可靠性。

3. 需求优化策略功能

基于预测的应急物资需求，系统可以进行需求优化策略的制定。通过算法和规则引擎，系统可以生成最佳的应急物资调配和配送方案，以满足需求、最小化资源浪费，并将诸如交通状况、配送效率、库存成本等因素考虑进去。

4. 实时调整和反馈功能

系统会根据实际情况对需求预测和优化策略进行实时调整和反馈，如果发生意外情况或外部因素发生变化，系统会根据新的数据和条件进行动态调整，以确保应急物资需求和供应的匹配性。

5. 效果评估和改进功能

系统会对需求预测和优化结果进行评估，并根据反馈和效果指标进行改进。通过监测和分析预测准确度、配送效率、满足率等指标，系统可以不断优化预测模型，提高应急物资管理的效果和效率。

（四）应急物资应急响应和调度系统

智慧应急物资管理系统通过应急响应和调度功能，可以在紧急情况下快速响应，高效调配物资，确保应急物资的及时供应和分配。这样的系统能够大大提升应急救援的能力和效果，为灾区或受灾人员提供紧急救援和生活所需物资的有效支持。

1. 应急物资需求收集和确认功能

系统会自动或手动接收来自相关部门、用户或系统的应急物资需求信息，这些信息可能包括物资种类、数量、地点、紧急程度等，系统会验证和确认需求的准确性和可行性。

2. 应急物资库存与需求匹配功能

智慧应急物资管理系统通过实时匹配库存与需求，自动比对并评估库存与需求的匹配程度，提供清晰的库存与需求概览和视觉化展示，帮助用户快速了解可用库存量，并提供预警功能以应对库存不足情况。这样的实时匹配和预警功能大大提高了应急响应的效率和准确性，确保应急物资能够及时供应到受灾人员手中，满足他们的紧急需求。

3. 物资调配计划制订功能

应急物资调配遵循"先近后远、先进先出、先主后次、满足急需"原则，通过综合考虑物资种类、地点、优先级、紧急程度等因素，智慧应急物资管理系统能够自动生成最佳的物资调配计划。系统能分析当前需求和库存情况，并利用先进的算法和决策模型，确保物资能够及时、有效地分配。系统会考虑紧急需求和物资调配的地点与距离，使运输成本和时间最小化。系统生成的计划为物流运营人员提供了实时跟踪和监控，确保了计划执行和物资供应。

4. 应急物资提取与包装功能

系统会通知相关人员根据调配计划前往指定库存地点提取应急物

资，并进行必要的包装和标记，以确保物资的完整和易于识别。

5. 应急物资运输和配送安排功能

该功能包括应急地理信息系统（EGIS）、车辆在途跟踪系统、视频监控系统等。以上系统会规划最佳的物资运输路线，并安排合适的运输工具。根据需求和紧急程度，系统会分配合适的配送资源，如车辆、人员等，以确保应急物资能够按时到达目的地，实现应急物资配送可视化跟踪、准点化配送。

6. 应急物资现场协调和沟通功能

系统可以提供实时的协调和沟通平台，为相关人员进行即时的信息交流和决策提供支持。这有助于处理现场变化和应对突发情况，确保应急物资调配和配送的顺利进行。

（五）应急物资征用系统

在应急物资储备不足的紧急情况下，可以实行"先征用、后结算"办法，系统可将紧急征用的物资、设备、场地等信息做好实时的记录，等到应急工作结束后及时归还，并按照国家有关规定给予一定的补偿。

应急物资征用依据法律规定程序进行，目前我国设定的应急物资征用程序分为准备、启动、实施和善后四个阶段。准备程序主要为对征用对象、物资的初步调查和制作目录、方案；启动程序主要为政府依职权或依申请决定应急征用；实施程序主要为发放应急征用决定书和制作征用清单；善后程序主要为制作使用情况确认书和限期返还物资。

（六）应急物资信息共享系统

智慧应急物资管理系统能够促进利益相关方之间的协同合作，加强信息的传递和共享，从而提高应急响应的效率和准确性。这样的系统有助于快速响应紧急情况，优化应急物资调配和供应链管理，为应急救援工作提供全面支持。

1. 应急物资实时信息展示功能

系统提供直观的界面和仪表板，用于展示实时的应急物资信息。相关人员可以通过该界面实时查看应急物资库存水平、需求状态、调配和配送进展等信息，从而了解整个系统的实时情况。

2. 应急物资数据共享与权限管理功能

系统允许将实时信息与相关人员和组织进行共享，权限管理应严格规定只有授权的人员才能够访问和使用特定的信息，以确保应急物资信息共享的安全性和合规性。

3. 应急物资信息即时通知与警报功能

系统可以利用即时通知和警报功能，将重要的应急物资信息发送给相关人员；可以通过短信、电子邮件、推送通知等方式实现发送，以确保信息的及时传达和人员的快速响应。

4. 应急物资整体监控与分析功能

系统可以对实时信息进行监控和分析，识别潜在的问题和瓶颈。通过数据分析和可视化，可以发现异常情况、优化资源分配和改进决策，以提升应急物资管理的效率和效果。

（七）应急物资数据分析与报表系统

通过数据分析与报表功能，智慧应急物资管理系统帮助深入理解物资管理数据，发现规律和问题，并提供可视化的结果和报表，以支持应急需求决策和优化物资管理。这样的功能大大提升了用户对物资管理的洞察力和决策力，为应急救援提供了有力的支持。

1. 应急物资数据采集与整合功能

系统从各种数据源中采集应急物资管理过程中产生的数据，包括需求数据、库存数据、调配数据、配送数据等，这些数据可以来自系统内部记录、外部传感器、手动输入等。

2. 应急物资数据分析与挖掘功能

系统利用数据分析和挖掘技术，对应急物资管理数据进行深入分析。通过统计分析、趋势分析、关联分析、预测模型等方法，系统可以揭示潜在的规律，发现异常情况，并提供决策支持。

3. 应急物资可视化报表生成功能

系统根据应急救援需求，生成丰富的可视化报表。这些报表可以包括需求趋势图、库存水平图、调配效率图、配送路径图等，以便管理者直观地了解应急物资管理的情况和趋势。

4. 应急物资实时监控与报警功能

系统可以实时监控应急物资管理过程中的关键指标和异常情况，并发送警报通知给相关人员。这有助于管理者及时发现问题、做出调整，并采取必要的行动。

5. 应急物资数据导出与共享功能

系统允许管理者将生成的报表和分析结果导出为常见的文件格

式，如 Excel、CSV 等，以便于进一步的处理和共享；可以与其他利益相关者共享数据，以支持更广泛的决策和合作。

三、应急物资运营监控

《中华人民共和国突发事件应对法》要求国家建立健全应急物资储备保障制度，完善重要应急物资的监管、生产、采购、储备、调拨和紧急配送体系。

（一）应急物资信息管理平台

建设应急物资信息管理平台是加强应急物资监管的重要手段，信息化平台在整个应急物资管理体系中发挥着至关重要的作用。建立功能齐全、相互贯通、相互衔接、响应迅速的应急物资信息管理平台，整合政府、企业、社会组织等各类主体的数据资源，实现应急物资数据共用共享，能够避免由于信息不畅通、不对称所带来的损失与危害；可以大大提高应急物资的时效性，保证整个应急物资管理体系可以进行实时、稳定、持续、通畅的信息交流；可以为应急抢险救援救灾提供应急物资指挥调度和决策支持服务。

应急物资信息管理平台数据库是为了满足平台运行需求，运用大数据、云计算、物联网等先进技术将各类应急物资管理所需数据进行整合，并可以通过数据库软件进行查询。数据库系统可以直接与各个电子政务系统数据库实现数据共享，实现应急物资信息资源和重大公共安全物资等信息在各部门、各阶层、各企业的及时共享，便于应急中心在处置各类突发事件时及时、准确调用各类物资、设备等。

（二）应急物资运行监管

面对突发事件时，一个强有力的运行监管体系是必不可少的。运行监管体系有利于加强应急处置整个过程的追踪与监控，保证应急处置过程的公开化、透明化。应注重对有关灾情的信息进行实时收集、处理、分析与监管，对于民众受灾的情况、防控工作的进展、赈灾的方式和途径等方面实现实时的监测，及时掌握关于灾情的第一手信息。构建应急物资需求预测、供需匹配、智能调拨和物流优化等关键模型算法并实现业务化应用，可以有效提升应急物资监管决策支撑能力。开展应急物资生产、采购、储备、调拨、运输、发放和回收全生命周期的信息化管理，对应急物资、应急款项进行全过程实时监控，实现全程留痕、监督追溯和动态掌控，这些做法都有利于提高应急保障过程的透明度，避免出现违反规定、擅自挪用公款公物等问题的出现，使急需的物资能够在规定的时间、地点，以合理的运输方式、用最快的速度送往灾区，保证应急物流活动的顺利进行。

案例一

2019 年 8 月，中国福建省宁德市震荡山矿区发生了严重的水灾，洪水导致公路和桥梁被损坏，灾害区域被迫切断与外界的联系。当地政府随即组织了抢险救援行动并紧急调派了大量应急物资，迅速启动了应急响应机制，采取积极、果断、稳妥的措施，对人员进行搜救、物资进行调配和灾害损失进行评估，并及时向上级政府通报灾情和救援情况。

应急物资是从福建省的邻近城市调拨而来，包括救生衣、救生圈、草席、饮用水、食品、药品等。这些物资通过船只或直升机等方式尽可能迅速地运送至灾区，以便尽快满足受灾群众的基本需求。积极发挥社会组织和群众力量的作用，在救援、搜寻失踪人员、疏导民众等方面开展大规模的志愿服务活动，志愿人员积极投入灾区的救援和重建工作中。高度重视民众生命安全，快速、有序地疏散受灾群众，为他们提供紧急救援和基本生活保障，确保他们的人身安全和生存条件。此外，政府还调配了救援设备，包括挖掘机、抽水机、发电机等，在救援现场开展抢险工作，清理被淹泡的道路、桥梁等，确保物资和救援人员能够尽快进入灾区。

这次抢险救援行动充分说明了应急物资在突发事件中的重要性。及时和充足地调配应急物资有效支持了救援工作，保障了灾区人民的基本生活和医疗救治。同时，认真总结前期的自然灾害救援经验，加强了对受灾地区的抗灾减灾工作，加强了防汛、排涝和移民安置的基础设施建设，提高了对土地开发、造林、山洪治理等领域的管控。

总之，福建宁德水灾给当地政府和人民敲响了防范自然灾害的警钟，提醒他们必须加强自然灾害防范建设，加强社会组织和群众力量的参与，提高防灾减灾的能力和水平。同时，政府还需要加强灾害监测、预警和应急救援的机制建设，以便及时应对可能出现的灾害，保障群众的安全。

案例二

2021年5月21日晚，云南省红河州巧家县发生了5.1级地震。该地震造成3人死亡、28人受伤，其中2人重伤。地震发生后，当地政府和各支抢险救灾队伍立即进行动员，采取各种措施进行救援，如迅速启动应急响应机制，组织省市县医疗队、民兵预备队和志愿者等前去救援，抢救伤员，疏散受灾群众。同时，政府还调配了大量应急物资，为灾区的受灾群众提供基本保障和救援。

在这次地震抢险救援行动中，应急物资起到了非常重要的作用。政府紧急调配了大量的物资，包括帐篷、毛毯、药品、食品、水、折叠床、发电机等必需品，这些物资被迅速运往灾区。通过快速调配物资，救援队伍能够为受灾民众提供紧急医疗救治、基本住房保障、生活物资和安全保障等。同时，政府也调派了救援队伍，搜救生命、安抚遇难者家属，并动用了大量的救援设备开展道路清理、抢险等行动。这些应急物资和设备的调配，有力地支持了抢险救援行动，确保了受灾群众的基本需求。当地政府全力调动省内外有关资源，增派队伍到震区参与救援，优化救援措施，尽快恢复正常生产和生活秩序。在震后救援和灾后重建中，当地政府着重关注受灾群众和灾区的基础建设，组织和安置受灾群众，为他们提供住所和其他生活保障。

这一案例表明，紧急调配应急物资是地震救援行动的关键环节之一。及时提供物资保障是支持和推动抢险救援工作的决定性因素之一。巧家县地震告诉我们，尽管我们无法避免自然灾害的发生，但是当地政府与救援机构应该做好充分的应急准备和快速反应，组织好各种资源和力量来应对自然灾害，及时组织灾后救援和重建，并安抚好受灾群众的情绪。同时应该关注长远的安全措施，加强建筑物、建筑材料、基础设施的安全性和韧性，尽可能降低地震等自然灾害的风险损失。并且，平时就应重视应急物资调配和灾害预警的联合，这对应对自然灾害而言非常重要，同时这也是时代发展的需求和任务。

第七章　突发事件应急物流

　　应急物流是现代物流新兴的分支领域，属于特种物流。应急物流是指以提供自然灾害、公共卫生事件、社会安全事件及事故灾难等突发事件所需应急物资为目的、以追求时间效益最大化和灾害损失最小化为目标，借助现代信息技术，整合应急物资的运输、包装、装卸、搬运、仓储、流通加工、配送及相关信息处理等各种功能，对物资、人员、资金的需求进行紧急保障而形成的一种特殊的物流活动。

第一节　应急物流概述

　　确保应急物资快速准确运抵目的地并及时配送到急需应急物资的单位或个人，是应急物流保障能力建设的主要目标。要着力完善工作机制和政策制度，充分挖掘我国既有交通线路网络、物流枢纽网络、运力资源、信息平台等物流资源潜力，构建平急结合、保障有力的应急物流网络及运力储备体系，以及共享联动的应急物流保障大数据平台，有效提高突发事件应急物流保障能力。

一、应急物流与普通物流的区别

　　应急物流与普通物流的区别主要体现在流体、流向、运输工具、库存状况等多个方面，如表7-1所示。

表 7-1　　　　　　　　普通物流与应急物流比较分析

比较项目	普通物流	应急物流
流体	任何物品	救灾物品
流向	用户的需求	救援地
流速	物流速度稳定	由事发地对物资的需求程度决定
载体	固定的场所和设施	固定或临时的场所和设施
流程	按合理化原则安排	会有突发性改变
流量	流量稳定	流量变化大
目标	利润最大化	以最快的速度完成配送
库存状况	稳定	变化
运输工具	自建或外包	政府临时征用
需求端	需求可预测，由客户决定	需求不稳定，无法预测

普通物流既强调物流的效率，又强调物流的效益；而应急物流在许多情况下更强调物流效率，强调社会效益，而非经济效益。

二、应急物流在应对突发事件中的作用

近年来，随着突发事件的经常发生，应急物流在应对突发事件中的重要性受到各级政府和社会的广泛关注。应急物流过程中普遍存在的筹措低效、指挥不畅、调运缓慢、投送困难等问题，已严重影响救援的质量和效率。因此，应加强应急物流体系建设，提升应急物流效率和应急物资保障能力。

《国家突发事件应急体系建设"十三五"规划》提出，要建立健全应急物流体系，充分利用国家储备现有资源及各类社会物流资源，加强应急物流基地和配送中心建设，逐步建立多层级的应急物资中转

配送网络。从应对新冠疫情的物资保障情况来看，显然存在应对经验缺乏、救灾物资储备不足、保障体系不健全、应急物流能力弱、缺乏统一有序的指挥体系等众多问题。习近平总书记就新冠疫情防控工作明确指出，要系统梳理国家储备体系短板，提升储备效能，优化关键物资生产能力布局；我国在应急管理特别是战略物资储备方面还存在一些薄弱环节，应当尽快找差距、补短板，从提升国家治理能力高度构建和完善国家战略物资储备体系；要健全统一的应急物资保障体系，把应急物资保障作为国家应急管理体系建设的重要内容，按照集中管理、统一调拨、平时服务、灾时应急、采储结合、节约高效的原则，尽快健全相关工作机制和应急预案。习近平总书记的重要指示为加快构建我国应急物资保障和应急物流体系指明了方向，也提出了明确要求。国家发展改革委、商务部等部门出台文件、作出部署，要求加快建立健全重要物资供应绿色通道，及时对接各地应急运输需求，保障重要物资运输需要。以新冠疫情应对为鉴，加强对重大公共安全物资保障和应急物流体系建设的研究和系统性规划，提高应急物流系统的整体运作能力和运作效率，实现高效、准确、可靠的应急物资保障，就显得尤为迫切和必要。

应急物流体系的完善和发达程度直接影响和决定着应急物资的保障能力。应急物流是应对突发事件时将物资按时按需运送的紧急保障活动，关系着每位一线救援人员和受灾群众的安危，也直接影响突发事件的有效控制。第一时间把数量足、质量优、品种全的应急物资以合理的方式送达目的地，对于一线人员顺利开展救援活动、保障人民生命安全、快速恢复正常社会生产生活秩序、减少各类损失和降低不利影响有着重大意义。

三、应急物流的特殊性

(一) 应急物资需求预测难

应急物资需求信息是应急物流活动能否顺利开展、高效实施的重要影响因素。由于突发事件具有不确定性，在事件发生前，对于物资需求的种类、数量、地域分布等都很难准确预测，再加上许多基本的生活物资和医疗设备不适宜大规模储备，必须依靠临时生产、采购或者社会捐赠。突发事件发生后，需要快速的信息收集和提供渠道为决策提供支撑，如应急物资生产、分布情况，以及物流配送中心的位置和运输能力等。另外，突发事件的种类不同，应急物资的需求也不同，这就使得应急物流工作的开展有着一定的不可预见性，准备多少、准备什么、何时准备、何地储存、如何运输等都成为问题。

(二) 应急物流时效性要求高

由突发事件引发的应急物流，最突出特征就是物流活动的时效性。事件发生后，特定物资需求猛增，且必须在极短的时间内将大量应急物资快速运达。能否在最短时间内获得灾区对应急物资的需求品种、数量、时间等信息，同时获得应急物资的地理分布、行业分布等信息，并迅速对接供应和需求，完成物流保障，以上种种问题都是应急物流面临的大难题。普通物流运行机制难以满足应急状态下的物流需要，必须整体把握物资、人员、设备、资金等的调配，才能实现应急物流的时间效应和空间效应。

（三）应急物流阶段性变化大

应急物流的突发性决定了应急物流流量、流向的剧烈变动，必须将应急物资在极短时间内实施大量、快速的运送。而随着事件发展，应急物流也需要快速调整，以防止发生断供、供给不足或生产过剩、物资积压等现象。此外，在处置突发事件过程中也可能发生不可预知的情况，产生新的物流需求，应急物流阶段性目标也应随之变化。能否最大限度地做到应急物流的执行恰到好处，是考验应急管理、应急物流能力的一个重要标准。

第二节　应急物流发展现状与趋势

一、我国应急物流发展状况

自新中国成立以来特别是近 20 年来，我国经历了各种不同的灾害事件，包括大范围的雪灾、突发性卫生事件、大地震等，这在一定程度上考验着我国政府在应急物流救灾方面的能力。对这些灾害事件的妥善处理标志着我国在应急物流发展上取得了很大成就，应急物流体系建设在逐步成熟。

（一）应急物流能力不断提高

我国应急物流起步较晚，但实践证明经过十几年努力，我国应急物流在应对处理突发事件上取得了很大的进步、发挥了重要作用。例如，汶川地震和新冠疫情，不仅造成了巨大生命财产损失，而且物流通道基本瘫痪，给救援行动造成了巨大困难。在此背景下各级政府快速反应，成立了应急物流指挥中心，开辟"绿色通道"专供紧急物流运输，并且迅速调动国内救援力量，落实救灾车辆和飞机等运输工具参与救援，应急物流救灾能力为整个抗震救灾和疫情防控工作发挥了巨大作用，成功应对了严峻考验。在应对新冠疫情中，一些骨干物流企业和创新型企业积极运用大数据、人工智能、5G 等新技术，并利用无人机、自动分拣等为代表的智慧物流设备，这些都在提高物流效率、减少人员交叉感染方面具有明显优势。

（二）应急物流政策不断加强

我国应急物流起源的代表性事件是 2003 年影响全国的非典疫情。疫情发生后，应急物流在应对处理突发事件过程中发挥了重要作用，由此应急物流的重要性逐步得到学术界、政府的认可。此后，国家出台了一系列的重点政策、法律法规，我国各部专门的法律法规中都有相关的应急物流所依据的法律规范。例如，《国家突发公共事件总体应急预案》《中华人民共和国突发事件应对法》《中央应急抢险救灾物资储备管理暂行办法》《突发事件应急预案管理办法》《物流业发展中长期规划（2014—2020 年）》《"十四五"应急物资保障规划》《"十四五"国家应急体系规划》《"十四五"应急救援力量建设规划》《商贸物流高质量发展专项行动计划（2021—2025 年）》《"十四五"现代物流发展规划》《"十四五"现代流通体系建设规划》等都对应急物流发展作出了相应的规定要求。其中，《"十四五"现代流通体系建设规划》在"加强高效应急物流体系建设"部分提出：

"增强应急物流社会动员能力，建立以企业为主体的应急物流队伍，完善物流企业平急转换机制，强化跨区域、跨领域应急物流协调组织，提升应急物流资源统筹调用能力，加强应急时期运输绿色通道和物资中转调运站建设，确保应急物资及时调配到位。"《"十四五"国家应急体系规划》明确提出，到2025年形成"统一指挥、专常兼备、反应灵敏、上下联动的中国特色应急管理体制，建成统一领导、权责一致、权威高效的国家应急能力体系"；要"深化应急交通联动机制，落实铁路、公路、航空应急交通保障措施。依托大型骨干物流企业，统筹建立涵盖铁路、公路、水运、民航等各种运输方式的紧急运输储备力量，发挥高铁优势构建力量快速输送系统，保障重特大灾害事故应急资源快速高效投送"。

（三）应急物流机制不断完善

与发达国家相比，我国应急物流还处在发展阶段，但体系化的应急物流机制已逐步纳入法制化轨道，健全的应急物流系统保障机制能推动应急物流工作顺利进行。目前，我国应急物流保障机制主要包括以下几个方面。

1. 法律保障机制

法律是应急物流基础性保障，我国已发布了许多有关应急物流的法律法规，为开展应急物流工作提供了法律依据，为应急物流运作提供了基础性支持。

2. 应急资金储备保障机制

应急资金一般由国家、地方政府从财政预算中预留部分资金和一些捐助资金，以及社会各行业、各界人士自愿无偿捐赠的资金组成，为应急物流的运作提供了资金保障。

3. 社会公共保障机制

该机制是指包括资金的筹备使用、物资的购买征用、救助人员的组织调用和基础设施的规划建设等在内的相关公共政策和行政制度，为应急物流系统能够及时、高效、快速运作提供保障。

4. 应急预案机制与绿色通道机制

应急预案机制主要是指由目前已制定并实施的包括《国家突发公共事件总体应急预案》《国家突发公共卫生事件应急预案》《国家突发公共事件医疗卫生救援应急预案》《国家自然灾害救助应急预案》《国家地震应急预案》等在内的多项紧急预案构成，为应急物流工作顺利开展提供理论支持和政策指引。绿色通道机制是指由政府负责、各方积极配合为受灾区开通的专门用于救援的快速通道和相关程序，如灾区联络和捐款电话专线、专供救灾物资运输的应急物流通道等。

5. 政府协调保障机制

国家突发事件应急指挥机构负责组织应急物流的开展、指挥、协调，同时还积极与企业、社会团体、慈善医疗机构等各方进行沟通协调，从而为应急物流提供指挥调度保障，保证应急物流的顺利运行。《中华人民共和国突发事件应对法》明确规定，国家建立统一指挥、专常兼备、反应灵敏、上下联动的应急管理体制，国务院和县级以上地方各级人民政府是突发事件应对工作的行政领导机关。设立国家突发事件应急指挥机构，负责突发事件应对工作；必要时，国务院可以派出工作组指导有关工作。县级以上地方各级人民政府根据实际需要，设立相关类别突发事件应急指挥机构，组织、协调、指挥突发事件应对工作。

6. 全民动员保障机制

突发事件发生后，地方和中央政府不能仅仅依靠自己的力量，还需要积极鼓励动员企业和志愿者等社会团体、慈善和医疗等组织机构以及广大普通热心民众参与救援活动。动员群众主要是利用可以快速传递信息的各种媒体将受灾的严重情况、救援工作开展进度以及救援中存在的困难传递给群众，为应急物流的工作提供群众力量。《中华人民共和国突发事件应对法》规定，国家建立有效的社会动员机制，增强全民的公共安全和防范风险的意识，提高全社会的避险救助能力。

7. 应急报告与信息公布保障机制

在整个救灾过程中，从一开始由地方政府逐级上报到中央，再由国务院做出总体救援决策，最后连同各有关部门和地方政府实施应急救援工作；必须将应急救援整个过程的工作信息公开发布，使其受到各方监督。《中华人民共和国突发事件应对法》规定，国务院建立全国统一的突发事件信息系统。县级以上地方各级人民政府应建立或者确定本地区统一的突发事件信息系统，汇集、储存、分析、传输有关突发事件的信息，并与上级人民政府及其有关部门、下级人民政府及其有关部门、专业机构监测网点和重点企业的突发事件信息系统实现互联互通，加强跨部门、跨地区的信息共享与情报合作。有关单位和人员报送、报告突发事件信息，应当做到及时、客观、真实，不得迟报、谎报、瞒报、漏报。

（四）应急物流体系不断改进

21 世纪初，我国开始建立应急物流体系，此后逐渐形成并实行由政府统一领导决策、上下分级管理、各部门按职能分工负责配合的体系。突发事件发生后，应急救助总指挥部汇总灾害预警预报信息，并通报给各成员单位和地方；依据灾情，相关部门和各级人民政府，启动相关应急预案。在应急物流人力资源保障体系上，由公路、铁路、航空等交通部门组成的专业力量，社会物流单位和志愿者等组成的群众力量等参与实现；在交通运输保障体系上，开设应急救援"绿色通道"；在应急通信保障体系上，形成覆盖全国"即时即地"的通信系统。目前，我国已形成了由应急物资储备体系、应急物流指挥体系、应急物流运作体系、应急物流基础支撑体系和应急法律体系组成的应急物流体系。

按照突发事件的基本类型，应急物资大致可以分为应对自然灾害类物资、应对事故灾难类物资、应对公共卫生事件类物资和应对社会安全事故类物资。国家救灾物资储备体系正逐步建立和完善，在应对自然灾害等突发事件方面正在发挥着积极而重要的作用，在一定程度上解决了灾区群众的生活困难，为在较短时间内恢复正常的生产、生活奠定了基础。救灾物资储备中心的建立，对提高重大突发事件的救助能力、保障灾民的基本生活、维护社会稳定意义重大，在历次抢险救灾中也发挥了巨大的作用。

（五）军地一体化应急物流保障水平不断提升

经过多年的实践探索，我国初步形成了以军民联储联供为牵引的准军事化模式、以应急产业发展为基础的泛市场化模式、以突发事件应急为导向的纯行政化模式三种应急物流模式。面对近年来世界范围接连发生的一系列重大自然灾害，军队作为军事化救援力量在应对各种突发事件中展示了举足轻重、不可替代的重要作用，军民联储联供为牵引的准军事化模式（又称"军地一体化应急物流模式"）在处理各种重大突发事件上起到了关键作用，极端危机时刻的许多应急物流任务都是由军队克服难以想象的重重困难而圆满完成的。构建"军地物流一体化"系统对军队物流和地方物流是互利互惠的好事。一方面，地方企业可以在平时打开军方市场，军队过剩的仓储物流资源和力量也可以在国家经济建设中发挥作用；另一方面，地方企业只有在平时与军事物流接轨，才能在战时做到快速反应，有效地承担为军队提供物流保障的任务。

二、我国应急物流发展存在的问题

近年来，中国经历了非典疫情、洪涝干旱、冰冻灾害、汶川地震及新冠疫情等罕见突发事件的严峻考验，付出了巨大努力，成效举世公认，应急管理和应急物流水平显著提高。但与发达国家相比，我国应急物流尚处于快速发展阶段，总体上仍相对滞后。

（一）应急物流管理机制不健全

在应对突发事件和紧急状态时，科学的应急管理体制至关重要。《中华人民共和国突发事件应对法》对建立应急管理体制和社会动员机制、建立健全突发事件应急预案体系和应急物资储备保障制度，完善重要应急物资的监管、生产、储备、调拨和紧急配送体系等作出了明确规定。当突发公共事件和重大自然灾害发生时，由于其发生的突然性和不可预测性等特点，会在很短的时间内骤然产生大量的应急物流需求，需要健全应急物流组织指挥机制。应急物流指挥管理牵涉方面众多，当疫情、洪水等意外事件突发后，我国通常从民政、卫生、商务、城建、交通等政府部门和军队，抽调人员组成临时应急指挥部加以应对。虽然能迅速组织相关力量形成合力，较好地发挥应对作用，但由于缺乏统一管理的常设机构，实践中仍存在不少问题。由于应急救援指挥机构是临时组建的，救援人员、医疗人员、后勤人员等来自不同地区、部门和行业，组织、协调、指挥难度大，往往造成应急物流缺乏顶层设计、缺乏统筹建设、缺乏急时统一调度，也缺乏官方持续宣传。如果各部门和机构彼此之间无法进行有效沟通与协调配合，甚至相互推诿，应急物流就难以达到预期目标。此外，无数非政府人员奔赴救灾现场，却没有相应的组织或人员把他们组织起来进行救援工作；各级物流部门没有建立完备的应急预案，缺乏必要的协调方法与机制，使得突发事件发生时不能实施及时高效的组织指挥，造成灾情出现恶化、混乱等情况。

（二）应急物资储备系统不合理

由于一些突发性的大事件的不确定性和紧迫性，必然会在短期内对一些特殊物资产生大量的需求，因此，应急物资储备和布局是关乎生命安全、提供紧急救援的基础和保障。我国在应急物资储备方面存在着很多不足之处，应急物资储备设施存在布局不合理、分布不均衡等现象，有些储备中心离灾区距离较远，有些储备中心的物资数量种类不足、设施不完善，以致不能及时对灾情作出快速响应。国家宏观布局应该把更多的救援物资安排在突发事件较为频繁的地区，而不是只设立在经济较为发达的地区；目前我国已经建立的中央级储备库绝大部分分布在经济较为发达的东部，而西南、西北地区应急物资储备量明显不足。由于我国自然灾害主要发生在西部地带，如果发生较为严重的自然灾害的地区缺乏物资储备设施，而且离受灾点最近的应急救援物资储备量不足，需要从较远的储备库调运物资，就会造成物资调度过程烦琐、车辆长距离运输、运输时间过长等，因而降低了救援效率、增加了救援成本。此外，一些救灾物资的捐赠属于应急捐赠，容易出现供需失调的现象，造成前期救援物资跟不上、后期救援物资出现饱和浪费等现象。

（三）应急物流基础设施网络不健全

经过近 20 年的基础设施投资建设，我国初步形成了公路、铁路、水路、航空等立体交通运输网络体系，但应急物流基础设施建设还相对滞后。目前国内在应对重大自然灾害和突发公共事件时尚存在应急物流操作分工不明确、协调运作程度不高、缺乏完善的硬件设施等问题，例如，由于应急物资中转场站分拨转运处理能力及末端分发配送能力不足，防控急需物资难以及时送达和分发配送。应重视目前仍存在的以下问题：应急物流运输网络不健全，运输通道能力不足，铁路网络结构单一、路线覆盖程度还很小，内河航道运输能力较弱、等级偏低，航空支线运输机场数量缺乏、货运规模偏小，国道、省道及市县公路通达度与衔接度不足，且密度稀疏、覆盖区域不够广泛。此外，还应关注应急物流运输设施存在地区不对称情况，如东、中、西三大地带交通设施依次弱化，交通运输系统的可靠性还有待提高；以及由于人口基数大、路网车流量也很大，当灾害发生后救援车队很可能会因道路环境而受阻。

（四）应急物流信息化水平较低

信息化是提高物流快速响应的重要手段，完善的信息系统具有较强的预警反应能力，对顺利开展应急救灾活动有着重要的作用。大规模自然灾害往往会破坏传递信息的基础设施而导致信息无法及时传递，突发事件越严重，参与救援的人员组织就越复杂，越需要更加及时的信息共享，同时也需要及时收集灾害所造成影响的数据信息，为应急指挥决策和应急物资调配提供基本依据。信息化水平不够强大就会导致救援效率大大降低。当前我国应急物流的信息化手段和技术手段利用度不高，缺乏完善的应急物流信息网络平台，在面对突发事件时往往无法及时准确收集应急物流信息和运作情况，因而无法作出精确的分析与判断，无法实现高效快速的指挥与协调，造成不必要的损失与浪费。例如，在应对新冠疫情的工作中，由于应急物资需求及生产、储备、采购供应、捐赠等物流服务需求信息，无法及时与应急物流供给信息有效共享、对接和匹配，疫情初期应急物资物流指挥调度及运行就很忙乱且低效。

（五）应急物流专业化人才匮乏

专业化的应急物流人才在应急物流体系中起着至关重要的作用。目前我国应急物流专业化人才明显不足，应急物流从业人员的专业素养也不够高，其原因如下：一是培养专业应急物流人才的院校很少，对应急物流人才培养、应急物流研究没有给予应有的重视，投资力度不够。二是缺少专业化的政府管理队伍，政府部门中真正懂应急管理的人不多，了解应急物流的人更少，而且以往应对突发事件的经验大多没有得到很好地传承。三是缺少专职和兼职相结合的专家顾问队伍。四是缺少专业化的应急物流企业和志愿者队伍，平时没有建立一支政府或行业认可，急时"召之即来、来之能战"的应急物流企业和志愿者队伍；急时才临时调度，其效率、保障水平、可靠性大打折扣。五是缺少常态化培训演练。一方面缺乏针对上述队伍的专业化、系统性、常态化的培训；另一方面没有实质性开展实战化、常态化演练。

（六）应急物流相关法律法规建设相对滞后

到目前为止，国家层面尚未有一部专门的应急物流方面的法律法规，相关内容散见于《中华人民共和国突发事件应对法》《中华人民共和国国防动员法》及《中央应急抢险救灾物资储备管理暂行办法》《中央储备粮管理条例》《中央储备肉管理办法》《国家物资储备管理规定》等部门规章、规范性文件中。虽然在应急物流问题处理方面已有一些法律法规可依，但在处理较为重大的自然灾害和严重的社会安全事件以及公共卫生事件时，缺乏条理性的法律法规依据。应急物流法律法规体系缺乏整体规划，许多法规、应急预案只是针对突发事件发生时临时制定的，大部分以试行、暂行、通知等方式存在，不同法规、制度之间协调性不强，适用范围不一致，应急物流没有受到法律的实时保护和保障，针对突发事件的处置及社会保障立法的权威性亟待提高。总体来看，应急物流存在立法分散、立法滞后、立法位阶偏低等问题。由于缺少完善的法规标准，应急物流在体制机制、指挥流程、单位协同、职责分工、动员补偿、第三方评估等方面无法可依，军、地、政、企在力量与资源融合上也缺少可操作的标准支撑，这在一定程度上既制约了应急物资的统筹协调和物流保障，也不利于各类应急物资的规范管理。

（七）应急物流对现代化科学技术的运用不够

随着物联网、云计算、大数据、人工智能、区块链等新技术在物流领域的广泛运用，无人机、无人车、无人仓、无人驾驶、无人码头、物流机器人、大型高速船舶、新能源汽车等智能化设施装备研发与应用明显加快，科技赋能物流智慧化转型，数字经济、智能技术、物流平台正在改变传统应急物流运作方式和商业模式。我国应急物流体系建设起步较晚，且基本上是在缺乏信息技术支持的背景下创建的。在处置非典疫情、汶川地震、玉树地震、新冠疫情等突发事件中，应急物流管理协同效率低的问题逐渐暴露出来，具体表现为信息化程度低导致了物资需求、运力调配、指挥协调、信息对接等事项难以获得高效的协同；还表明现代信息技术特别是智能技术在应急物流方面的应用还不够广泛，没有充分运用人工智能、区块链、物联网、大数据等数字新技术建立比较完善的应急救援信息处理系统和更加完善的应急物资配送体系。全球定位系统、地理信息系统和遥感在应急物流救援方面的运用不够广泛，技术也不够成熟。随着我国北斗系统的完善，可以设计出基于北斗系统的更加完善的应急物流系统，在灾害发生后能够快速定位，对应急物资运输目的地、运输途径都能提供及时准确的数据指导，大大减少救援行动中信息的拖延、错误，达到应急物流效率最大化。信息网络是应急救援各部门进行信息传递、共享、有效协调沟通的平台，目前我国还缺乏统一的可用于应急物流指挥调度及实时呈现应急物资需求信息、物流资源信息、物流运输通道及环境信息的应急综合服务平台。信息网络化程度低，不能很好地利用 EDI、GPS、GIS 等信息技术进行灾害营救工作，而信息不对称往往导致信息传递产生错误，会造成救援工作陷入混乱、无序状态，给人员营救、灾害处理带来诸多不必要的麻烦。

（八）应急物流的军民结合性有待提升

应急物流承担着"平时服务、急时应急、战时应战"三位一体的使命任务，已经并将持续得到军地物流界的高度重视。当突发事件发生时，军、民都急切投入救援工作中，如果能有效地集合第三方物流企业积极投入，就可以有效提升应急物流的成效。但由于缺乏有效的机制，如资质认证、征用补偿等，难以有效调动物流企业投入应急物流建设的积极性，无法发挥管理运营、资源整合和服务运营网络等方面的优势。另外，在关键时刻承担重大公共安全事件和自然灾害救灾任务的往往主要是人民解放军、武警部队等，缺乏专业的救援队伍。此外，在灾害发生时空中救援力量的申请和派遣程序相对复杂，常会贻误时机。

三、应急物流发展趋势

应急物流正在成为一个越来越重要的领域，尤其在面对全球范围内自然灾害和公共卫生事件频发的背景下。

（一）智能化趋势

顺应智能化技术革命趋势，物联网、大数据、人工智能、5G 等技术在应急物流领域广泛应用。互联网与应急物流有机结合，能够解决传统应急物流模式存在的信息闭塞问题，这使得应急物流领域能够对不同突发事件及时进行信息整合，减少信息不对称影响，提升应急物流组织的信息化程度，同时能快速确定应急物流活动方案，迅速下达应急物流活动指令，实现应急物流供给与需求快速匹配，提升应急物流资源利用效率，降低应急物流成本。另外，互联网与应急物流结合所形成的新的应急物流活动模式，不仅弥补了现有应急物流模式的不足，还可能会催生出第三方甚至是第四方应急物流企业。

（二）协同响应趋势

为应对自然灾害、公共卫生事件、事故灾难等突发事件，应急物流将致力于提供更快速、更高效的物资运输、储备和配送服务。自动化、无人化、可视化等技术的广泛应用，将大大提升物流作业和储存效率，应急物流的响应速度和配送效率也将得到进一步提升。无接触、少接触的物流转运与交付方式成为应急物流发展重要趋势。无接触物流，一方面将不需要接触的物流环节包括接收订单、预约提货收货、查询与跟踪订单在途与签收情况、处理作业单据、核对账目和开具发票等环节线上化，另一方面将不需要面对面接触的环节，尽量利用创新技术与设备进行信任交接。当发生重大公共安全事件时，通过推广无接触配送（用户下单时，可利用订单备注、电话、App 内部消息系统等方式，与骑手协商餐品或商品放置的位置；骑手送达后可通过电话、App 等渠道通知用户自行取餐或商品）、无人配送（配送机器人、无人机）等新的配送模式，可有效缓解物流企业面临的短期内用工荒、人工成本上涨、交通运输不畅、"最后一公里"配送受阻等困难。以新冠疫情防控为例，京东仓库使用的智能机器人等自动化设备极大地提高了分拣效率，无人配送对于隔离病毒发挥出人力无法起到的作用。

（三）军地结合趋势

打造"平时应急，战时应战"的军地结合应急物流体系，是有效增强突发公共事件国家应急物资物流保障能力的重要措施。军地结合应急物流体系主要由政府、军队、物流企业和社会力量等构成，根据突发公共事件发生规模，建立与突发事件响应等级一致的应急物流分级响应体系，决定不同应急物流组织主体的参与程度及主辅与职责，建立集中统一、权威高效的联合决策指挥机构，实现高效的应急物流活动。搭建国家（省级）层面物流与供应链应急指挥平台，充分发挥政府、军队、大型物流企业力量，打通应急平台和数据连接，建立日常演习机制和应对突发事件的配送组织长效机制，构建起一条从生产、供应、物流配送到灾害发生地的应急物资全程供应链，形成快速协同应急物流保障体系。

（四）标准化趋势

应急物流的关键是打破信息壁垒、消除信息隔阂，使不同应急物流组织主体能够相互协作，提升应急物流绩效，达到应急物流低消耗、高效率的目的。随着人们环境保护意识日益增强，应急物流绿色化发展受到社会更多关注。当发生突发公共事件和重大自然灾害时，受灾地区情况不同，且群众应急需求存在复杂化、多样化、个性化特征，为此应急物流服务保障需要寻找共性并建立标准化、模块化、组件化的运营流程，这需要信息化、数字化技术支持，更要求建立完善的应急物流标准化体系加以支撑，因此应急物流标准化已成为重要发展趋势。

第三节　国外应急物流发展经验与借鉴

一、发达国家应急物流发展经验做法

美国、日本、德国等世界发达国家应急管理体系建设起步较早，经过多年探索和发展，建立了比较完善的应急救援系统和运行良好的应急管理体制，并且逐渐向标准化方向发展，使得包括应急物流在内的整个应急管理工作更加科学、规范和高效，主要表现为：建立并完善应急管理协调机制，制定并优化应急管理行动流程，制定并完善应急管理法规体系，搭建应急管理信息平台。

（一）美国应急物流经验做法

1. 常设救灾物流专门机构

经过多年努力，针对各种自然灾害和公共突发事件，美国建立了完备的应急体系，形成了以"行政首长领导、联邦政府协调、地方负责"为特征的应急管理模式。在地震、飓风、火山、洪水等重大公共卫生事件或重大自然灾害发生时，美国政府会立即宣布进入联邦紧急状态，并启动应急计划，所有防救灾事务由美国联邦紧急事务管理署（Federal Emergency Management Agency，FEMA）实行集权化和专业化管理，统一应对和处置。2003 年 3 月该署并入国土安全部，成为该部四个下属部门之一。对于各种防灾救灾工作，美国强调运用先进的高新技术，强调事先预防和模拟演练；同时，针对人口稠密的大都市以及人口稀少的地区灾害，均有不同的预案以及应急救灾方式。值得注意的是，美国的应急救灾规划还有相应的治安组织体系，该体系平时配合警方承担各种治安任务，在重大公共事件和自然灾害发生时转变为紧急救灾体系遂行救灾任务。

在国内救灾方面，FEMA 设有物流管理专门单位，平时主要负责救灾物资的管理储备、预测各级各类救灾物资需求、规划救灾物资配送路线以及救灾物流中心设置等工作。当突发事件发生时，物流管理单位便会迅速转入联邦紧急反应状态，根据灾害需求接受和发放各类救灾物资。美国法律规定应急行动的指挥权属于当地政府，仅在地方政府提出援助请求时，上级政府才调用相应资源予以增援，并不接替当地政府对这些资源的处置和指挥权限；当地方政府的应急能力和资源不足时，州一级政府向地方政府提供支持；州一级政府应急能力和资源不足时，由联邦政府提供支持。一旦发生重特大灾害，绝大部分联邦救援经费来自联邦紧急事务管理署负责管理的"总统灾害救助基金"。在国际救灾方面，美国设有对外灾害援助办公室（Office of US Foreign Disaster Assistance，OFDA），负责处理各种紧急救灾事务。目前，OFDA 在世界范围内设有 7 个应急仓库，这些仓库紧靠机场、海港，存储基本的救灾物资，诸如毯子、塑料薄膜、水箱、帐篷、手套、钢盔、防尘面具、尸体袋等；一旦某个地区发生重大自然灾害，OFDA 就会从距离最近的仓库调拨救援物资送至灾区。

2. 应急物流体系健全

美国是应急物流起步较早的国家，已经形成了比较完善的应急物流组织结构体系。美国在应急救灾过程中，通常运用人道主义救助理念，最大程度地降低人员伤亡以及灾害所引发的后期效果。在应急物流运作中，美国对灾害的快速反应能力以及对有效信息的处理也处于相当领先地位。基于对信息的分析和对数据的处理，能够准确地预测出所需各类物资的紧急程度，能够将物资进行分类处理，准确地制定出所需配送中心的位置和数量，保证救助配送网络的畅通，同时采用先进的信息技术和设备，最大程度地降低运输成本，缩短应急救灾响应时间。

（二）日本应急物流经验做法

1. 公众防灾意识强

日本由于其特殊的地理位置及地质条件，经常遭受地震、台风等自然灾害的侵袭。在设计防灾、救灾计划以及开展防灾、救灾演习上，日本政府形成了以行政首脑指挥、综合机构协调联络、中央会议制定对策、地方政府具体实施为特征的应急管理模式。日本的防救灾体系分为三级管理，包括中央国土厅救灾局、地方都道府以及市、乡、镇；各级政府防灾管理部门职责任务明确，人员机构健全，工作内容完善，工作程序明确。每级组织都会定期举行防救灾汇报会，并制订防救灾计划，包括防救灾基础计划、防救灾业务计划、地域防救灾计划等。

日本非常重视增强公众的防灾意识，在每年的国民"防灾日"都要举行由日本首相和各有关大臣参加的防灾演习。全民防灾演练，一方面增强国民的防灾意识，另一方面检验中央及地方政府有关机构的通信联络和救灾、救护、消防等各部门间的运转协调能力，并对各类人员进行实战训练。可以说，日本已建立起了包括应急物流在内的一整套完整的救灾体系。

2. 应急物资实行分阶段管理

在救灾物流管理上，日本的主要做法有：一是制定灾害运输替代方案，事前规划陆、海、空运输路径（因海运、空运受震灾影响小，所以要多利用这些资源）；编制救灾物流作业流程手册，明确救灾物资的运输、机械设备以及其他分工合作等事项。二是预先规划避难所，平时可作他用，一旦发生灾害，立即转成灾民避难所，并作为救援物资发放点。三是对救灾物资进行分阶段管理，将救灾物资的配送工作分为三个阶段。第一阶段由政府行政单位负责，包括救援物资的收集、存放和运输；配送中心24小时作业；要求军队协助进行交通管制，维护紧急物品的运输。第二阶段由物流公司负责（根据政府要求采取较主动的方式进行配送），选择车站等4个配送中心，重点关注提升配送效率；委托物流公司进行专业配送、存储管理；配送中心的配送频率控制在每天不超过50辆次，选择2个地点作为储存性仓库。第三阶段仍由物流公司负责（但根据灾区需求采取较为被动的方式，即依据订单进行配送）。配送中心减少到2个；委托物流公司进行专业配送、存储管理，配送中心的配送频率控制在每天2辆次。日本的救灾物资管理已经充分利用了现代商业物流的发展成果。此外，根据救灾物资性质分送不同的仓库，对社会捐赠灾区的必需物资，经过交叉转运站（Cross-docking）分类后直送灾民安置点；对社会捐赠的非必需物资或超过灾区需要的物资，则送到储存仓库，留待日后使用。日本非常重视应急物资储备，基本形成了从国家到家庭各个层面的储备体系。

（三）德国应急物流经验做法

1. 应急物流体系完备

德国拥有一套较为完备的灾害预防及控制体系，德国的灾害预防和救治工作实行分权化和多元化管理，应急物流管理由多个担负不同任务的机构共同参与和协作。最高协调部门是公民保护与灾害救治办公室，隶属于联邦内政部。当发生疫情以及水灾、火灾等自然灾害时，消防队、警察、联邦国防军、民间组织以及志愿组织等各司其职、齐心协力，最大限度地减少损失。对于救灾物流，德国是建立民防专业队伍较早的国家，全国约有 6 万人专门从事民防工作，还有约 150 万消防救护和医疗救护、技术救援志愿人员。这支庞大的民防队伍均接受过一定专业技术训练，并按地区组成抢救队、消防队、维修队、卫生队、空中急救队。德国技术援助网络等专业机构可以为救灾物资的运送和供应等提供专业知识和先进技术装备帮助，在应急物流中发挥了重要作用。

德国根据可能发生的不同灾情，对各类救灾物资需求进行科学预测，依此建立规模适中、布局合理的应急救援物资库。这些应急救援物资库平时储放应急物资，一旦发生自然灾害，则由专业的物流公司迅速从应急救援物资库提取救灾物资，送往灾区；灾害发生后，社会采购或捐赠的救灾物资需要汇集至应急救援物资库，在应急救援物资库分类拣选后统一配送至灾区。

2. 民间组织发挥巨大作用

德国有一家非营利性的国际人道主义组织，即德国健康促进会，长期支持健康计划并对紧急需求立即作出反应，在救灾物流工作中发挥了极其重要的作用。该组织每年通过水路、公路、航空向世界 80 多个国家和地区配送 300 多万千克的供给品，并利用计算机捐赠管理系统，保持产品的高效率移动。一旦需求被确定，供给品通常在 30~60 天内就会迅速运送到指定地点，避免了医药物品的库存。同时，一旦有灾难通知，德国健康促进会就会立即启用网络通信资源，收集灾难的性质、范围等信息，并迅速组织救灾物品配送到指定救助地点。

（四）英国应急物流经验做法

1. 应急物流有法可依

2004 年颁布的《民事紧急状态法》促使英国应急管理实现了巨大转变，应急管理的重心转向为提高系统抗灾力。英国政府注重指导性的应急管理规程编撰，注重有分有合的应急体系建构。在中央地方权限划分上，应急管理首先强调地方为主，地方要把重心放在微观有效的应对上；中央考虑政治影响，作出全国性资源调配安排。

2. 建立三级应急指挥和对应机制

在地方每个应急处置部门，建立"金""银""铜"三级应急指挥机制。"金"层级官员重点考虑事件发生的原因，可能对政治、经济、社会等方面产生的影响，需要采取的措施和手段；"银"层级官员根据"金"层级下达的目标和计划，对任务进行分配，迅速地向"铜"层级下达执行命令；"铜"层级官员在现场负责具体实施应急处置任务，并可根据不同阶段的处置任务和特点，决定正确的处置和救援方式，直接管理应急资源的使用。中央政府应对紧急情况可分为三级：一级是超出地方处置范围和能力，但不需要跨部门协调的重大突发公共事件，由相关中央部门作为"主责政府部门"负责协调上下级关系，主导事件处理；二级是产生大范围影响并需要中央协调处置的突发公共事件，启动内阁简报室（COBR）机制，协调军队、情报机构等相关部门进行处置；三级是发生大范围蔓延性、灾难性的突发公共事件，也启动 COBR 机制，但这时的 COBR 是在首相或副首相的领导下，决定全国范围内的应对措施。

（五）法国应急物流经验做法

1. 应急物流法律明晰

2004 年《国民安全现代化法》出台后，法国确立了通过预防风险、抵御各类灾害，为民众提供人身、财产和环境保护的应急管理工作宗旨，相应调整了应急管理体制机制和救援体系，围绕风险评估、监测预警、预案制定等加大工作力度，应急管理体系日趋成熟。

2. 健全的应急物流管理体系

一是在中央政府总理府设有国民安全办公室（SGDN），协助总理指挥突发事件应对工作的常设机构，主要负责制订重要专项预案、编制应急规划、研究拟订相关政策、汇总分析应急信息、综合协调相关部门及总理府值班等工作。二是法国内政部负责应急综合管理，主要由民防总局（DDSC）行使，包括组织救援、风险管理与指导协调三个方面。三是工业部、卫生部、交通部等专业部门负责本行业领域突发事件风险防范和应急物资救助工作，设有本部门危机处理中心，指导处置一般突发事件，为重大突发事件处置工作提供资源和技术支持。四是将全国领土分为 10 个防卫区，国家向防卫区、省派出专员，专门负责本区域的国民安全工作。五是省级专员公署在部分市镇派出办事机构，实行延伸管理，目前在 350 个市镇派出了办事机构。

（六）荷兰应急物流经验做法

荷兰应急物流管理主要由政府进行控制和协调。当具体突发事件或自然灾害发生时，荷兰政府会专门成立相应的组织委员会，结合当地政府，专门就此灾害进行具体的指挥和调度。由组织委员会分配具体的工作分工，设立相应的信息系统以及需要的应急设备。

荷兰的应急物流运作体系，表现最突出的就是注重应急救灾细节。对于具体突发事件或自然灾害，荷兰应急组织委员会会制定出最详细的实施方案。首先，预测灾害发生的时间、气候条件以及受害区域，分析灾害区的可接近程度以及道路畅通情况，并且预测和分类受灾地区所需物资；其次，结合外部资源，选择合适的供应商，能够高效准确地获得物资和资源，协调代理商对物资的运送进行决策；再次，根据预测选择出最紧急的物资，确定灾区所需的仓库位置和个数，根据库存水平进行各个备选仓库的配送；最后，做出配送计划，选择和培训救灾人员，对备选资源做出计划和安排，协调各个代理商和救灾组织进行最快的灾后反应。对于各个步骤的细节问题，都有特别详细的规定，代理商、救灾组织、国家、当地政府各负责什么模块，都有明确的分工。当突发事件和自然灾害发生时，各部门各司其职，并且相互配合，以最大程度降低灾害所带来的损失。

二、发达国家应急物流特点与经验借鉴

尽管各国应急物流模式因国情不同而各具特色,但都有一些共同特点,值得我们学习借鉴。

(一)建立协调有效的应急物流管理体系

各国都依据法律建立了立体化、网络化的应急物流管理体系,从上到下的常设专职机构,及相关专业人员组成的抢险救援队伍,严格而高效的政府信息发布系统及明确的政府职能和部门合作,超前的灾害研究和事故预防机制,普遍的灾害意识培养和全社会的应急培训,充足的应急准备和可靠的信息网络保障。

(二)建立完善的突发事件应急物流预案

由政府统一负责指挥突发事件和自然灾害预防、救治的所有工作,包括制订防灾计划、定期开展防灾救灾演习、开展应急物流演练等,预案还根据不同类型的自然灾害事先规划陆、海、空运输替代路线,如伴随地质灾害发生道路阻断、泥石流、滑坡等灾害,常规道路交通将难以发挥机动灵活、"门到门"的优势,这时需要选择空运或海运等适宜的替代运输方案,实现应急救灾物资的及时运送。此外,还将民间组织以及志愿组织等非政府部门纳入防灾救灾体系,配合政府工作,齐心协力顺利完成应急物流的全过程。

(三)建立科学合理的应急物资储备

各国根据可能发生的不同灾情,对各类救灾物资的需求进行科学

预测，依此建立规模适中、布局合理的应急救援物资库。这些应急救援物资库平时储放应急物资，一旦发生突发事件或自然灾害，则由专业的物流公司迅速从应急救援物资库提取救灾物资，送往灾区；灾害发生后，社会采购或捐赠的应急救灾物资需要汇集至应急救援物资库，在应急救援物资库分类拣选后统一配送至受灾区。

（四）运用现代物流知识和供应链管理理论指导应急物流管理

将现代物流知识及供应链管理理论充分运用到突发事件和自然灾害应急物流管理中。自然灾害发生前预测救灾物资需求，发生中实施救灾物资库存的动态检测，避免了过高的库存水平和较高的储存成本。突发事件或自然灾害发生后，根据受灾实际，适时地选用物资供应的供应推动方式或需求拉动方式。

（五）建有先进和稳定的应急物流信息平台

发达国家应急物流信息化水平高，政府注重建立应急救灾信息平台，及时收集和发布灾难信息，建立信息化平台主导的应急物流响应体系，运用物联网、云计算、GPS 等技术对应急物资进行实时监控，优化应急物流运输和配送网络。一旦发生突发紧急事件，能够快速、准确掌握突发事件的详细资料及应急物资存储情况，物流系统可以在灾情发生的第一时间响应，确保救援物资及时调配到位，大大提高应急救援能力。另外，利用计算机捐赠管理系统，迅速组织捐赠救灾物品并及时配送到指定地点。

（六）拥有健全的应急物流法律法规政策

完善的法律法规政策体系对保证应急物流体系高效、健康运转至关重要。发达国家普遍有健全的应急管理、自然灾害防治、应急物资调配、应急救援组织、应急物流运作等方面的法律法规，以及高度的标准化立法和完善的国家补偿机制。建立健全突发事件应急预案体系，以及与应急物流相关的法律保障机制、规则条例、规章制度等强制性保障机制来应对突发事件的发生，重视提高应对紧急事件、突发事件的反应能力，尽可能把损失降到最低程度。

第四节　应急物流体系构建与能力提升

随着应急物流在突发事件和自然灾害救灾抢险中作用不断突出，以及国家和民众防灾避险意识的增强，应急物流体系建设得到政府高度重视和社会的广泛关注。机器人、物联网、云计算、5G、GPS 等现代技术及智能装备在应急物流领域快速应用，极大地提升了我国突发事件应急物流体系保障能力。

一、应急物流体系构建

（一）应急物流突发预警体系

应急物流体系构建首先需要建立一个运行良好、安全有序的突发预警机制，预警体系需要在突发事件发生之前预先制定，这样，应急物流系统可以有充足的时间对预案中的内容不断进行调整、优化、升级，为可能发生或者早期发现的突发事件提供预警意见，及早采取应对措施。此外，突发预警体系的建立能在很大程度上减少应急物流的盲目性和突发性，预警体系能将应急决策过程提前，并缩短应急决策时间，做到防患于未然，提高应急物流的保障效率。

（二）应急物流组织指挥体系

当突发事件发生时，由于应急物资种类多、来源渠道广以及参与救援的组织和人员多、事件的紧急性和不可确定性等，构建需要一个健全、高效的组织机制来进行协调，才能有效保障整个过程、不同活动在第一时间的准确及时运行、步调协调一致。为此，要建立应急物流组织指挥平台，形成不同层级的指挥部门相互配合、相互协调的应急物流组织指挥体系，明确组织各级指挥机构及各类人员的职责与权力、分工实施方案及制定合理有效的防控措施，以发挥整体协同优势。良好的应急物流组织指挥体系可以减少突发事件发生时出现职责与权力不明确、各自为政、相互推卸责任等情况，做到资源可视化、过程可控化。此外，应将军队物流保障体系纳入应急物流组织指挥体系中，高度贯彻国家统一的应急要求、措施、政策等，加强应急保障的整体性、连续性和有效性。

（三）应急物资储备体系

应急物资储备体系构建要综合考虑多方面的因素，包括储备仓库布局、仓库容量、物资库内调度成本、储备物资结构、物资安全储备量、储备设施设备维护、应急物资管理系统等。建立一个多元化、功能性及实用性较强的应急物资储备系统，需要注重以下几点。首先，应急物资储备结构合理化与优化，实现应急物资安全储备。对应急物资进行有效分类（例如，可采用 ABC 分类法按照其重要程度、价值大小等指标进行合理分类），科学规划应急物资仓储设施空间布局、储备物资结构、快速出入库系统和机械设施设备等，促进物资存放结构合理化；利用智能化系统和大数据及时掌控物资库存状况，合理设置物资的库存量；同时，利用市场调节机制，与相关部门做好价格协商，避免出现物价上涨等导致应急资金严重超出预算，保证突发事件发生时能提供及时的供给。其次，确保应急物资储备质量，严把仓储程序和环节。加强对应急物资进出库监控，利用信息化手段建立详细的应急物资采购、配送、运输、入库、出库等记录，避免突发事件发生时出现无准备、手忙脚乱情况，耽误物资的及时供应。最后，建立应急物资管理信息系统，建立仓储信息网，实现不同阶层应急物资信息共享，一旦发生紧急事件，救援物资可及时调配到位，大大提高应急救援能力，确保终端供应的畅通。

（四）应急物流运行监控体系

应对突发事件，一个强有力的运行监控体系是必不可少的。加强应急过程的全程追踪与监控，保证过程的公开化、透明化，注重对有关灾情的信息进行实时收集、处理、分析与监控，对民众受灾情况、防控工作进展、赈灾方式途径等情况实时监测，以便及时掌握灾情第一手信息。对于应急物资、应急款项进行全过程实时监控，提高应急保障过程的透明度，避免出现诸如新冠疫情中"红十字会"等问题的出现，并做到所急需的物资在规定的时间、地点，以合理的运输方式、用最快的速度送往受灾区，保证应急物流活动的顺利进行。

（五）应急物流保障体系

应急物流保障体系建设的关键是提高应急物资的供应效率。保障体系建设，需要抓住以下几个方面：首先，建立应急物资供应体系。应急物资供应来源于多个渠道，包括采购供应、应急生产、外界捐赠以及中央部门储备等，完善物资供应体系可以有效地统计物资的数量及来源。其次，完善应急物流基础设施体系。主要包括各种运输基础设施建设、立体化运输网络系统构建、应急网络构建以及信息技术平台完善等，统筹协调公、铁、水、航、邮等基础设施网络能够保证紧急情况下应急交通工具的优先安排、优先调度、优先放行；同时要大力发展智慧应急物流设施设备。最后，健全应急物流运作体系。主要包括应急物资需求统计及预测、应急物资运输管理、应急物资调度管理等多方面；当突发事件发生时，根据受灾情况及时确定应急物资调度和运输方案，选择合适的运输方式，开辟绿色运输通道；同时要建立应急物流快速反应系统。

（六）应急物流政策法规体系

完善的政策法规是应急物流体系能够有序、高效运作的法律保障。为此，需要做到以下几点。一是建立突发事件应急物资采购、存储、运输、配送、资金、统计、审计等方面的法律法规，做到应急物流运作有法可依、有章可循，同时便于监督检查。二是依法建立突发事件应急物资、交通运输工具等政府征用和补偿机制，确保抢险救灾物资和救援人员能够及时、安全送达。三是建立应急物资保障财政专项资金制度，鼓励公民、法人和其他组织为应对突发事件提供物资、资金、技术支持和捐赠。四是建立各级各类应急物资保障预案和紧急调运预案，优化工作流程，建立预案演练和考评机制。五是建立应急物资保障标准体系，制定完善的应急物资保障相关标准，完善应急物资分类、生产、采购、储备、装卸、运输、回收、报废和补充等相关管理规范。六是建立应急人才培养和职业认证制度，加强应急专业建设和人才培养与引进，完善评估认证体系；把应急知识教育纳入学校教学内容，对公民进行应急知识教育，培养全社会安全意识和自救与互救能力。

二、提升应急物流保障能力的路径选择

（一）加强应急物流基础设施建设

有效压缩应急物资运输时间是应对突发事件的关键要素，应急物流最重要的作用是将应急物资以最快的速度送达指定位置。因此，畅通可靠的物流通道和物流网络对应急物流效率提升至关重要。

1. 加强应急物流通道和应急物流网络建设

加大应急物流通道和网络设施投入，构建公、铁、水、空一体化立体交通运输网络，促进不同运输方式的有效衔接、互为补充，加强国内应急物流网络与国际物流网络衔接，合理布局应急物资储备库和应急物流中心，实现应急物资的无缝对接，提升应急物流组织能力与服务水平。要充分利用中央投资补助或规划建设的国家物流枢纽、多式联运示范工程、货运枢纽（物流园区）等物流枢纽场

站资源，明确国家应急物流服务保障要求，构建国家应急物资中转、转运及分拨、配送的物流枢纽站场网络。充分利用我国综合立体交通网络，合理配置应急物流服务设施或服务功能，建立全国统一管控保通的交通网络应急管控制度，构建畅通高效的应急物流交通网络。

2. 创新应急物流通道运行机制

为此，需要做到以下几点。一是建立应急物流通道建设政策法规，包括应急物流设施、设备相关技术标准以及应急物流通道维护、使用要求等。二是建立应急物流通道保障机制，组织好各种应急物流方式转换节点的协调衔接，提高干线支线末端衔接效率，实现通道高效率运行，避免出现通道混乱和阻断现象；在考虑运输路线的时效性和安全性后，事先规划几套运输替代方案，一旦发生突发事件或自然灾害，可立即启用相应的运输预案。三是建立绿色通道机制，加强运输绿色通道建设，充分利用社会化物流网络与已有物流园区，在突发事件地区建立应急物资中转服务站；对参与应急物资保障的车辆与人员颁发跨区域通行证、优先通行；简化海关检验检疫手续、免收高速公路费等。

（二）构建应急物流组织指挥机构

1. 理顺应急物流保障体制机制

应急物流具有时间要素凸显、运作环境复杂、启动程序突然、任务繁重艰巨、信息极端重要等突出特点，需要构建一套完整的应急物流体制机制。首先，建立专业化的应急物流指挥体系，明确主管或牵头部门，统一组织指挥；在国家公共危机控制指挥系统中常设应急物流调度部门，统筹负责全国的应急物资储存和运输，对突发事件及时处理。其次，完善相关法规标准，规范指挥流程、职责分工、力量融合、动员补偿、第三方评估等工作。再次，建立健全多部门协同（联席会议）、需求对接畅通、社会力量动员及补偿、常态化演练及考核评估等机制。最后，完善应急物流预案。

2. 建立应急物流指挥机构

建立中央、地方统一协调的应急物流组织指挥机构，加强各相关单位信息沟通和共享，积极开展国际合作，协调应急物流运行和实施。当突发事件发生时，要及时掌握危害程度、影响范围、持续时间等信息，做好相关应急物资种类和数量的科学预测，对应急预案的制定、实施，救援物资的筹集、调用、储存、运输，应急物流相关政策的发布等方面进行指导，组织协调好具体应急物流工作的开展，保证应急物资及时送到目标地点，保证整个应急物流体系高效、有序、稳定的运行，为应对突发事件提供强有力的保障。

（三）完善应急物资储备系统

1. 建立由国家统一调度的应急物资储备机制

该机制包括领导层和操作层两个层面。领导层由相关部门主要负责人构成，主要对突发紧急事件进行提前预防，负责对各个应急部门进行联系沟通和协调，实施情报分析和共享，统一安排工作方案和行动部署；负责出台储备方针政策制度，完善有关存储信息，督促计划完成。对各类存储资源的投放进行集体表决，建立全局性、全方位存储架构；在保证国家经济安全高效运转前提下，低成本、高效率运转国家存储方案，增强国家应急处理能力。

2. 调整增加应急物资品种和分布规模

国家资源存储架构要根据国家经济、技术、军事、应急发展和需要进行调整，将国家战略物资同公共安全急需物资以及战斗准备物资进行有机地整合，制定紧急事件急需物资各类目录，改善现有生活救援、抢险救灾、公共卫生等类型物资存储及国家应急救援单位设备储备；从宏观上对应急物资产地、品种、用途、数量进行调整，使各级应急处置机关能够按照目标进行严格的采购和储备。

3. 推动中央和地方应急物资储备库间有效联动

不同品种的储备库或地方储备库，往往各自为政，缺少必要的交流与沟通，造成应急储备交叉重复和遗漏，甚至造成断档脱储与库存积压在时间和空间上同时并存的双重损失、双重风险。要消除应急储备存在的"购不进、换不出、调不动、用不上"，"蓄水池"蜕变为"死水池"的旧体制弊端，创新应急物资管理机制。注重加强储备库间的沟通与合作，从预案着手建立信息透明、储备联动的大储备机制和异地储备救援机制。为此，要建立应急物资储备信息数据库，详细记录全国各类应急物资储备的品种、数量和分布情况；有关部门应定期向主管部门报告应急储备物资动态，政府应急管理部门进行统计汇总并更新数据库信息，加强应急物资的运作和监管。

4. 优化应急物资存储技术

加快仓库优化建设进程，充分利用国内外应急储备库的先进存储技术和资源，实时掌握各个储备库的缺额信息，提高仓库利用效率，便于国家对物资储备仓库布局的统筹规划。建设政府、企业、非营利性组织应急物资存储联盟，构建政府存储、军队存储、企业存储三者有机统一，战略储备与运转储备相协调的储备模式。

5. 建立动态化、扁平化的应急物资储备机制

为此，首先要实现应急物资储备多样化。一方面，充分发挥市场机制调配社会资源，充分调动社会力量、社会资源和市场力量，采取行政机制与市场机制相结合的形式，从单一的政府行为转变为政府主导、社会各界的广泛参与，实现政府储备与社会储备、集中储备与分散储备、生产技术储备与实物储备相结合；同时提高市场储备企业的准入门槛，对相关企业尤其是药品生产厂家等重点领域企业进行定期审查，保证物资质量。另一方面，政府可通过应急物流指挥中心整合国内外现有社会资源，选取行业内信誉较高、规模较大的物流企业联合配送，充分利用物流企业已经建立的完善的供应网络，实现应急物资高效的定点配送。其次，应急物资储备最大限度实施动态化和扁平化，由"实物储备"为主向"能力储备"为主转换，由"静态储备"为主向"动态储备"为主转变。为此，要整合各种类型的储备库，实现储备信息共享，建立一种层级简捷、反应快捷、动态化的应急储备机制，确保突发事件发生时有充足的物资可用，从而实现快速响应、及时救援。最后，要加强应急物资储备管理。制定应急物资管理规范，加强对储备物资的监管，防止出现应急物资被盗用、设备被挪用等现象，确保应急物资的安全。对生产周期长、专用性强、采购难度大的应急物资适当安排储备保有量，并以政府为主导；对于通用性强、易于补充的应急物资如生活类、药品类等则减少储备，主要通过市场化运作方式，探索"寓急于民""以定代储"新模式。例如，与有实力、有资质的生产厂商或者经销商签订合同，在应急期间实行先征用后结算的方法；也可采取合作的方法，由生产厂家、供应商及医疗机构代储或将储备库的一部分让厂家管理。

（四）加强应急物流信息化建设

1. 构建共享联动的国家应急物流大数据平台

针对应急物资的数量、质量、分布、运输和收发能力、使用情况等信息，加强数据收集处理与分析能力，保持数据库不断更新，着力完善信息共享、网络对接及协同运行机制和制度。充分利用有关各方既有网络信息平台，及时掌握和发布应急物资需求信息，提高应急物流的时效性，为协调和指导应急物资的生产和运输提供决策依据。充分利用和整合现有平台，并依托行业组织或企事业单位对平台开展常态化运维，避免由于信息不畅通、不对称所带来的损失与危害。

2. 建立信息化平台主导的应急物流响应体系

用先进技术支撑应急物流信息系统和指挥决策支持系统，以提高应急物流管理水平。将普通物流管理系统的先进技术装备引进应急物流中，诸如地理信息系统 GIS、全球定位系统 GPS、卫星遥感 RS 等，对应急物流设施进行定位、跟踪，提高应急物流信息传递方式先进、稳定和抗干扰能力。

3. 强化现代信息技术引入

运用先进技术如物联网、大数据、云计算、物流自动化和自动识别技术等，实现应急物资动态的实时监控，确保应急物流系统高效运转。提高信息平台的软硬件管理水平，在硬件方面利用 GPS 卫星定位优化配送路径，将 GIS 技术应用于数据获取和传输，对救援物资配送车辆进行跟踪调度。在软件方面引入云计算建立政府公共信息平台、集合库存管理等，及时发布应急物资运输情况和仓储余量等信息，实现各部门的信息共享。

4. 加强应急物流网络信息和重要数据管理

网络信息的开放性在一定程度上加大了应急物资配送信息的不安全性，因此要建立严密的网络信息准入和数据管理机制，确保在应急物资配送过程中信息的安全性和有效性。

（五）提升应急物流运作保障能力

1. 夯实应急物流保障的物流业发展基础

强大的应急物流体系有赖并依托于现代物流业的高度发展。应急物流并不是孤立存在的，它需要一个良好的基础环境。物流产业发展水平对保障应急物流的实施起着关键作用，只有设备、设施、储备、运输、配送等与应急物流密切相关的行业整体水平不断提高，才能促进应急物流更好发展。统筹规划、布局建设适当数量应急物流中心，将应急物流资源或设施设备进行规划、配置和重新组合，对分散的应急物流资源进行整合利用，形成区域应急物流联盟，提高应急物流的组织能力与服务水平。

2. 创新应急物流服务社会购买方式

推进应急服务产业化，培育应急物流企业（包括应急物资、应急设施设备生产企业，应急物流平台企业，应急物流教育培训和咨询服务企业，专业化的应急救援物流企业等），鼓励社会力量和市场参与，落实企业参与应急物流的税收优惠、装备保障、政府购买服务等支持措施。利用信息化平台整合应急物流资源，对分散的物流资源进行综合利用，实现对应急物资生产和物流等功能环节的有效集成或协作。完善政府与社会力量协同救灾联动机制，开展应急物流服务外包，组织有条件的企业承担应急物流服务任务，促进应急物流社会化发展。

3. 建立多层次应急物流运力储备队伍

首先，充分利用中央直属大型国有运输企业、国防交通战备运输资源和国家军队运输资源，明确国家应急物流运力配置保障要求，构建"召之即来、来之能战、战之能胜"的国家应急物流运力储备队伍。其次，充分发挥地方交通运输主管部门、行业协会、网络货运平台企业在组织调动社会物流资源方面的地位和作用，建立完善社会物流资源征用补偿政策，构建我国应急物流社会运力储备队伍。最后，充分发挥我国邮政快递业发达及其在末端分拨配送方面的独特优势，构建我国应急物流末端分拨配送的运力储备队伍。

4. 创新应急物资末端配送模式

应急物流主要目标是将所需物资在最快的时间运送到需求地区，末端配送是应急物流非常重要的流程。在应对突发事件中，积极推广无人配送、无接触配送等新模式，加强物流的全线追踪和透明，使得末端配送工作能够更加安全、更加精准、更加高效，为应急物流提供安全保证。

（六）健全应急物流政策法规体系

1. 完善应急政策和法律体系

通过制定统一的应急制度与法规，为应急物流通畅运行提供一种强制性保障机制，提供健全的政策法规环境，形成科学合理且完整的突发事件应急政策和法律体系。首先，制定应急物流法律法规，主要界定应急物流重要性和用途、发展方向、运行整体大环境，中央和地方应急物流工作关系和分工等，该体系涵盖物流行业法律规范、物流架构法律规范、物流成本法律规范、物流培训法律规范、物流人才法律规范、物流科技法律规范等。其次，完善突发事件物资配送法律规定，包括紧急物资配送调整法规、突发事件物流组织规定、紧急配送单位动员法则、突发事件物资配送评价准则等。

2. 完善应急物流法律标准体系

以现有法律和规范为基础，明确各参与主体权责、主要物资的存储及配送标准、基础设施使用标准、应急物资包装信息采集标准、运输工具使用标准、救援人员执行工作标准等，以法律的约束性和强制性确保应急物流体系运作。在物资存储和配送标准制定方面，要结合物资的规模、种类、配送规模、物资大小等进行；在应急物流工作人员标准制定方面，要针对工作人员的身体素质、学历及技术资格等方面进行；在基础设施和运输工具标准制定方面，要与国际接轨，不断完善道路及车辆标准，保障在发生灾害时，车辆可以通畅行驶。

3. 建立以政府为主导的多元化补偿制度

健全的补偿机制是提升应急物流效率的必要途径和保障。一是由政府财政补偿为主向市场保险补偿为主方向转变。在强化国家财政补偿机制立法的同时，可采取充分调动社会和市场资源的方式弥补国家财政补偿能力的不足，引入金融和保险体系，提高资本市场的参与水平；政府出台政策引导"基金"与"保险"作为应急物流补偿的主要模式，以此对征用和调用的企业及个人物流资源给予必要的补偿，甚至可以给予超额补偿，以鼓励、提升应急物流参与者的热情和积极性，最大限度体现应急物流的社会公益效益。二是借鉴其他国家的补偿方式进行机制改革。如日本的合同补偿机制，政府可以结合区域经济情况，采用合同的方式，固定被征收财产者相关权益，以统一的标准征收财产，保障每一个征收者的基本权益。

（七）加快培育高水平应急物流人才

1. 高校、科研机构和行业组织共同培养应急人才

首先，推动应急物流学科建设，加大对应急物流专业和学科建设、应急物流人才培养的投资与扶持力度，培养一批高素质应急物流专业人才。其次，依托军地院校、科研院所、行业组织，开展应急物流专业学历教育和专业化队伍的任职培训和演练。最后，发挥行业协会作用，由其牵头制定行业标准，协助政府制定相关行业政策，开展应急物流行业培训认证，授权开展应急物流保障第三方评估等。

2. 开展应急物流知识宣传和演练

很多民众还极其缺乏对应急物流的认识，这就需要政府和相关组织加强媒体普及、传播应急物流知识，帮助公众了解应急物流的运作流程，掌握应急物资的捐赠流程、领取流程；学校要采用应急知识讲座、实际演习等多种形式进行教育，以增强学生的应急避险能力，提高学生的自救意识与能力。此外，可以借鉴日本等国家做法，定期举办应急演练，以提高应急物流在实战中的应对能力。

案例一

在新冠疫情暴发初期，武汉市立即采取了应急措施，启动了一系列应急机制。当地政府采取了严格的防疫措施，对武汉市进行封城和居民隔离，控制疫情扩散。采用强有力的手段阻止人员流动，减少人员聚集，及时追踪确诊人员和密切接触者，对发热患者进行排查管理。

政府协调企业和社会组织展开采购、调度和分配物资的行动，迅

速加强医疗资源的投入，出动医生、护士和志愿者前往武汉市参与救治，确保未发现病例的区域稳定；采购必要的医疗设备和防疫物资，保障医护人员和城市居民的生命安全。主要的应急物资包括口罩、防护服、护目镜、酒精消毒剂、医用床铺、呼吸机、药品等。

政府还建立了多个方舱医院、集中隔离点等临时医疗设施和应急物资调配中心。这些物资被分发到医疗机构、社区、隔离点等地方，并根据需求动态调度，确保应急物资的紧急供应和合理使用。

此外，武汉市政府采用了大规模的信息系统支持疫情防控。大数据、人工智能、区块链等技术在疫情监测、信息汇总、数据分析、财务支持等方面发挥了重要作用。利用各种渠道加强宣传和教育，提醒公众防范疫情和做好个人防护，教育居民合理配合当地政府防疫工作，及时接受健康评估。同时及时通报国际组织和其他国家疫情发展情况，分享经验，加强国际合作和信息交流，共同应对新冠疫情的挑战。

武汉疫情应急案例表明，在面对突发事件时，调配应急物资和资源是灾害应对工作中不可或缺的环节。及时、精准地将应急物资和系统资源分配到最需要的地方和人员是保护公众利益和抗击疫情不可或缺的一环。总之，武汉疫情告诉我们，在面对突发公共卫生事件时，各级政府必须采取果断、迅速、有效的措施，加强宣传、动员工作，上下一致积极参与防疫控制工作，并坚定地贯彻落实各项措施，以尽早战胜疫情，保护人民生命安全和健康。

案例二

2021年4月26日，我国西藏自治区林芝市巴宜区发生一场森林火灾。该火灾发生在偏远的山区，燃烧范围广，火势凶猛。火灾造成了当地大量的绿色植被受损和野生动物死亡，还对当地居民的生活产生了严重影响。

当火灾发生时，当地政府迅速启动了应急预案，组织消防部队和武警部队，以及当地居民和志愿者投入扑救，并通报周边地区，协调借调大批现场消防车辆、人员及豪华消防设施。同时，政府采取了下列应急措施：①严控人员和车辆进入火灾灾区，确保现场安全；②组织群众疏散和警戒热点区域；③借调直升机对火灾进行空中勘察；④加强警力部署以防止恶意破坏等。

在政府和社会各方的共同努力下，经过约四天的扑救，森林火灾得到有效控制。此次扑救成功表明，应急响应机制的建立和大规模投入的资源具有重要的作用，展现了政府和社会总体应对突发事件的优良能力和对青藏高原环境保护的高度重视。

然而，这次火灾也为我国进一步加强荒漠化防治、推动生态文明建设提供了重要的借鉴意义。同时，也证明人类的错误活动和全球气候变化对生命系统会造成重要威胁，我们需要共同努力保护好人与自然和谐共生的环境。该应急案例表明，政府应急预案的制定和应急响应的实施是非常重要的，有效的应急措施能够保护公众安全，限制灾害损失，减少不利影响。应该高度警惕自然灾害和人为灾害对环境和生态的破坏。政府和公众应当一起加强防火宣传和防范意识，尽可能减少火灾的发生和影响。政府应当加强森林火灾监测和防范工作，及时采取各种措施遏制灾情的扩散，并及时组织救援和恢复工作，帮助灾民重建家园，尽快恢复正常生活和生产秩序。此外，恰当的应急预案应包括完善的组织机制、技术支持、资源调配和信息传播等方面，这有助于各种突发事件的快速应对和解决。

第八章　应急物流标准体系建设

第一节 应急物流标准概述

应急物流各环节的正常运作及无障碍衔接，与标准的保障支撑有着重要关系。本章关注应急物流问题发生背后的标准支撑问题，即构建应急物流标准体系，做到应急物流系统建设及运行有据可依、有规可循。

一、标准及标准化

（一）标准概念

1983 年我国颁布的国家标准（GB 3935.1—83）中对"标准"的定义是：标准是对重复性事物和概念所做的统一规定。它以科学、技术和实践经验和综合成果为基础，经有关方面协商一致，由主管机构批准，以特定形式发布，作为共同遵守的准则和依据。1983 年国际标准化组织发布的 ISO 第二号指南（第四版）对"标准"的重新定义是：由有关各方根据科学技术成就与先进经验，共同合作起草，一致或基本上同意的技术规范或其他公开文件，其目的在于促进最佳的公众利益，并由标准化团体批准。

2000 年发布的国家标准（GB/T 1.1—2000）将标准重新定义为：为在一定的范围内获得最佳秩序，对活动或其结果规定共同的和重复使用的规则、导则或特性文件。该文件经协商一致制定并经一个公认机构的批准（标准应以科学、技术和经验的综合成果为基础，以促进最佳社会效益为目的）。

根据 WTO 有关规定和国际惯例，标准是自愿性的，而法规或合同是强制性的，标准的内容只有通过法规或合同的引用才能强制执行。

（二）标准的作用

标准与人们生活、社会发展、政府宏观调控等息息相关，是推动技术进步的杠杆，也是企业生产、经营、检验产品的行为准则，又是提升行业（企业）竞争力的重要技术依托，还是政府宏观调控的重要手段。《国家标准化发展纲要》提出，标准是经济活动和社会发展的技术支撑，是国家基础性制度的重要方面。

（三）标准分类

1. 按照标准化对象划分

按照标准化对象划分，可分为技术标准、管理标准和工作标准三大类。技术标准是指对标准化领域中需要协调统一的技术事项所制定的标准，包括基础技术标准、产品标准、工艺标准、检测试验方法标准及安全、卫生、环保标准等。管理标准是指对标准化领域中需要协调统一的管理事项所制定的标准，包括管理基础标准、技术管理标准、经济管理标准、行政管理标准、生产经营管理标准等。工作标准是指对工作的责任、权利、范围、质量要求、程序、效果、检查方法、考核办法所制定的标准，一般包括部门工作标准和岗位（个人）工作标准。

2. 按照标准制定主体划分

按照标准制定主体划分，可分为国际标准、国家标准、行业标准、地方标准、团体标准、企业标准六类。国际标准是由国际标准化组织（ISO）、国际电工委员会（IEC）和国际电信联盟（ITU）制定的标准，以及国际标准化组织确认并公布的其他国际组织制定的标准，在世界范围内统一使用。国家标准是指由国务院标准化行政主管部门批准发布，在全国范围内统一的技术要求。行业标准是指没有国家标准而又需要在全国某个行业范围内统一的技术要求，由行业标准归口部门统一管理。地方标准是指在国家的某个地区通过并公开发布的标准，由省、自治区、直辖市人民政府标准化行政主管部门统一发布。团体标准是由社会团体按照一定的程序制定并发布，由社会自愿采用的标准（国外也称为"协会标准"）。企业标准是指在企业范围内需要协调、统一的技术要求、管理要求和工作要求所制定的标准，由企业自己制定，由企业法定代表人或其授权的主管领导批准、发布，由企业法定代表人授权的部门统一管理。

3. 按照标准性质划分

按照标准性质划分，可分为强制性标准和推荐性标准两类。保障人体健康、人身财产安全的标准和法律、行政法规规定强制执行的标准是强制性标准，其他标准是推荐性标准。

（四）标准化及作用

标准化是为在一定的范围内获得最佳秩序，对现实问题或潜在问题制定共同使用和重复使用的条款的活动。主要包括编制、发布和实施标准的过程；主要作用在于为其预期目的改造产品、过程或服务的适用性，防止贸易壁垒，并促进技术合作。

标准化在推进国家治理体系和治理能力现代化中发挥着基础性、引领性作用。标准及标准化所具有的引导性、前瞻性、公平性、国际性、强制性和惩戒性等特点，能有效解决市场经济发展中的质量问题、效率问题、秩序问题、可持续发展问题等，对于增强产品市场竞争力、推进经济健康发展、规范社会生活秩序等具有战略性意义。

二、物流标准与物流标准化

（一）物流标准化概念

为物流活动制定统一标准并实施的整个过程。包括制定物流系统内部设施、机械装置、专用工具等各个分系统的技术标准；制定系统内各分领域如包装、装卸、运输等方面的工作标准；以系统为出发点，研究各分系统与分领域中技术标准与工作标准的配合性要求，统一整个物流系统的标准；研究物流系统与其他相关系统的配合性，进一步谋求物流大系统的标准统一。

（二）物流作业标准种类

1. 基础编码标准

该标准是物流对象编码，按照物流过程要求转化成条码。它是物流大系统能够实现衔接、配合的最基本标准，也是采用信息技术对物流进行管理和组织、控制的技术标准。在此标准上，才可能实现电子信息传递、远程数据交换、统计、核算等物流活动。

2. 物流基础模数尺寸标准

物流基础模数尺寸标准又称标准化共同单位尺寸或系统各标准尺寸的最小公约尺寸。基础模数尺寸确定后，各个具体尺寸标准都要以基础模数尺寸为依据，选取其整数倍数为规定尺寸标准。标准制定不但要考虑国内物流系统，还要考虑到与国际物流系统的衔接。

3. 物流建筑基础模数尺寸

物流系统中各种建筑物所使用的基础模数，是以物流基础模数尺寸为依据确定的，也可选择共同的模数尺寸。该尺寸是设计建筑物长、宽、高尺寸以及门窗尺寸、建筑物柱间距、跨度及进深等尺寸的依据。

4. 集装模数尺寸

在物流基础模数尺寸基础上，推导出的各种集装设备的基础尺寸，以此尺寸作为设计集装设备三向尺寸的依据。在物流系统中，由于集装起贯穿作用，集装尺寸必须与各环节物流设施、设备、机具相配合。整个物流系统设计时往往以集装尺寸为核心，集装模数尺寸影响和决定着与其有关各环节标准化。

5. 物流专业名词标准

物流系统有效配合和统一要求专用语言及所代表的涵义标准化。如同一个指令在不同环节有不同理解，不仅会造成工作混乱，且容易出现大的损失。它包括物流用语统一化、定义统一解释、专业名词统一编码。

6. 物流单据、票证标准

该标准可实现信息的录入和采集，将管理工作规范化和标准化，也是应用计算机和通信网络进行数据交换和传递的基础标准。

7. 标志、图示和识别标准

对物流对象需要有易于识别又易于区分的标识，有时需要自动识别，可用复杂的条码来代替用肉眼识别的标识。

8. 专业计量单位标准

除国家公布统一计量标准外，物流系统还有许多专业计量问题，须在国家及国际标准基础上确定本身专门的标准，同时还需考虑国际计量方式的不一致性，考虑国际习惯用法。

（三）物流标准化重要性

1. 提高物流系统效率、降低物流成本的需要

物流标准化是提高物流效率的重要途径。物流载体包括托盘、集装箱、拖车等各种运输装卸设备，这些载体设备的标准化可以使物流各环节的运作得到有效衔接，能够减少重复劳动，加快了流通速度，提高整体运作效率，降低了物流运作成本。

2. 规范物流市场的需要

在市场经济下，各类物流企业同时并存，如果没有规范性，它们提供的物流服务水平参差不齐，会造成物流市场秩序混乱，在物流业内产生恶性竞争，成为制约物流业健康发展的极大障碍。建立物流相关标准可以有效地引导物流企业健康发展，促进整个物流市场的规范化，改善物流服务水平。

3. 供应链整合优化的需要

在需求信息的拉动下，供应链内节点企业以物流、资金流和商流为媒介，通过供应链职能分工与合作，实现整个供应链的不断增值。物流总是根据供应链的需要而产生，并在供应链各节点间流动，因此

物流标准化同时也是各节点企业间相应的设施、包装、产品制造、流通加工的标准化过程。一个节点的标准化将最终带动整个供应链的标准化。

4. 开展国际贸易的需要

国际贸易很重要的障碍是技术壁垒，技术壁垒会影响商品出口或影响国外商品进口。国际物流的关键是运输工具、包装装卸搬运工具等方面采用国际统一标准。如集装箱尺寸规格与国际标准不一致，就会产生与国外各环节的物流设施设备的不匹配，运输、装卸搬运、仓储都会发生困难，从而影响进出口贸易顺利开展。

第二节　我国应急物流标准化发展现状与问题

一、我国物流标准化发展状况

随着物流业快速发展，我国在物流标准制定和标准化工作方面取得了众多成绩，主要表现在以下方面。

(一) 建立了与物流有关的标准化组织与机构

2003年，经国家标准化管理委员会批准成立全国物流标准化技术委员会，它是国家标准化管理委员会直属管理、在物流领域内从事全国性标准化工作的技术组织（SAC/TC269），秘书处设在中国物流与采购联合会。主要负责物流基础、物流技术、物流管理和物流服务等标准化技术工作，物流标委会下设物流作业、托盘、第三方物流服

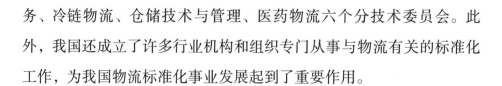

务、冷链物流、仓储技术与管理、医药物流六个分技术委员会。此外，我国还成立了许多行业机构和组织专门从事与物流有关的标准化工作，为我国物流标准化事业发展起到了重要作用。

（二）制定了一系列物流或与物流相关的标准

我国现已制定颁布了近千个物流或与物流有关的标准。据不完全统计，我国在产品包装、运输、储存与标识、物流机械与设施、自动化物流装置、托盘、集装箱等多方面制定的标准已达 1000 多项。

（三）积极采用国际物流标准

在包装、标识、运输、储存方面近百个国标中，我国已采用国际标准的约占 30%；公路、水路运输方面国标中，已采用国际标准的约占 5%；在铁路方面国标中，已采用国际标准的约占 20%；在车辆方面国标中，已采用国际标准的约占 30%。此外，在商品条形码、企事业单位和社团代码、物流作业标识等方面也相应采用了一些国际标准。

（四）重视参与国际物流标准化活动

我国非常重视参与国际物流标准化活动，积极与国际标准化组织和国际电工委员会对接，加强与国际物流有关的各标准技术委员会及技术部门的联系，明确我国物流业务标准的各自技术归口单位。

（五）企业积极参与物流标准化

近年来，企业参与物流标准化的积极性显著提高。企业尤其是大型物流公司积极参与标准制定。此外，企业在运营管理工作中积极采用物流标准，提高了物流效率，如各大超市为提高自动化管理程度和管理效率，建立了先进的物流配送中心，积极使用 ITF-14 条码进行分拣和配送。

二、我国应急物流标准化工作存在的问题

经过多年的发展，我国在物流标准化建设方面取得了很大成绩，但我国物流标准化整体水平还不高，主要表现为物流标准化管理体制仍比较落后、物流标准化意识淡薄、物流标准化基础还很薄弱、物流标准化体系相对不完善、物流信息标准化建设滞后、物流标准缺乏统一规范、物流标准化应用推广不足、物流标准国际化程度低、物流标准化人才极其匮乏等，尤其是应急物流标准化发展更加滞后。

（一）缺少应急物流标准化法律法规

《国家突发事件应急体系建设"十三五"规划》提出，要"制定《中华人民共和国突发事件应对法》相关配套法规制度和规范性文件，健全自然灾害、事故灾难、公共卫生事件和社会安全事件应急相关法律法规体系，完善地方性应急管理法规，加大执法力度，实现依法应急。"目前，对应急物流的相关要求分散在《中华人民共和国突发事件应对法》《中华人民共和国国防动员法》《国家物资储备管理规定》等数十项法律法规、部门规章、规划文件中，缺少专门立法，存在立法缺位严重、立法层次较低、多头立法突出、立法内容陈旧等问题，尤其缺少与应急物流标准化有关的法律等法规。

（二）应急物流标准体系建设滞后

1. 数量少，缺口大

目前，应急物流领域国家标准和行业标准较少（见表 8-1 和表 8-2），主要涉及应急物资投送包装及标识、仓储设施设备配置、分类编码与公共标识代码编制以及应急物流成本核算、数据交换格式及数据交换通用要求等基础通用类标准，而针对应急物流关键作业环节的可操作性标准规范较少。应急物流系统涵盖组织协调、调拨运输、仓储配送、信息管理、人员设备等诸多方面，需要通过标准来规范与支撑的内容很多，标准规范缺失会严重影响并制约应急物流保障能力。

表 8-1　　　　　　　　　应急物流领域国家标准清单

标准号	标准名称	实施日期
GB 30077—2023	危险化学品单位应急救援物资配备要求	2024.09.01
GB/T 30674—2014	企业应急物流能力评估规范	2015.07.01
GB/T 30676—2014	应急物资投送包装及标识	2015.07.01
GB/T 38565—2020	应急物资分类及编码	2020.10.01
GB/T 40413—2021	应急物流公共标识代码编制规则	2022.03.01
GB/T 41205.1—2021	应急物资编码与属性描述 第 1 部分：个体防护装备	2022.07.01
GB/T 41205.2—2021	应急物资编码与属性描述 第 2 部分：洗消器材及设备	2022.07.01
GB/T 41205.3—2021	应急物资编码与属性描述 第 3 部分：搜救设备	2022.07.01

表 8-2   应急物流领域行业标准清单

标准号	标准名称	实施日期
WB/T 1072—2018	应急物流仓储设施设备配置规范	2018.08.01
WB/T 1099—2018	应急物流服务成本构成与核算	2018.08.01
WB/T 1113—2021	应急物流数据交换格式	2021.07.01
WB/T 1114—2021	应急物流数据交换通用要求	2021.07.01

2. 推进慢，不系统

从 2003 年提出应急物流概念，直到 2014 年年底才发布《企业应急物流能力评估规范》《应急物资投送包装及标识》2 项国家标准，到 2018 年才发布《应急物流仓储设施设备配置规范》《应急物流服务成本构成与核算》2 项行业标准。应急物流标准研制起步晚、推进慢、不受重视，缺少实际执行层面的重视与支撑保障。由于缺少应急物流运作统一标准规范，各地方和行业在应对新冠疫情这类突发事件时无法可依、临时处置、各自为政、手忙脚乱，造成物流运输畅通保供受阻、供应链产业链断裂等一系列问题；缺乏专业化、系统化、制度化标准规范设计，政府只能更多依靠临时指令、通知等行政手段进行处理，这往往造成应急处置效率低下、政府公信力受损等后果。另外，由于缺乏统一的应急物流信息互联共享标准，各平台之间数据不能共享、缺乏协同。

（三）应急物流专业化企业与人才严重不足

专业化应急物流企业是应急物流体系的重要市场实施主体，目前我国专门从事应急物流的企业（如应急物流基地、应急物流中心、应急配送中心、第三方应急物流企业等）还相当缺乏。在应急物流人才方面，专业的应急物流标准化人员就更少。很多应急物资运来之后，当地自发组织的人员大多都不知道物资该如何分类、登记以及保管与分配，加之没有标准化的运作流程，应急物流设备利用率低下、应急物资浪费现象十分严重。

（四）应急物流信息标准化程度较低

应急物流标准化依赖现代网络信息技术，物流信息流动和订单处理成为关键性物流活动，统一的数据信息交换和共享对提升应急时效性至关重要，不一致的数据会严重影响物流管理运作，为此需要物流信息标准来加以规范。在应急物资信息管理方面，缺少规范的救灾物资分类标准体系，缺乏统一、标准的物资捐赠、受赠、分配方面的归档和信息统计。另外，由于缺乏统一的应急物流信息共享平台，应急指挥机构无法准确掌握突发事件的详细资料及应急物流的运作情况，因而造成分析判断不准确。一旦出现应急物流需求，往往因为衔接不畅而延误时机。

第三节　应急物流标准体系构建

时间效益最大化和灾害损失最小化是应急物流追求的首要目标，应急物流系统主要包括物资采购、仓储、调度、运输、配送、人员保障、信息服务、政策保障等关键业务环节。促进各环节、各运作主体、各种运输方式之间高效对接、协同运作，是应急物资及时准确传送、提高应急保障效果、降低物流配送成本、提升整体服务能力的关键。要实现这一目标，就需要建立一套覆盖应急物流全链条的标准体系。

一、应急物流标准体系构建原则

应急物流标准体系用于指导应急物流领域的标准化工作开展，因而应急物流标准体系构建的专业性、协调性以及基于现实情境下的设计合理性就显得尤为重要，标准体系的构建在一定程度上决定了应急物流标准体系的实际可操作性。构建应急物流标准体系主要遵从以下原则。

（一）规范性

标准体系构建有其自身的规范性。物流属于生产性服务业，应急物流作为物流的一个特殊领域，其标准体系的编制可以在服务标准体系框架之下进行。在这方面，GB/T 30226—2013《服务业标准体系编写指南》、GB/T 24421.2—2009《服务业组织标准化工作指南 第 2 部分：标准体系》等国家标准文件为应急物流标准体系构建提供了规范性的标准框架指导。

（二）导向性

分析国家层面物流标准化发展政策，可为应急物流标准化建设提供政策方向指导。《"十四五"国家应急体系规划》中提到要"强化应急物资准备"及"强化紧急运输准备"，全文多处提及"标准"，包括"加快构建适应应急管理体制的法律法规和标准体系""完善各类应急物资政府采购需求标准""健全应急物流基地和配送中心建设标准"等重要内容，以上标准都是当下应急物流标准化建设关注的重点。

（三）协调性

应急物流标准体系框架构建与层次划分还应尽量保持与一般物流标准体系的协调统一。从"十一五"开始，我国就相继发布了《全国物流标准 2005 年—2010 年发展规划》《全国物流标准专项规划》《物流标准化中长期发展规划（2015—2020 年）》等系列规划文件，初步确立了以"物流基础标准、物流技术标准、物流信息标准、物流管理标准、物流服务标准"为主体结构的物流标准体系总框架。可以根据文件中的物流标准体系框架结构，结合应急物流自身特点，拟定应急物流标准体系框架。

（四）科学性

应急物流标准体系构建要符合应急物流自身特点，应急物流系统包括了应急指挥、信息管理、物资管理（包括应急物资的筹措、采购、储备管理）、应急运输、应急配送以及资源保障等组成部分，只有各个模块系统之间协调配合，才能保证整个应急物流系统的顺畅运行，提高运作效率。要依据应急物流系统构成及运作，确定应急物流标准体系的边界范围，研究构建应急物流标准体系的总体架构。

二、应急物流标准体系框架构建

以物流系统为对象，围绕应急物资筹措、运输、储存、装卸、搬运、包装以及物流信息处理等物流活动，以现有国家政策、法律法规及标准规范为基础，采用简单化、统一化、系统化、组合化等标准化方法，对应急物流工作的范围、流程、工作机制进行梳理，建立应急物流标准体系框架（见图 8-1），并对岗位职责进行划分，建立健全应急物流联合响应机制。

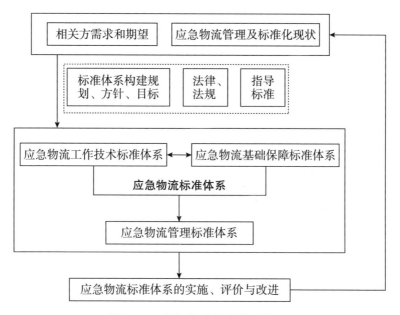

图 8-1　应急物流标准体系框架

应急物流标准是为取得应急物流的最佳秩序，对应急物流活动或其结果规定共同使用或重复使用的规则或特性的文件，涉及物资筹措、运输、储存、装卸、搬运、包装以及物流信息处理等环节。为使应急标准发挥最佳效果，需要将各环节的工作标准，与应急物流活动有关的设备设施、工具器具的技术标准，各个环节各类技术标准与工作标准、管理标准联系起来，形成系统，发挥系统的整体作用，从而实现应急物流快速响应、精准保障的最佳秩序。编制标准、建立标准体系，有助于推动政府、企事业单位、科研院校、标准化机构展开积极合作，形成应急物流技术、基础保障和管理标准体系（见图 8-2、图 8-3 和图 8-4），并在实施过程中不断改进。

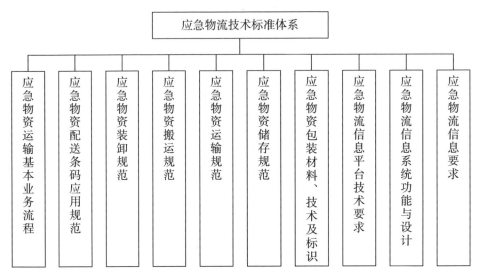

图 8-2　应急物流技术标准体系

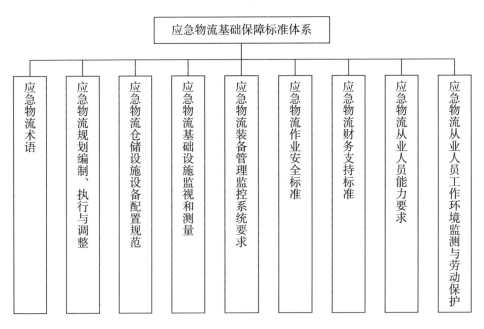

图 8-3　应急物流基础保障标准体系

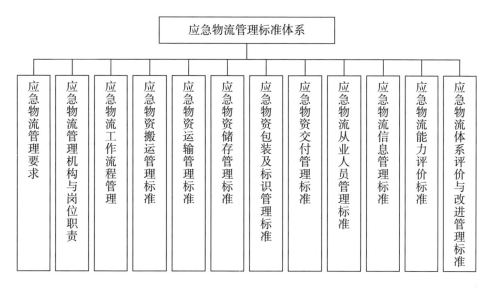

图8-4 应急物流管理标准体系

三、应急物流标准体系建设措施

(一) 尽快开展应急物流领域国家立法

我国应尽快制定一部具有基本法性质的《国家应急和战略物资储备法》，切实起到统领相关法律、法规和规章的作用，让战略物资储备、应急物流运作和应急物流标准化有法可依、有章可循，同时便于监督检查。对重要战略物资的储备进行专门立法，可参照《中华人民共和国粮食安全保障法》，制定卫生防疫等重要物资的储备保障法律。

(二) 系统设计我国应急物流标准体系

应急物流标准体系包括应急物资采购、调度、仓储、运输、配送、监管及应急指挥、人员队伍、信息管理、设施设备和应急物资征用、补偿等关键业务环节的技术标准、工作标准、管理标准，及应急物流成本效益评估体系等。构建能够覆盖供应端、运输端、仓储端、配送端、需求端的全链条应急物流标准体系，对应急物流活动起到规范约束作用，为应急物流顺利开展提供技术支持，保障应急物流各环节能够紧密衔接。要进一步完善应急物流法规体系，包括应急物流方面的国家法律法规、地方（部门或行业）法规和配套规章制度体系、国家或地方层面的应急物流预案等，使应急物流工作有法可依、有章可循。

（三）加快应急物流标准的研制应用

在国家标准化管理委员会领导下，充分发挥全国物流标准化技术委员会作为应急物流标准归口管理部门的职责，建立健全应急物流标准化工作机制，组织制定应急物流标准体系建设规划，加强应急物流标准制修订管理，做好对相关专业标准化技术委员会的指导。技术委员会要发挥好智力支持、技术把关审核的作用。

聚焦应急物资采购、调度、储存、运输、配送等关键环节的疫情防控和物流服务保障，需要建立重要应急物流标准体系，加快研制配送企业、配送网点、配送车辆、配送人员、无接触配送新模式等的技术标准、服务标准等，填补新冠疫情等重大公共安全事件防控处置、应急物资保障标准规范的空缺。

（四）完善应急物流标准体系的保障机制

应急物流标准体系研制和宣贯是一项技术性很强的工作，要建立健全专业人员和资金保障制度。多渠道筹集资金，加大技术投入，保证充足的应急物流标准研制、宣贯专项经费。鼓励高校设立应急管理、标准化工程等本科专业和研究生学科点,加快培养综合性、国际化、专业化人才;加大海外高端人才引进,营造良好的引人、育人、用人环境,提升我国应急物流标准化人才队伍的业务水平和整体实力。

(五) 提升应急物流标准制定信息化水平

物流标准制定以信息技术为支撑,要建立应急物流标准信息库,标准制定部门共享数据库信息。新标准的制定,由各个部门统一协商决定,并及时更新标准信息库的内容。另外,可以在物流标准信息库基础上搭建应急物流标准化信息共享平台,不同行业部门都可登录该标准化信息平台,查阅应急物流标准,对物流标准提出修改意见,也可以将本行业制定的且已经为大多数企业所认可的行业标准推荐为国家标准,以此提高应急物流标准制定的协调性。

案例一

全国应急管理与减灾救灾标准化技术委员会(简称全国应急标委会)于2022年1月成立,主要负责减灾救灾与综合性应急管理领域国家标准制修订工作。该委员会自成立以来,归口管理了多项国家标准和行业标准、国家标准计划和行业标准计划,多次组织会议聘请专家对应急管理领域的标准开展技术审查,推动多项国家标准和行业标准实施、立项。全国应急标委会在标准化方面的主要工作如下。

(1) 制定应急管理和减灾救灾领域的技术标准、规范和相关技术指南,为全国应急管理与减灾救灾事务的开展提供技术支持。

(2) 提出应急管理和减灾救灾领域的技术规划和标准化方案,协调各单位、行业开展标准化工作，完善应急管理和减灾救灾体系，提高全民应急防范和救援能力。

（3）向社会广泛宣传应急管理和减灾救灾方面的技术标准、规范和相关技术指南，推进标准化工作在实践中的应用，提高标准化工作的实效性和科学性。

（4）参与国际标准和技术互换，提高我国在应急管理和减灾救灾领域的国际竞争力。

总之，全国应急标委会作为国家性技术服务机构，在制定应急管理和减灾救灾技术标准、规范和相关技术指南方面发挥着重要作用。全国应急标委会的成立，推动了应急管理和减灾救灾领域标准化工作的进展和提高，有利于提高我国的应急管理水平和减灾救灾能力。

案例二

中国油田系统为了保证危险作业人员在危险作业中的安全和健康，开展针对危险作业人员的应急管理标准化工作。在该应急标准化实施之前，危险作业人员的安全保障工作存在一些问题，如防护设施不完善，操作流程不规范等。这些问题往往导致事故发生，造成一定的人员伤亡和财产损失。为解决这些问题，为规范企业应急管理行为，提高应急处置能力，中国油田开展了应急管理标准化工作，主要包括以下内容。

1. 应急预案制定与修订标准化

制定了应急预案编制的标准流程、标准内容和标准要求，确保应急预案能够符合当前实际情况，并针对各种应急事件进行修订和完善。建立紧急救援机制和应急预案，同时选派专职队伍进行改进和优化，及时对突发状况进行预警和应对，确保作业人员的安全和紧急救援能力。

2. 应急队伍建设标准化

明确了油田各级应急队伍的组成、职责和培训标准，建立了应急队伍的分类、分级、分层管理体系，提高了应急队伍的应急能力。为危险作业人员提供安全培训和技能培训，指导他们正确、规范、安全地进行作业活动，提高安全意识和风险防范能力。

3. 应急设备和物资储备标准化

明确了应急设备和物资储备的标准和管理规定，确保应急管理过程中设备和物资能及时调配和使用，从而提高应急处置效果。制定防护设施的标准和规范，对危险作业人员所需要的防护设施进行维护和更新，保证其安全可靠、操作简单易行。

4. 应急演练标准化

针对不同级别的应急演练，制定了不同的演练标准和要求，提高了演练的针对性和实战性。

5. 应急资料和信息管理标准化

明确了应急资料和信息的采集、整合、分发和保密等方面的管理要求，确保应急管理过程中信息的准确性和时效性。

在应急标准化工作方面，中国油田行业不断强化标准化建设的技术创新能力，进行应急标准化的推广和培训，以加强应急管理工作的规范、标准化并化解应急事件的风险。上述应急标准化的实施取得了良好效果，中国油田成功提高了危险作业人员的安全意识和防范能力，加强了危险作业流程的规范化和标准化，有效避免了安全事故的发生，同时也为相同类型企业提供了有益的经验和借鉴。

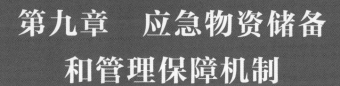

第九章　应急物资储备和管理保障机制

应急管理系统必须要有资源、技术等多方面的支持保障（见图 9-1）。2020 年 4 月 27 日中央全面深化改革委员会第十三次会议指出，提高公共卫生应急物资保障能力，要加强顶层设计、优化部门协同，按照集中管理、统一调拨、平时服务、灾时应急、采储结合、节约高效的要求，围绕打造医疗防治、物资储备、产能动员"三位一体"的物资保障体系，完善应急物资储备品种、规模、结构，创新储备方式，优化产能保障和区域布局，健全公共卫生应急物资保障工作机制，确保重要应急物资关键时刻调得出、用得上。

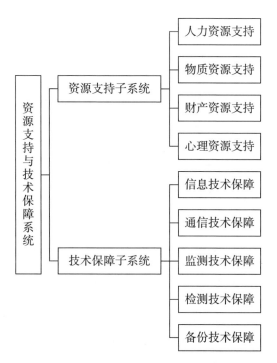

图 9-1　资源支持与技术保障系统结构

第一节　突发事件应急物资组织保障

应急组织体系呈现多主体特点，应急管理活动所形成的组织体系是一个由政府部门和各种社会机构共同组成的多主体形态，其中应急物资组织保障是关键。

一、构建突发事件应急物资保障统一指挥体系

在突发事件应急实施过程中，经常会有来自不同渠道、不同类型的物资，其流向、流程、流量等方面存在的差异会对应急决策过程带来极大扰动。如果在应急过程中缺乏统一的指挥调度，调度过程中杂乱无序的现象将难以避免，应急物资很难做到供需匹配。因此，在应急物资调度中，应由应急物资调度指挥中心来肩负一体化的指挥保障使命，促进官方和民间一体化、军队和地方一体化同时兼顾供给和需求；对应急物资调度全过程实施一体化调度，在统筹安排各个渠道供应物资的同时，最大限度地减少浪费、降低应急成本，提高应急物资调度的效益和效率。鉴于应急物资调度是一个专业性很强的工作，实现应急物资调度全过程一体化指挥管理工作需要较强的专业知识和实际经验以及高超的应变能力作为决策的基础，应急物资调度专家在物资调度指挥决策中的积极参与是不可或缺的，因此建立应急物资调度专家统一指挥、分工协作机制将为物资调度一体化实现提供有力保障。

应急管理指挥调度系统是应急管理体系的核心，在应对突发事件过程中，构建符合本国国情的应急管理指挥调度系统是有效应对突发

事件的重要保证。从美国、英国、日本、德国、俄罗斯 5 个国家的应急管理指挥调度系统及其应急处置机制来看，不同国情、不同政体的国家，其组织体系和处置机制也不相同。美国、德国都讲究"统一领导、属地为主"原则；而英国、日本、俄罗斯在保持属地管理的基础上更强调中央政府职责，甚至由中央首脑统一管理和协调。

当前我国的应急管理指挥调度系统采取的是一种以主管部门为主，其他部门配合的模式，其优势在于能够在突发事件发生后通过行政力量调集各部门和各种力量应对突发事件，实现敏捷响应；其劣势在于这种应急管理指挥调度系统不利于平时的应急准备，不利于整合和有效利用分散在各部门的应急资源，同时实际工作中跨部门的协调难度很大。

结合当前我国应急管理体系的现状，建议中央及各级政府设立以应急管理为主要职责的一体化应急管理机构，统筹和整合分散在各部门的应急资源，加强跨部门协调，进而构建符合我国国情的应急管理指挥调度系统。这将有利于平时的应急准备、灾时的应急处置以及灾后的恢复重建。

（一）构建统一指挥、分工协作的应急体制

多主体的组织结构在应急管理活动中需要明确的职责分工，且要求统一指挥和相互协作的工作方式。突发事件应急物资保障涉及国家、社会各层次、多部门，考虑到突发事件性质，应采取军地联合"两线一体"的组织方式，即在统一领导指挥下，军地物资保障力量有序分工、形成合力，共同完成物资保障任务。这主要是基于以下考虑：一方面，军队后勤保障体系健全，保障关系明确，保障队伍训练有素、职责分明，并在可能条件下对地方参与力量进行保障，起到中

流砥柱作用；另一方面，在当地政府领导下，政府采购部门、民间团体与企业、人民警察、民兵与预备役等临时组成的保障系统便于发挥各级政府、单位的优势，利于恢复生产、生活秩序，以备经济动员需求，并能充分利用当地资源，按任务分工组织实施地方物资保障和支援军队后勤保障行动。

为确保物资保障任务的完成，应依据平时设计的预案，将各种保障力量编组成适应不同保障任务的物资保障实体组织。编组方法与要求如下。

1. 要素齐全，结构合理

要依据不同应急物资保障任务的特点与不同地域、时节实际，合理搭配、突出重点。本着"编制精干、要素齐全、功能优化、抽组方便、利于保障"的原则，将不同类型的物资保障力量进行系统整合与编组，以期形成高效的整体保障力量。

2. 形式灵活，适应力强

各种保障力量的编组要具有很强的综合性与关联性，在物资保障类别上要优化组合，在保障力量分配上要整体均衡、突出重点，在保障功能上要相互衔接、避免短板。

3. 区分特点，合理使用

要力求充分发挥不同保障力量各自的特点，联合使用各类保障力量，以期发挥最大保障效能。

（二）构建稳定、高效、统一的信息平台

在了解突发事件发生发展规律的基础上构建应急管理体系，目的就是要在事前、事中和事后的全过程中，采取适当的应对措施和方

法，以减小突发事件带来的负面影响和损失。

应急管理体系的重要功能是完成指挥协调和处置实施工作，并要求能够根据应急资源布局现状和紧急调度的可能性来实施救援，而这一切都需要构建在一个稳定、高效、统一的信息平台上。

1. 指挥协调系统

指挥协调系统是应急管理体系的"大脑"，是体系中的最高决策机构，主要负责应急决策、向各个相关机构发出指令或授权、协调其他系统的功能；其他4个系统为支持系统，它们分别对指挥协调提供不同功能的支持，以保证指挥协调系统做出及时有效的决策，同时它们之间也存在相互协作、相互支持的关系（见图9-2）。

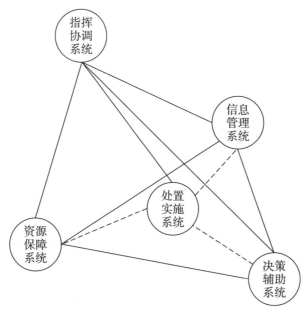

图9-2　应急管理体系框架图

2. 处置实施系统

处置实施系统是对指挥协调系统形成的预案和指令进行具体实施

行为的系统。同指挥协调系统一样，该系统也分为平时、警戒和急时三种状态，其功能结构如图9-3所示。

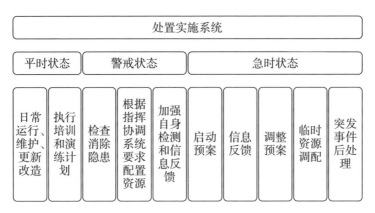

图9-3　处置实施系统在不同管理状态下的功能结构

3. 资源保障系统

资源保障系统是为实现系统资源的合理布局和动态调配而进行资源配置、储备及维护等方面的工作，以提高资源的综合利用和使用效能，同时提供资源状态信息，保障整个应急管理体系的正常运行，有效地应对突发事件。资源保障系统包括人力资源保障系统和物资资源保障系统（见图9-4），其中物资资源保障系统为突发事件的处置提供具体物资支持，对整个应急管理体系的运行提供基础物资帮助。

4. 信息管理系统

信息管理系统是整个应急管理体系的信息交流平台，它通过多方位、多角度、多手段采集、管理和发布信息，对突发事件前各环节进行全天候监视，对突发事件处置前后状况进行实时监视，同时收集和发布信息，保证信息在应急管理体系内部安全、畅通地传递，从而提高应对、处置突发事件的反应速度，增强体系的整体性和联动性。

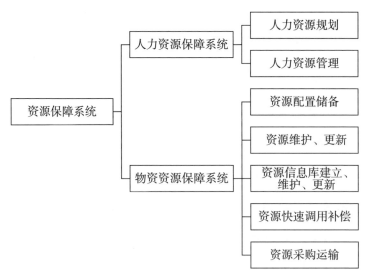

图9-4　资源保障系统的功能结构

5. 决策辅助系统

决策辅助系统是为整个应急管理体系提供方法支持和决策建议的功能模块，它以各种信息为基础，以预警分析、资源的优化配置和布局、事件和机构的分类分级、预案的评估和选择、事件评估、预案的动态调整、资源的动态优化调度等问题为对象，为应急决策提供依据。决策辅助系统的功能结构如图9-5所示。

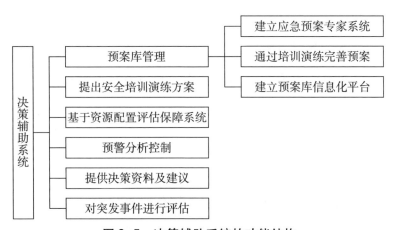

图9-5　决策辅助系统的功能结构

二、建立现代化应急物资保障体系

我国应急物资保障能力亟待提升，应急物资保障体系有待完善。为此，我们既要着力解决当前突出问题，也要着力解决长期存在的问题。首先，在短期内，可以提高资源配置效率、优化应急物资组织方式，来提升应急物资保障能力。其次，在中长期内，要紧紧围绕国家应急体系建设与应急物资保障需要，根据应急物资保障特点，结合制造强国、交通强国、健康中国、现代化产业体系、治理能力现代化等要求，系统性考虑突发公共事件所需应急物资的生产、采购、运输、储存、装卸、搬运、包装、流通加工、分拨、快递、配送、回收以及信息处理等活动，以提升应急物资保障能力。最后，以推进应急物资保障现代化为主线，以补齐能力短板为突破方向，以先进技术与组织方式为支撑，以创新体制机制为保障，大力建设供需实时对接、干线支线末端有效衔接、水陆空协同、全国联动、国际国内协调、安全高效的现代化应急物资保障体系。

要建立健全应急物资监测网络、预警体系和应急物资生产、储备、调拨及紧急配送体系，完善应急工作程序，确保应急所需物资的及时供应，并加强对物资储备的监督管理，及时予以补充和更新。地方各级人民政府应根据有关法律、法规和应急预案的规定，做好物资储备工作。

（一）基本生活保障

要做好受灾群众的基本生活保障工作，确保灾区群众有饭吃、有水喝、有衣穿、有住处、有病能得到及时医治。

（二）医疗卫生保障

卫生部门负责组建医疗卫生应急专业技术队伍，根据需要及时赴现场开展医疗救治、疾病预防控制等卫生应急工作。及时为受灾地区提供药品、器械等卫生和医疗设备。必要时，组织动员红十字会等社会卫生力量参与医疗卫生救助工作。

（三）交通运输保障

要保证紧急情况下应急交通工具的优先安排、优先调度、优先放行，确保运输安全畅通；要依法建立紧急情况下社会交通运输工具的征用程序，确保抢险救灾物资和人员能够及时、安全送达。根据应急处置需要，对现场及相关通道实行交通管制，开设应急救援"绿色通道"，保证应急救援工作的顺利开展。

例如，从2019年12月底武汉暴发疫情消息，到1月23日武汉实行封城，暂停全市市内公共交通，关闭对外离汉通道，再到湖北13地全部封锁，有关新冠疫情的进展牵动着全国人民的心。应急物资能否及时抵达既关系着每一位一线医务人员、患者的安危，也直接影响着百姓的正常生活和疫情的有效控制。应急物资对于运输速度要求高，选择合适的运输方式，有效压缩运输时间是关键。在重大疫情发生时，开辟绿色通道，简化相关检验手续，实行优先运输，保证物资的畅通。

第二节 应急物资储备和管理制度

一、应急物资储备制度

随着城市化的不断推进以及产业的不断发展，城市系统也随之变得更加复杂，城市灾害的发生频率也逐渐增高。在面对突发事件时，只有完善的应急物资储备才能够保证人民的生命安全和财产安全。建立完善的应急物资储备制度需要社会各界的配合，同时也需要调动一些资源进行制度的讨论，帮助其在各个方面制定一个合理的制度理论，并且在事故发生时及时进行调配，高效率、低消耗地完成保障工作。

（一）不断完善应急物资储备制度

制定有效完善的应急物资储备制度是城市灾难有效应急系统的重点内容，在发生突发事件时能够在最快时间内制订计划并且给当地送去有效的应急物资，就能够很大程度上减少人民生命以及财产安全的损害。中央应该从应急物资储备的管理机构、资金保障以及储备方式等方面出发，不断完善应急物资储备制度。

（二）构建多方联动的储备体系

应在平时把物资储备的安全底线夯实，在应急需求出现时，确保第一时间供应得上。突出动态管理，定期开展形势研判和风险评估，实时掌握需要列入战略储备的物资品类，及时实现收储。充分估计各类应急需求的影响面和持续时间，准确提出储备需求，确保物资储备的充分性。储备物资的来源渠道、区域分布、参与主体要坚持多元化，形成充分的供应能力。根据人口、交通、经济条件、辐射能力等因素，统筹考虑全国物资储备布局。以最广泛的渠道筹集储备物资，构建多方联动的储备体系。

（三）构建战略物资产能储备体系

着眼长远，突出产能储备。2019年12月底新冠疫情防控初期，物资储备"捉襟见肘"与生产能力不足问题并存，影响了持续保障能力。随着相关部门加大协调推动，大批企业恢复生产、及时转产，解决了物资保障瓶颈。与单纯的物资储备相比，生产能力储备显然更具长远意义。我国拥有强大的制造能力和完备的工业体系，要以此为基础加快构建战略物资产能储备体系。

（四）加强战略物资供应链体系建设

产能储备要从主体、区域和供应链建设等多方面发力。针对国家战略物资品类，建立战略物资定点生产制度，开展相应的调查或普查，对具有战略物资生产能力和保障能力的企业，实行动态化管理，明确重点企业、可转产企业，形成有效的保障梯度和产能备份。储备产能时，需要综合考虑区域布局、产业基础等因素，规划建设一批战略物资生产保障基地，打造产业集群，使生产企业能够均衡地辐射全国各个地区。加强战略物资供应链体系建设，做到出现应急需求时，原材料的供应渠道和上下游企业的对接能够保持畅通。

（五）持续开展储备体系和应急管理等专业培训

目前，我国战略物资储备体系高效运行仍然存在薄弱环节，降低了保障效率，需要尽快改进。必须健全国家战略储备制度体系，制修订相关法律法规，健全实施细则，匹配标准规范，建立完善的规则依据，明确各方责任和执行程序。同时要加强统一的指挥调度运行机制建设，定期开展演练测试，确保面对应急需求时，指挥调度、应急生产、物流配送等环节都能高效运转；发挥大数据、物联网等先进信息技术应用作用，加强数据和信息共享，确保需求对接顺畅，形成合力；持续开展储备体系和应急管理等专业培训，增强管理和操作能力。

二、应急物资管理制度

为充分利用应急物资资源，规范应急物资管理和使用，保证应急物资的及时调配，为突发事件和事故抢险提供物资储备保障，政府与应急物流相关部门应制定应急物资管理制度，加强对应急物资的管理，提高应急物资统一调配和保障能力。

（一）日常管理

专业应急物资、基本生活物资的日常管理由各相关职能部门通过建立相应的储备物资管理制度自行管理。应急物资使用后应尽快补充，实行动态管理。

1. 做好应急物资保管

应急物资的保管由各负责单位明确具体管理人员，应急物资的保管要依据物资的类别、性质和要求安排适应的存放仓库、场地，分类存放、合理布局，方便收发作业，安全整洁。

2. 应急物资的保养和维护

应急物资至少每月保养、维护一次，发现应急物资损坏、破损以及功能达不到要求的，要及时进行更换，确保应急物资种类、数量及质量满足应急救灾的需要。

（二）数据管理

由应急办会同各相关职能部门将全公司专业应急物资、基本生活物资及药品等应急物资建立台账，动态更新，以便应急办在处置各类突发事件时能够及时、准确调用各类物资、设备。

（三）调度管理

应急物资调用根据"先近后远，满足急需，先主后次"的原则进行。一般情况下，由各职能部门自行制定调用制度。发生需调用多个职能部门储备的应急物资，或需要由应急办统一处置并动用的应急事项时，由应急办提出调用需求。

（四）征用管理

在应急储备物资不足的紧急情况下，可实行"先征用、后结算"的办法。应急物资使用后，由应急物资储备工作领导小组负责落实结算资金。

第三节　应急资金保障

新冠疫情是新中国成立以来传播速度最快、感染范围最广、防控难度最大的一次重大突发公共卫生事件，面对重大疫情暴发，政府迅速组织和调动资源，以缓解供给不足问题，尤其是财政部门提供了急需物资保障、资金保障与政策支持，对战胜疫情起到了关键性作用。2020 年 2 月 23 日，习近平总书记在统筹推进新冠疫情防控和经济社会发展工作部署会议上强调"积极的财政政策要更加积极有为"。对财政应急保障能力来说，新冠疫情是一次危机，也是一次大考。疫情发生以来，财政部门加大疫情防控经费保障力度，陆续出台了一系列财税金融支持政策，在物资采购收储、贷款贴息以及保障医务和防疫人员待遇方面提供"绿色通道"，有力彰显了财政对突发公共卫生事件的应急保障作用。财政作为应对突发公共卫生事件的最后一道防线，如何在保障疫情防控资金需求和支持重点物资供应的同时，发挥财政调控作用，精准施策，努力对冲疫情对经济平稳运行带来的负面影响，这些都值得重点总结。

由于自然灾害以及事故灾害的发生往往具有不确定性，同时灾害所造成的危害十分严重，而且在进行灾害的物资管理调用时的安置费十分高昂，因此制定好应急物资储存的资金保障管理制度是十分有必要的。

一、构建新时代财政应急资金保障机制

构建新时代财政应急资金保障机制，核心在于建立健全财政应急

保障领导机制、财政应急资金保障机制、财政应急资金风险管理机制、应急物资协调动员机制、财政应急资金监管机制，充分发挥财政应对突发公共事件的基础和保障作用，推进国家财政治理能力现代化。

（一）建立健全财政应急保障运行机制

进一步完善国家公共突发事件应急管理机制，健全财政应急保障运行机制。改革完善重大突发事件应急财政体系，健全公共财政应急响应机制，建立集中统一高效的财政系统领导指挥体系，做到指令清晰、系统有序、条块畅达、执行有力，精准保障公共突发事件物资供给和政策支持。

在国家应急管理机制下，建立常设财政应急领导小组，财政部作为日常办事机构，平时管理主要集中于财政风险防范，一旦出现重大突发事件，就可以直接转换为财政应急指挥部，随时根据情况进行分析、判断、决策，指挥财政系统全力做好应对工作。加强各级财政部门之间、财政部门与相关部门之间的信息互通、措施互动、力量统筹；健全有效协调机制，形成工作合力，筑牢突发公共事件的财政保障防线。全面加强和完善应急财政领域相关法律法规建设，强化应急财政法制保障。

根据时代发展需要，全面修订国家突发公共事件应急预案，完善财政应急保障机制相关内容，提高相关保障举措的操作性。各级地方财政部门要提高认识，不要总以为突发事件的处置应对只是医疗卫生、公安消防等部门的事务，财政部门要设身处地地揣摩在各种突发事件来临时可以做什么、怎么做才能取得更好的效果。

（二）健全财政应急资金保障机制

对重大突发事件，要坚持全国一盘棋、统筹各方资金力量加以保障。比如，新冠疫情防控的涉及面已远远超越武汉和湖北的应对能力，故而需要统筹全国的力量加以保障。

建立健全由政府主导、社会组织、公民共同参与的应急资金投入多元机制。从政府层面讲，要彻底转变"重处置、轻预防"的惯性思维，坚决摒弃财政机会主义思想，抓好公共突发事件预防关口，投入合理有效的资金进行预防，降低突发事件的影响。在财政资金管理上，平时要对各种风险点投入相应资金。同时，要完善预备费管理机制，建立重大突发事件专项预备费，与传统预算年度预备费相分离，实行重大突发事件专项预备费的基金式管理。对于社会组织和普通公众，要优化和完善捐赠管理制度，完善社会捐赠资金跨区域与跨部门的统计、使用与监督机制，扩大社会组织接受捐赠的范围，大幅度加大捐赠税收优惠力度，提高相关社会组织的公信度和执行力。

健全突发事件属地管理责任，明确中央和地方政府之间的支出责任，建立合理的成本分担机制。挖掘 2008 年汶川地震灾后重建和新冠疫情防控过程中多省包干支援的有效做法，探索重大突发事件地区间协作机制和支援机制。

加大财政应急资金对前沿技术攻关、尖端人才培养支持力度，把应急物资保障作为国家财政应急资金支持的重要内容，提高财政应对重大突发公共事件的保障能力和水平。

（三）完善财政应急风险管理机制

新时代财政应急风险管理应从根本上克服"重处置，轻预防"的弊病，注重风险全过程管理，推动财政投入引导应急管理重心"关口前移"。强化财政应急风险意识，完善财政应对重大风险的研判、评估、决策、防控协同机制。推动财政应急工作从事后被动型转向事前主动型以及从当前财政投入侧重突发事件应急响应转向对预警监测、风险报告和后期处置的资金保障。这种转变要求财政应急建设中合理配置公共资源，健全统筹协调体制，健全属地管理体制，完善社会力量和市场参与机制，调查评估机制、学习机制等，以进一步提升财政风险管理水平。

建立健全突发公共事件保险法律制度，采取财税政策优惠支持方式引导市场资金进入应急管理领域。借鉴 2008 年汶川地震灾后重建巨灾保险的有效经验，建立突发公共事件保险制度，为企业和普通民众提供商业性保险保障。明确责任与边界，推进政府、社会、市场三者风险分担，鼓励公众在自救、自建中强化风险意识。鼓励运用大数据、人工智能、云计算等数字技术推进应急财政建设，发挥其在资源调配、资金监管、政策实施等方面的支撑作用。

（四）健全应急物资协调动员机制

建立健全应急物资跨部门协调机制，加大应急资源调配力度，提升应对重大突发事件的应急能力。在新冠疫情暴发初期，各级政府采取超常规手段提升一线疫情防控物资的生产能力，取得了良好的效果。比如，帮助现有疫情防控物资生产厂家全面复工，恢复现有生产能力；

采购相关设备扩大疫情防控物资的生产能力；帮助相关厂家实现转产疫情防控物资。在疫情防控资源有限的条件下，要构建多部门应急协同机制，从法律层面保障政府全面掌控战略物资；明确界定责任与义务，尽力保证铁路公路的通达；对截留挪用防控物资的要追究刑事责任。加大疫情防控辅助支出安排，加大对疫情防控参与人员的物资保障和薪酬支持力度，落实落细财税金融对受损行业、个人的支持政策。对其他突发公共事件，要合理管控国家战略性物资储备，合理调度和安排，满足突发公共事件的应急需要。在重大突发事件面前，可以调整财政支出政策，适当压缩本年度一般性公务支出，缓解财政收支矛盾。

（五）构建新型财政应急资金监管机制

在重大突发公共事件出现时，各级政府和部门会投入大规模资金进行应对。由于相关事件突发且偶然，需要及时安排相应的资金，虽然不能履行常规程序，但若不加以有效监管，则不仅会浪费有效的财政资金，而且会贻误战机，不利于相关公共突发事件的处置。

建立多元化财政应急资金监管机制。推动监管重心向财政预防与常态运行前移，建立完善常态型应急监管机制，设置平时、实时和恢复或重建等多阶段的财政监管措施，为应对突发公共事件做好保障。构建财政平战监管转换机制，明确财政应急状态进入与退出的依据和标准，明确各级财政在紧急状态或应急状态下的权利和义务。建立各级财政部门应急协同性监管机制，构建突发事件数据资料的共建共享平台，注重应急监管的针对性和时效性，形成监管合力。以财政部各地监管局职能授权方式转变为契机，推动应急财政监管向高效性、主动性、灵活性转变，加快构建自主型财政应急监管机制，更好实现中央财政管理在地方监管的延伸。

二、构建应急物资资金保障机制

要保证所需突发公共事件应急准备和救援工作资金。对受突发公共事件影响较大的行业、企事业单位和个人要及时研究提出相应的补偿或救助政策。要对突发公共事件财政应急保障资金的使用和效果进行监管和评估。鼓励自然人、法人或者其他组织（包括国际组织）按照《中华人民共和国公益事业捐赠法》等有关法律、法规的规定进行捐赠与援助。

（一）应急物资安全生产专项资金

企业现有的剩余生产能力通常是为了应对市场的需求波动以保证企业生产经营的连续性而保留的，这意味着企业维持的剩余生产能力通常规模较小，且有些物资的剩余生产能力建设和维护成本高，很少企业会有剩余的生产能力，所以企业剩余生产能力很难满足大规模的某些物资需求。这就需要政府参与储备一定生产能力来满足此类物资的需求，因为企业维持大量此类物资需求的生产储备的前提是政府必须为其承担一些成本和风险。倘若政府能够给予协议企业应急物资安全生产专项资金方面的补贴，则可以选择企业代储一定生产能力，在非常规突发事件发生后，政府就可以按照协议规定要求甚至命令企业迅速投产。这表明企业不再是只具有增加生产的权利，更具有增加生产的责任。

（二）应急物资储备财政资金补助

在我们国家应急物资的经费往往是由政府部门根据日常的财政收

入来进行安排的，通常预留应急物资的经费并不是很多，往往有限的财产经费不能够为所有的灾害提供人员和物资的保障，这会给国家的财政支出带来巨大的压力，况且不确定的灾害情况也有可能导致应急物资的堆积，导致大量安置物资闲置下来，不能够起到应有的作用。

专项资金的设置能够有效保障应急物资的储备，中央政府应该每年确定准确的金额用于自然灾害等事件的救助，并且在当前的基础之上提升补助的金额，给受灾群众一定的安置金额，确保人民的安定。同时，当地的政府部门也应该在此基础之上制定适合本地区的应急物资资金的保障方案，每年都能够按照财政的收入，提取一定的比例金额用于灾民的安置。根据灾害发生的频率以及危害程度进行比例调整，切实保障人民的利益，并可以调动社会的力量，组织进行募资等公益行为，以满足应急物资的数量储备。

（三）应急物资储备金融支持政策

目前，政府的应急物资储备面临的最大的问题就是要平衡有限的储备及管理成本与突发事件应急管理巨大物资需求之间的矛盾，这就意味着在应急物资储备中高度依赖政府主体进行物资储备是不合理且难度极大的。

多主体联合物资储备实际上就是运用对储备物资进行转移的方式来实现社会资源整合优化的。政府应急物资储备需要庞大的启动资金和后续投入来实现对应急物资储备库构建以及应急物资采购和管理。但对企业而言，物资储备是稳定企业生产的必要组成部分，储备的固定成本已经投入，将应急物资储备和企业安全库存的概念合并就是对社会资源整合优化的具体体现。

政府可以采用金融支持政策调动相关企业积极性，诸如通过差别贷款利率政策、信贷倾斜政策、央行资金供给政策、资本市场准入政策等，对应急物资储备企业进行强有力的融资支持。

三、构建和完善财政应急资金绩效评价机制

考虑到财政应急资金与普通财政资金有一定的差异，故而不能简单套用普通财政资金绩效评价管理办法，应当建立专门的财政应急资金绩效评价管理办法。特别是在加强财政资金绩效评价的基础上，要高度重视社会性公共资金的绩效评价。例如，我国红十字会和慈善总会在重大突发事件中都会募集大量的资金，这些资金的使用方向及其效益到底如何，不仅关系到突发公共事件的应对效果，而且关系到未来长期募集资金的可能性。

财政应急资金的绩效评价，不仅要对相关资金使用情况进行评价，而且要对相关应对政策进行评价。换句话说，财政应急资金的绩效评价要向财税应急政策拓展，追问相关财税应对政策的效果。这涉及两个方面，一是对公共突发事件的财税处置政策进行评价，二是对各级政府为相关经济主体提供的财税优惠政策进行评价。

第四节　应急技术装备保障

应急管理是国家治理体系和治理能力的重要组成部分，要强化应急管理装备技术支撑，优化整合各类科技资源，推进应急管理科技自主创新，依靠科技提高应急管理的科学化、专业化、智能化、精细化水平。

一、推进应急技术装备的创新发展

要加大先进适用装备的配备力度，加强关键技术研发，对提高突发事件响应和处置能力至关重要。要适应科技信息化发展大势，以信息化推进应急管理现代化，提高监测预警能力、监管执法能力、辅助指挥决策能力、救援实战能力和社会动员能力。充分认识应急管理技术装备创新发展的重要性，构建中国特色应急管理体系，对防范化解重大安全风险、保护人民群众生命财产安全、确保党和国家长治久安，具有重大的现实意义和深远的历史意义。

（一）应急技术自主创新是提高"应急管理四化"水平的必然选择

要强化应急管理装备技术支撑，优化整合各类科技资源，推进应急管理科技自主创新，依靠科技提高应急管理的科学化、专业化、智能化、精细化水平。加快应急科技发展，将高新科技引入应急管理领域，将对突发事件的预防、准备、应对各环节起到保护人民生命财产安全、降低损失、提高效率和节约成本的功效。针对制约应急产业发展的核心技术短板，开展应急产业关键共性技术研究和攻关。加大应急产业科研投入力度，支持符合条件的企业，联合高校和科研院所开展科技研发，打造集基础研究、技术开发、工程应用于一体的创新链条。

依托国家重大科研项目，集中力量突破一批支撑应急产业发展的关键共性核心技术，解决应急产业重大科技问题，提高应急产业创新能力。推动应急产业领域科研平台体系建设，加强国家级应急技术创新中心、工程研究中心、重点实验室、检测检验中心等平台的能力建设。推动大型科学设备和科技信息资源共享共用，促进应急领域的科技创新资源和成果开放共享，建立起互联互通的资源共享平台。自主创新的应急技术能够提高应急管理的"四化"水平，从而促进我国应急管理的完善化、全面化发展。

（二）提高应急装备配备标准是提升应急响应处置能力的前提和基础

要加大先进适用装备的配备力度，加强关键技术研发，提高突发事件响应和处置能力。在应急救援过程中，先进应急技术装备是高效、可靠实施突发事件应急管理的重要基础和有效保障。发展应急装备，需要立足我国国情，着眼于我国快速城镇化发展的需求，建立适合我国国情的应急技术装备体系。

发展轻量化、高机动性、可实施组合化救援的应急装备成为服务城镇化的必然选择，这也是解决大型事故发生伴随道路损毁、交通与通信阻断的有效方式，能够保障装备实现快速反应，第一时间到达事故现场。这对我国现存的应急装备标准化提出了更高要求。形成标准化、模块化、成套化的应急装备体系，在灾害发生时，就能形成较强的战斗力。受智能制造的影响，在应急领域，集成化、精密化、绿色化、高端化、无人化智能制造装备的需求逐渐提高，这为智能制造装备产业提供了巨大的发展空间。

（三）提升应急管理信息化水平是推动应急管理现代化的主要推动力

要适应科技信息化发展大势，以信息化推进应急管理现代化，提高监测预警能力、监管执法能力、辅助指挥决策能力、救援实战能力和社会动员能力。当前，大数据技术正在改变世界，大数据应用正从传统领域加速向应急产业拓展，代表着未来应急科技发展方向。大数据技术与互联网等技术相互结合，使得庞大数据组，如救援设备的分布等信息得到简化，再结合灾害的实际情况进行综合分析，相关部门就能得到最优的实施方案，大大提高了应急救援效率。

积极应用现代信息技术，为应急管理信息化建设注入活力。改变传统模式，从事后的管理和记录转向事前的预警和事中的处置；用客观数据反映业务情况，为指挥决策提供科学的数据分析，为事业发展提供智能预测，最大程度地减少突发事件带来的次生灾害。应急管理信息化工作是全局性、系统性和战略性工程。只有坚持目标导向和问题导向，发挥好科技信息化这个加速器、催化剂作用，以信息化提升防范化解重大安全风险的能力，才能更好地推动应急管理现代化，为平安中国的建设发挥应有作用。

二、构建与完善技术保障系统

技术保障主要侧重于软件层面的技术保证和技术维护，是事件响应与资源支持系统能够有效运行和保持高度稳健性的不可或缺的技术支持。根据应急管理活动中主要的支撑技术来划分，技术保障子系统包括信息技术保障、通信技术保障、检测技术保障、监测技术保障、备份技术保障等，它们可以单独调用，也可以灵活联动。

（一）信息技术保障

信息技术能够使灾害事件的发生发展状态被及时高效的采集、加工和传输。该技术能直接决定不确定环境下的应急物资决策效率。由于突发事件的不确定性，相关信息的有效获得、识别和传递是应急调度信息保障的基本要素。应急信息网络中心的建立可以应急物资指挥中心为核心，依托现有的政府公共信息平台，建立完善的应急物资调度公共信息共享制度，并与相关政府部门如地震、气象、卫生防疫、环保、交通等部门，以及各加盟物流中心或企业保持密切的联系，确保数据的不断更新。其中，应急物流信息系统的重要作用主要体现在为应急物资的调度、运输、配送提供优化模型，为指挥机构的决策提供智力支持，以便应急物资在最短的时间内以最快的速度、最安全的方式运送到需求者手中。除了信息发布功能之外，应急物资调度公共信息网络平台还应是公众向政府反馈信息的渠道。比如，应急物资调度公共信息网络平台中的应急物资调度数据库，可以提供公众查询搜索应急物资调度的各种信息，利用 GIS（地理信息系统）技术、GPS（全球卫星定位系统）技术、可视化技术等现代技术，可以对应急物资调度的全过程进行实时监控，掌握最新动态。

（二）通信技术保障

及时准确地收集、分析和发布应急信息是应急管理早期预警和制定决策的前提，利用现代化的信息通信技术，建立信息共享、反应高效的应急信息系统是应急管理体系的重要特征。现代通信技术能够使灾害现场与后方的指挥调度者轻松地沟通、协调，合力进行有条理的应急处置。

（三）检测与监测技术保障

灾害事件的突发性和随机性，决定了应急管理活动必须具有快速反应能力。应急管理多是为应对突发事件，事关生命、全局，应急管理响应速度的快慢直接决定了突发事件所造成危害的强弱。检测与监测技术能够使关于灾害的关键信号被及时发现和识别，达到提高应急预测准确性的目的。

（四）备份技术保障

备份技术能够使灾害前的状态能够以类似于"镜像"的形式被保存下来，一旦工程防御系统无法使受灾体免受冲击，灾害后利用此技术也可以比较高效地恢复还原得到灾害前的关键数据与对象。

三、以科技创新推进应急管理装备能力现代化

先进的应急管理装备是高效、可靠实施突发事件预防与应急准备、监测预警、处置救援、预防防护等的重要基础和有效保障。总结近些年处置的几起重大突发事件过程表明，我国的部分关键应急技术装备是制约救援效率的重要因素。

（一）应急管理装备存在的问题

1. 科技含量还不够高

由于我国工业基础薄弱，应急产业起步晚，大部分应急装备产品还存在低技术含量、低附加值的状况，共性问题研究不足，迫切需要提高公共安全与应急科技水平，提升应急管理装备的科技含量。

2. 自主创新能力不强

专业装备缺乏、成套化设备较少、高精尖技术装备在一定程度上依赖进口。虽然有部分技术接近国际先进水平，但总体上仍落后于国际先进水平，尤其是关键核心部件和针对复杂环境下的智能成套装备等方面仍受制于人。

3. 应急管理装备多以事中处置为主

应急管理装备多以事中处置为主，事前预防装备和技术相对薄弱，更多是依靠"事件推动型"的被动发展。

4. 应急装备可靠性与环境适应性缺乏科学检验检测标准

目前应急装备可靠性与环境适应性检验检测标准参考国外经验与标准的为多。

（二）以科技推进应急管理装备能力现代化的建议

1. 不断加大公共安全科技研发投入

持续加强前沿基础研究和关键技术研发，强化研究成果的转化和应用。

2. 加快发展应急产业

加快发展应急产业，带动行业领域自主创新和技术进步，促进国际先进技术和理念的引进、消化、吸收、再创新，提升我国应急技术装备在国际市场的核心竞争力，推动经济转型升级。同时，可鼓励有关跨国公司在我国设立研发中心，引进更多应急产业创新成果并实现产业化。

3. 建立适合我国国情的应急技术装备体系

发展轻量化、高机动性、可组合化救援的应急装备，有效提高自然灾害高发地区尤其是广大农村地区的应对能力。解决大型事故发生

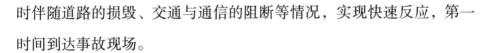

时伴随道路的损毁、交通与通信的阻断等情况，实现快速反应，第一时间到达事故现场。

4. 应急管理装备向事前预防与事中处置两个方向均衡发展

注重风险识别预警，提升应急管理装备智能化与信息化水平。两个方向即一方面持续加强应急管理装备专业知识培训，另一方面在装备上坚持"高、精、尖"原则，加大无人机、救援机器人、现场指挥调度应急平台、预警信息发布终端等全方位、多样化的智慧装备配置。同时，构建科学高效的应急救援响应、指挥、处置体系。

5. 推动我国应急管理装备科学检验检测标准

借鉴吸收相关国际标准化组织的先进经验，鼓励采用国际先进标准，推动我国应急管理装备科学检验检测标准。

第五节　应急物流大数据与信息管理

一、应急管理大数据集成平台构建

依靠互联网、物联网对重大危险源进行精确标识和动态监控，建立互联互通的基础信息共享机制，建立"标准规范统一、数据共享共用"的应急管理综合数据平台，整合政府、企业、社会组织的灾害数据。各种灾害数据包括环境类数据，如人口特征、地理空间、气象条件等；对象类数据，如地质灾害隐患点分布、危险源分布等；资源类数据，如人员队伍、物资、设施、装备等；行为大数据，如疏散轨迹、信息搜集记录等；评价类数据，如情绪、态度、观点等。整合以上各种数据，实现多源异构数据的汇聚，为应急大数据分析应用提供第一手资源，为开展日常监管统计、动态监测预警、供需匹配预案、指挥决策提供数据支撑。

二、灾害预警与应急管理信息系统的设计与开发

利用机器学习、人工智能、知识图谱等技术，实现自然灾害综合风险智能评估、企业安全生产风险动态评估、城市安全风险评估等，不断提高对各类风险隐患的洞察、感知和智能预警预防能力。对重大危险源监测大数据与自然灾害监测大数据，建立不同区域、部门间的关联分析，指挥与协调、提升指挥与协调的精度，提升应急响应的效率。

三、应急物资储运优化管理系统设计与开发

构建应急物资储备管理信息平台，各类应急物资种类、数量以及储存地点变化的适时动态更新，将大数据与互联网等技术相结合，优化重大危险源的储存与运输，能够降低社会脆弱性，减缓或预防重大灾害事件。简化应急物资分布等信息数据，再结合突发事件的实际情况进行综合分析，相关组织管理部门据此选择最优物资调动方案，提高使用效率。

四、应急管理效率分析与策略建议

依据历史应急管理数据，构建灾害事故趋势分析、物资储备动态演变分析、应急管理效率评价等模型，并对物资储备大数据和资源需求数据作关联分析，能够识别两者之间的耦合效果，评估应急管理效率。从灾难大数据中学习经验，生成更优的物资储备和应急管理策

略，以利于改进或提升应急管理水平。

第六节　应急预案管理

应急预案体系建设是推进应急管理体系和能力现代化的基本路径，是落实防范化解重大风险政治责任的有效举措，也是践行"两个至上"理念的生动实践。要从讲政治的高度充分认识应急预案体系建设工作的重要意义，坚持问题导向，对突发事件总体应急预案中指挥体系不健全、响应机制不完善、处置措施不到位、应急保障不配套、应急培训演练走过场等问题进行整改完善，着力补短板堵漏洞强弱项。提高政府保障公共安全和处置突发公共事件的能力，最大程度地预防和减少突发公共事件及其造成的损害，保障公众的生命财产安全，维护国家安全和社会稳定，促进经济社会全面、协调、可持续发展。

应急预案是我国应急管理的核心，是各级政府应急管理工作的载体和依据，在处置突发事件时发挥不可替代的作用。应急预案科学规范了应对突发事件的范围和组织体系，为科学快速决策提供了思路和方法。基于应急预案的重要作用，国内外已把应急预案研究作为重要研究领域，其理论研究价值已得到了各国的关注。

一、应急预案管理中存在的问题

（一）应急意识不足，专业人才紧缺

1. 危机意识薄弱，思想观念落后

目前，尽管基层政府及其下属部门为了应对突发事件都制定了各

种类型的应急预案，但是很多预案仍旧停留在口头和书面层面，一些单位和部门没有把应急预案的建设当作日常工作，缺乏危机意识；对可能发生的危机事件抱有侥幸心理，对应急管理工作认识不足。无论是基层还是领导层应急管理理念普遍比较落后，抱有"重救援、轻预防"的想法，将重点放在事后的救援和应急处置上，而没有把重心放在事前的预防和监测上。究其原因还是领导对突发事件的应急准备方面给予的关注不足，预案编制、准备等工作被忽略。在大多数情况下，基本应急预案更像是面对上级检查的"作业"。当发生紧急情况时，很多的部门是直接根据经验和领导指示进行应急响应，这使得应急预案不能良好地发挥其作用。管理模式也是传统的单一的、局部的管理思路，没有形成整体的系统的全局观念，这不利于应急管理工作的联动开展。应急预案在应急管理工作中是至关重要的一环，只有重视应急预案的管理工作，才能够推动应急管理工作的顺利展开。

若是危机意识缺乏和思想观念落后，不重视预案工作，就会将应急预案当作一般文件或者任务看待，就会丧失预案指导应急实践的作用。在应急预案的编制过程中，若是受到局部性观念的限制，就会使预案的参与度降低，部门之间的协调联动就会流于形式，无法进行应急处置工作的开展，更无法指导实际工作。预案编制完成后，也不会邀请相关专家进行评估，不会组织演练，将编制的预案束之高阁，这会造成极其严重的后果。

2. 基层专业人才紧缺，编制小组形同虚设

应急管理人才不仅需要有较强的应急理论基础，同时也要积累应急管理经验。目前，许多基层部门或者单位的预案编制小组是由领导和各个部门抽调过来的成员临时组成的。以这种方式组建的预案编制小组，有几个较为明显的缺陷：一是临时组成的编制小组人员由于不熟知应急管理知识，更缺乏应急管理工作经验，所以不能够按照预案编制的程序、流程和规范办事，可能会造成预案可操作性不强、针对性不足，甚至会出现直接套用上级预案或其他单位预案的现象；而且被借调的相关人员之间工作配合默契度不够高，编制过程中可能会出现矛盾或产生分歧，不利于应急预案的编制完成。二是由于应急预案编制团队是临时组建的，当应急预案编制完成之后，团队便会自动解散，预案的后续管理工作也就无人负责。完成预案编制工作只是完成预案管理中的其中一环，它需要在演练和实际操作过程中不断更新、修订、评估。例如，在某些特定节假日，如春节期间，便会成立烟花爆竹的工作小组，短时间内是可以对所在地区烟花爆竹问题进行紧急的准备和救援，但当任务结束之后，便没有人对后续工作进行经验总结与梳理，更无法将其完善到预案里进行修订。因此，应急管理人才的短缺是限制基层政府应急预案管理的重要因素之一。

（二）职责协调不明确，部门联动意识不足

1. 各部门职责协调不够明确

由于突发事件涉及的范围和部门较广，往往单个部门和单位无法独立进行应急处置，需要多个部门和单位联合进行应急处置。且由于突发事件的复杂性，无法将责任细化明确到每个部门头上，需要由一个部门牵头负责，由其他部门进行响应，配合和协助其工作。但是由于没有明确的规定，各个部门的职责不明确，具体任务也不明晰，且牵头部门尤其是基层部门没有权利调动其他部门来参与应急处置，达不到联动的效果，大大影响了应急处置的救援。

2. 部门间缺乏联动意识

由于政府单位的不同职能部门追求的利益不同，各部门在实施应急预案的过程中为利益争端而发生矛盾，因此在实施应急预案的过程中常出现推托责任的问题。部门之间的联动与合作是应急预案实施过程中的关键节点，不同的部门应在实施预案的过程中承担各自的责任与义务，有序推动预案管理顺利开展。另外，部门、单位之间缺乏沟通与交流，联动意识薄弱。在应对突发事件时，应急处置将受到严重影响。

（三）缺乏应急演练的积极性，预案后续管理不足

1. 缺乏应急演练的动力

为了进一步加强应急预案的管理工作，要尤其注重应急预案的演练工作，如果所制定的应急预案缺乏实际的演练，那么这种预案的有效性就会受到质疑，因为无法知晓应急预案中各级部门之间的沟通是否协调，无法判断该应急预案是否具有可操作性，更无法预测该方案是否能够有效遏制意外突发事件对社会造成的影响。此外，多数单位的演练程序设计比较简单，缺少实战的紧张意识，特别是，应急演练缺乏奖惩机制，无法激发更多的工作员工参加演练的积极性。以上这些问题的存在，都最终导致应急预案演练失去了其应有的作用。

2. 预案后续管理存在不足

预案编制完成后，需要进行宣传和教育工作，只有让预案的流程深入人心，在突发事件发生时人们才会积极地进行自救和互救工作。然而，目前基层单位对预案的后续管理存在着不足之处，宣传和教育工作做得还不到位，宣传和教育的方式比较刻板落后，群众的接受度

不够高，宣传教育工作没能够取得良好的成效。第一，大多数预案工作都是针对领导管理层和应急工作相关人员的，针对基层工作人员和社会群众的培训较少，因此预案启动后，基层工作人员对预案的流程和内容缺乏了解，影响了后续的应急处置。第二，预案编制工作结束后，许多人员将其视为应急工作的终点，没有对预案的适应性、有效性进行合理的审查，预案缺乏动态的管理，无法持续更新优化。此外由于预案内容涉及的部门众多，后续的评估修订需要付出许多的时间和精力，所以许多部门便不再持续完善预案。预案管理是一个动态的过程，其内容需要根据实践不断的进行更新和修订，因此，各级领导、相关人员和广大群众都应该继续努力。

二、应急预案管理问题的优化对策

（一）建立专业的预案编制小组

首先，要聘请专业的应急管理专家，要有丰富的应急处置经验和应急预案编制经验的人加入预案编制小组，为预案的编制提供思路和想法，把控应急预案编制的整体方向。其次，要不断提升领导的应急管理能力和风险处置能力。领导者既是决策者也是预案编制小组的核心人物，领导必须加强学习并掌握相关的应急管理知识，提高应急处置能力。最后，提升编制小组成员的应急能力。在预案编制前要对各个部门抽调过来的小组成员进行培训，帮助他们掌握基本的应急知识，提高其应急能力。

（二）修订出台总体应急预案

要尽快修订出台总体应急预案，推进城乡社区应急预案建设，开展各级各类应急演练。加大组织指导和统筹协调力度，落实好主体责任，配齐配强人员力量，确保各级各类应急预案编实编细接地气。在应急预案中，应尽可能多地列举可能发生的突发事件的情况，人们就可以按照应急预案进行应急处置。除此以外，还要加快统筹落实、全面推进应急预案体系建设工作。应急管理部门和相关单位，要根据不同行业特点和需求深入基层开展应急预案编制工作指导和培训，严把审核关、质量关。要针对应急预案体系建设工作的特点和要求，调整细化应急预案管理绩效考评指标，强化预案管理考核评估，发挥绩效管理"指挥棒""助推器"作用，促进应急预案体系建设提质增效上水平。

（三）增强应急预案可操作性

1. 要做到预案的流程清晰和明白

每一个预案都应该清楚明确地体现出在应对突发事件时，每一个环节要采取怎样的措施和手段来进行应急处置。可以编制流程图清晰表明每个环节和步骤。除此之外，还要掌握下列几个要素：一是指挥机构。要明确单位组织中的总指挥、副总指挥、办公室负责人、联络员以及成员单位构成。二是每个单位或部门的分工、工作任务和职责。要明确指挥部门下设的若干个组（现场处置组、新闻报道组、综合保障组等），明确牵头部门、成员单位和负责人以及职责任务、联络方式等。三是应急启动与响应。要将分级的标准进行量化与简化，突出重要内容，突出界定的主要指标，将应急响应的级别与响应措施相匹配，便于大家遵循。四是相关保障措施。要明确突发事件发生后所涉及的相关单位或部门、应急专家和队伍、应急救援物资和设备并对可能发生的次生、衍生事故作出预案。

2. 要加强实践，注重发挥实践的作用

在编制应急预案时，要多进行实地调查研究，根据实地调查的结果和了解到的信息研究得出解决问题的办法与措施，也可以通过网络、图书馆等多个途径查阅相关资料，学习、借鉴前人的经验和教训；要征求相关单位和部门的意见，弄清楚其是否能在应急处置中提供物资、设备和人员；要组织专家、群众对预案进行评审，从多个维度和思路对预案进行审视和评价，为后续工作打基础。

3. 要做到精简具体

预案应做到一事一案，并叙述简明具体。例如，在编制乡镇应急预案时，要以当地的地理环境和实际情况为基础，针对比较常见且容易发生的地质灾害、洪涝旱灾、森林火灾等突发公共事件，分别编制出简明实用的应急预案。当突发事件发生时，相关部门就可以根据突发事件的类型启动应急预案，快速应急处置。

（四）编制有针对性的应急预案

要突出城乡社区，在党委政府统一领导下，立足基层，齐抓共管，共同推进基层应急预案体系建设。各个级别和各种专项的应急预案的作用和功能各不相同，所以应注意应急预案编制的专业性和针对性，第一，应急预案的内容必须与现实相结合，在遇到突发事件时，基层政府就能拿出既有效又有用的应急预案。认真抓好应急预案编制工作，努力提高应急预案的质量和水平，为基层应急预案体系建设提供有力保障。第二，我们必须学习成功的经验并吸取失败的教训。一方面，我们应该学习其他地区的优秀应急预案，借鉴英国、日本和美

国等国外应急预案的成功经验做法。另一方面，我们必须吸取国内外应急事件处置中的教训，特别是自己的失败教训，制定出更科学和更标准的应急预案。

（五）优化预案之间衔接，强化预案的系统性

要强化各地各部门沟通联系，做好综合协调衔接，提升应急预案的系统性。在预案的编制过程中，积极采纳来自多部门，多领域的建议十分重要。建立各地方、各周边城市、不同部门之间的联动协调机制，加强信息的整合，完善各预案之间的有效衔接，因为这对推动预案体系建设至关重要。

上级部门与下级部门应针对应急预案进行有效衔接，下级部门应主动与上级应急管理部门以及专项预案、部门预案等编制牵头部门沟通对接，并严格按照预案要求进一步贯彻落实。除此之外，为了促进预案有序开展，在制定预案的初期，就要协调各部门之间的关系，鼓励各部门参与预案制定。预案制定完成之后，各部门要积极参与预案的演练与学习培训。相关部门应做好专项预案、部门预案编制修订工作，实现总体预案、专项预案、部门预案全覆盖，保质保量完成预案编制修订任务。

（六）加强风险评估和应急能力评估

要突出规范编制，深入细致开展风险分析、应急资源调查和应急能力评估。风险评估是对某事件可能带来的损失程度进行量化，其通常有五个步骤：第一步是识别风险，调查辖区内已发生或可能发生的公共安全事件的类型，并编制风险列表；第二步是描述风险，根据应

急管理专业对每个风险类型进行全面定义;第三步是描述所在的关键要素,描述与突发事件影响、响应相关联的突发事件作用对象、响应处置部门和环境,确定可能的受害者、损害程度和资源紧急响应;第四步是进行脆弱性分析,找到并确定辖区中易受灾害的设施,并找出最薄弱的环节;第五步是设置方案,建立特定的应急方案作为应急目标。方案的设置应遵循两个基本规则:第一,确定各部门的职责与管辖权并反映在预案量表中;必须确定牵头部门的职责和能力范围,并且必须考虑到方案的规模不能超过应急机构的指定能力范围。第二,需要在适当的范围内灵活地调整预案,如果预设的场景过于详细和特殊,一旦紧急情况稍偏离预期的轨迹,应急救援人员往往会不知所措。

应急能力评估是基于风险评估的结果,对现有的全部应急资源和应急能力是否能够应对突发事件进行的评估,它包括各个部门和各个基层单位以及企业单位应急资源的评估,根据评估结果来衡量应急救援的长处与短板。应急资源是顺利开展应急救援的保障,其主要包括应急设备、应急物资、专家团队等。而应急能力是能否顺利开展应急救援的核心,它涵盖了救援能力、基础能力、保障能力和协同能力。在基层预案编制前,首先要开展风险评估工作,要预测辖区的潜在危害,其次使应急资源和应急能力适应潜在危害,最后选择更加科学、合理、有效的应急方案。

(七) 加强基层部门之间的沟通协调

突发事件造成的危害和后果往往不是单一性的,通常带有复杂性和连锁反应。因此突发事件的应急处置需要多个部门进行协调和合作。在预案编制时，要把可能受到突发事件影响的各个主体都纳入预案中，提前进行沟通协调和约定，加强主体之间的互相合作。突发事件发生后，各个基层部门按照约定进行应急处置，形成社会救援合力。若各个部门不事前进行沟通和协调，在应急处置时可能会出现任务重合，引起混乱。面对突发事件单一部门的力量是远远不够的，在编制预案时，各个部门之间的沟通和协调就显得十分重要，各个部门应就应急联动的细节进行协商，形成区域联动的应急预案网络。此外，上下级预案之间也要加强衔接性，实现上下级预案的无缝接轨和整体衔接。

（八）推动数字化预案管理，开发数字化预案系统

数字化预案是依托计算机和网络技术手段，依据应对突发事件的应急处置程序和流程，把文本式应急预案转换成数字化预案，对突发事件的具体状态进行自动化网络分析，判断出预警级别与响应级别、恢复重建等关键应急节点，对应急处置措施和方案进行优化。数字化预案能够辅助决策者做出更加有效和科学的决策。GIS 系统能够以直观图文结合的方式制定应急处置方案，抢险疏散路径等，它能覆盖各个地区，部门以及各个生产和业务部门。在制定数字化应急预案时，要注重风险评估、应急能力评估和应急物资的清查，把所有潜在的危险后果和不良因素，所有可能发生的事故以及事故发生后可能会产生的危害、影响和生命财产损失、应急资源等都一并导入并及时对数据进行更新和修正。因此，今后在应急预案的动态管理阶段应当积极运用好大数据，不断推动我国应急预案的数字化管理进程，促进数字化应急预案技术更加成熟与稳定。

1. 构建区域内应急资源的数据信息库

全面掌握区域内应急资源信息，排查区域内所有风险隐患，把这些信息进行全面的整合，并进行系统化的梳理。然后把应急资源信息和风险隐患信息用图表展示出来，便于管理者观察和了解信息，建立数据存储、动态更新、可视调阅机制，协助工作人员在任何时间任何地点获取信息，并在有需要时调用信息。推进应急预案、队伍、物资装备等应急资源数据库建设，推进指挥调度可视化建设，完善应急指挥平台，将应急预案工作流程、技术措施、资源保障等实现结构化、数据化、智能化、模块化，这能提高应急响应效率。

2. 建立统分结合的预案管理系统

搭建"1+N+N"的预案目录体系，实现"1 个总体预案+N 个专项预案+N 个街道、企业子案"的预案层次管理，要做到预案体系层次分明，上下级预案之间无缝衔接。总体预案和专项预案相结合，突出应急预案的个性化与针对性，提高预案的有效性和可操作性。

（九）加强应急预案的宣传和培训

基层政府必须加强对应急预案的宣传和培训，全面提高群众的应急意识和应急能力。制定应急预案专项宣传培训计划，面向社会公众宣传应急预案知识、应急处置方法，做好本单位、本行业、本系统应急预案培训工作，要以相关责任人、安全管理人员及重点岗位操作人员为宣传培训重点，强化从业人员风险意识，增强系统掌握事故防范和应急处置能力。

1. 依托网络信息技术，大力宣传应急预案的相关知识

目前，网络覆盖率较高，加上手机通信网络的普及，人人都可以

通过网络获取信息。基层政府部门、基层单位等都可以在门户网站设立应急管理应急预案专栏，公开辖区内现行的应急预案，让群众更加了解和熟知现行的预案，增加应急预案的透明度；除了门户网站之外，也可以通过社交媒体，例如微博官方号、微信公众号、抖音官方号等多种途径对辖区范围内的群众进行有效的推广和宣传，让群众增加对应急知识的了解，提高危机意识和风险意识，推进应急管理的发展。

2. 扩大培训范围，开展应急预案的培训工作

除了各个单位聘请专业的应急管理人才到单位开设讲座、论坛等对单位员工进行安全事故的应急处置或者安全操作规程的学习之外，普通群众也应该进行应急预案相关的培训工作。例如，学校要利用好社团活动等积极宣传应急管理知识和预案内容，并把这些知识引入课堂，培训后可以采用问卷知识调查等方式检验培训结果；小区和乡镇的物业和居委会、村委会等应当负起责任，运用微信群等形式将预案知识宣传到每家每户，做好应急知识和预案知识的培训工作。

（十）加强应急演练，建立健全应急演练优化机制

应急演练可以检验应急预案的可行性、应急准备全面性，因此必须重视应急演练的实施。第一，无论领导者还是应急管理人员都要对演练的真正意义有清晰的认知，都应该认识到演练只是对以后可能出现的情况提前进行的演习考察，只能反映每次演练时的应急准备水平和业务素质，一次普通的演练不能代表实际生活中的应急能力，更不能仅用一次的演练结果将演习人员的能力纳入考核成绩。第二，演练与预案评估修订的过程是预案不断完善的过程，所以要积极捕捉演练中存在的问题，争取在面对突发事件时不出纰漏。

除此之外，要高度重视应急演练。预案演练可以采取下列做法：①设立并按照明确的标准将应急预案的功能进行拆分和分解，拆分成应急演练的最小单元，将此最小单元叫作应急演练科目，例如，可按预案的功能将其分为职能职责、应急动员、指挥控制、事态评估、通信、设施装备保障、预警与公告等几十项。②根据具体要求，将上述应急演练有机地结合起来，设计成不同形式的演练，选择较为典型的应急演练预案，提高演练人员的应变能力。③从实现途径上来讲，演练要首先从小规模、简单、分项做起，条件不成熟时逐项进行小规模的合乎规范的演练，条件成熟时进行组合功能甚至按需进行演练，真正做到对预案的应急演练。④要加强信息化和数字化建设，建立基于网络技术的应急演练平台，并组织依托网络平台的应急演练。应急演练平台是以典型突发事件为蓝本，并结合事发现场的视频录像、图片影像、地理地貌信息和仿真模拟的场景，高度还原突发事件的现场情况以及在应急响应中人员部署、物资调度、指挥协调等多角色分工合作的事故处置场景，让演练参与者体验如何在突发事件中进行应急处置和资源调配，真正实现实训教学、交互处置与演练评估。

要突出实战属性，细化应急预案中各级政府及有关部门职责任务，结合实际制定应急工作手册和事件应对行动方案。各级政府、各有关部门和单位要把应急演练作为预案管理的一项经常性工作，结合自身职能及突发事件特点，按照规定时限、标准和要求，组织开展桌面推演、实战演练，加强多灾种、规模化联合应急演练，提升组织指挥、协调响应、物资保障、技术支撑能力和水平，为实战积累经验、做好准备。要及时跟进演练评估，发现问题，查找短板，努力改进，完善提升。同时，基层政府应当建立有效的奖惩机制。对参与应急演练过程中各主体进行评价考核，重视应急预案演练过程，对于演练过程中表现出色的单位或部门进行奖励，反之则予以问责和追究，从机制上改善参与主体观念，重视应急预案演练，从而保证应急演练的有效开展。

（十一）完善应急演练的动态链条

要突出动态管理，建立应急预案定期评估制度，提高应急预案的时效性。《突发事件应急预案应对法》中规定"应急预案编制单位应当建立定期评估制度"。要加强应急预案日常管理，出现应急组织指挥体系或者职责发生调整、重要组成人员变动、生产经营单位生产工艺和技术发生变化、形成新的重大危险源、演练评估报告要求修订等情况的，应及时更新修订和完善预案内容，确保预案的科学性和时效性。应急演练的目的就是检验应急预案有效性和应急准备的全面性，因此，基层政府可以根据每次应急演练的结果进行评估和经验总结，针对应急演练中所暴露出的应急预案的问题和不足之处对预案进行更新和修订，形成预案"编制—演练—评估—再编制—再演练"的动态管理模式；建立符合实际的应急预案质量评估体系，坚持应急演练与应急预案评估相结合，对演练的过程和结果进行总结，为应急预案的后续编修提供科学依据。

第七节　应急法律法规保障

应急管理需要决策者采取特殊的应对措施，健全的应急管理法律法规能够为应急活动提供有力的法制支持。要按照"第一时间、最快响应"要求，完善相关法规、政策、标准，使应急物资保障在体制机制、指挥流程、协同机制、职责分工上有法可依，使军、地、政、企在力量与资源融合上有操作标准。对应急物资储备、生产、采购、捐赠、运输、配送等组织协调、工作流程等法律法规进行修订，明确各利益相关主体的责权利。

一、我国应急管理法律体系建设历程

我国应急管理法律体系建设工作有两个重要的历史节点。第一个重要节点是 2003 年抗击非典疫情。2003 年以前，我国的应急管理法律体系呈现分散化特点。2003 年 5 月 12 日正式颁布的《突发公共卫生事件应急条例》，标志着我国公共卫生应急处理工作进入法制化轨道；2003 年之后，我国的应急管理体系已经与现代法治、现代管理理念接轨，进而开始构建我国独有的应急管理体系。同时在这一过程中，逐步建立和完善了我国应急管理的法律体系框架。这个框架的建成以《中华人民共和国突发事件应对法》出台为标志，是我国第一部应对各类突发事件的综合性法律，标志着我国确立了规范各类突发事件应对的基本法律制度，我国的突发事件应对工作进一步走上法制化轨道。第二个重要节点是 2008 年抗击南方雨雪冰冻灾害、应对"5·12"汶川特大地震。从那时起，我国开始更加重视应急管理法治体系的构建，一些应急管理相关的法律法规中的部分条款、有关国际公约和协定、突发事件应急预案有力地补充了我国应急管理法律法规体系。各地方人民政府据此各自颁布了适用于本行政区域的地方性法规、地方规章和法规性文件，逐步形成了一个以《中华人民共和国突发事件应对法》为核心的应急管理法律体系。

近年来，尤其是党的十八大以来，应急管理相关的法律法规不断完善，整个应急管理法律体系以《中华人民共和国宪法》（含紧急状态的法律法规）为依据，以《中华人民共和国突发事件应对法》为核心，以相关单项法律法规为配套（如《中华人民共和国防洪法》《中华人民共和国消防法》《中华人民共和国安全生产法》《中华人民共和国传染病防治法》等）的特点，应急管理工作逐步走上了规范化、法制化的轨道。

我国应急管理法律体系经历了从无到有、从分散到综合、不断完善的过程，取得了一系列成就，但还存在一些问题和不足。例如，一些法律法规，尤其是《中华人民共和国突发事件应对法》的操作性不强；针对单一类型突发事件的单行法不够全面，缺乏有关领域的专门立法，如救助和补偿；许多立法在内容上较为原则、抽象，缺乏具体的配套制度、实施细则和办法，非政府力量参与应急救援尚未纳入我国应急管理法律体系；现有的应急管理法律法规需要清理，关键法律法规需要修订等。

二、我国突发事件应急管理法律体系基本框架

（一）自然灾害类

主要包括《中华人民共和国水法》《中华人民共和国防汛条例》《蓄滞洪区运用补偿暂行办法》《中华人民共和国防沙治沙法》《人工影响天气管理条例》《军队参加抢险救灾条例》《中华人民共和国防震减灾法》《破坏性地震应急条例》《中华人民共和国森林法》《森林防火条例》《森林病虫害防治条例》《中华人民共和国森林法实施条

例》《草原防火条例》《中华人民共和国自然保护区条例》《地质灾害防治条例》《中华人民共和国海洋石油勘探开发环境保护管理条例》《中华人民共和国气象法》等。

（二）事故灾难类

主要包括《生产安全事故报告和调查处理条例》《放射性同位素与射线装置安全和防护条例》《中华人民共和国建筑法》《中华人民共和国消防法》《中华人民共和国矿山安全法实施条例》《国务院关于预防煤矿生产安全事故的特别规定》《煤矿安全监察条例》《国务院关于特大安全事故行政责任追究的规定》《建设工程质量管理条例》《工伤保险条例》《劳动保障监察条例》《建设工程安全生产管理条例》《中华人民共和国道路运输条例》《中华人民共和国内河交通安全管理条例》《中华人民共和国渔业船舶检验条例》《中华人民共和国河道管理条例》《中华人民共和国海上交通安全法》《中华人民共和国海上交通事故调查处理条例》《铁路运输安全保护条例》《电力监管条例》《中华人民共和国电信条例》《中华人民共和国计算机信息系统安全保护条例》《特种设备安全监察条例》《环境保护法民用核设施安全监督管理条例》《中华人民共和国防治海岸工程建设项目污染损害海洋环境管理条例》《水污染防治法实施细则》《中华人民共和国大气污染防治法》《中华人民共和国环境噪声污染防治法》《中华人民共和国水污染防治法》《中华人民共和国固体废物污染环境防治法》《中华人民共和国海洋环境保护法》《防止拆船污染环境管理条例》《淮河流域水污染防治暂行条例》《防止船舶污染海域管理条例》《危险化学品安全管理条例》《中华人民共和国放射性污染

防治法》《核电厂核事故应急管理条例》《农业转基因生物安全管理条例》《森林防火条例》《森林病虫害防治条例》《中华人民共和国森林法实施条例》《草原防火条例》《中华人民共和国自然保护区条例》《地质灾害防治条例》《中华人民共和国海洋石油勘探开发环境保护管理条例》等。

（三）公共卫生事件类

主要包括《重大动物疫情应急条例》《中华人民共和国传染病防治法》《中华人民共和国传染病防治法实施办法》《突发公共卫生事件应急条例》《食品卫生法》《中华人民共和国进出境动植物检疫法》《中华人民共和国动物防疫法》《中华人民共和国国境卫生检疫法》《中华人民共和国进出境动植物检疫法》《植物检疫条例》《中华人民共和国国境卫生检疫法实施细则》等。

（四）社会安全事件类

主要包括《中华人民共和国民族区域自治法》《中华人民共和国戒严法》《中华人民共和国人民警察法》《中华人民共和国监狱法》《中华人民共和国信访条例》《企业劳动争议处理条例》《行政区域边界争议处理条例》《殡葬管理条例》《营业性演出管理条例》《中华人民共和国中国人民银行法》《中华人民共和国商业银行法》《中华人民共和国保险法》《中华人民共和国证券法》《中华人民共和国银行业监督管理法》《中华人民共和国期货交易管理暂行条例》《中华人民共和国预备役军官法》《中华人民共和国领海及毗连区法》《中华人民共和国专属经济区和大陆架法》《国防交通条例》《民兵工作条

例》《民用运力国防动员条例》《退伍义务兵安置条例》《军人抚恤优待条例》《中华人民共和国价格法》《中华人民共和国农业法》《粮食流通管理条例》《中央储备粮管理条例》《中华人民共和国民用爆炸物品管理条例》《中华人民共和国种子法》《中华人民共和国野生动物保护法》《中华人民共和国民用航空安全保卫条例》《农药管理条例》《兽药管理条例》《饲料和饲料添加剂管理条例》《中华人民共和国水生野生动物保护实施条例》《中华人民共和国陆生野生动物保护实施条例》等。

三、我国缺少应急物资储备和应急物流方面的法律法规

经过多年的法制改革和发展，我国在突发事件应对的立法上取得了明显的进展。除了在宪法中对紧急状态制度做了原则性规定外，我国现行的一些法律、行政法规和部门规章中也有一些涉及突发事件应对的法律规范。各地方根据这些法律、规范又制定了适用于本行政区域的地方立法，初步建立了从中央到地方的突发事件应急法律体系。应急管理地方性法规文件主要有《山东省自然灾害风险防治办法》《山东省安全生产风险管控办法》《湖南省突发事件预警信息发布管理办法》《辽宁省突发事件应对条例》《江西省安全生产应急预案管理办法》《河北省安全生产应急管理规定》《北京市生产经营单位生产安全事故应急预案演练管理办法（试行）》《广东省突发事件应对条例》等。针对 2019 年 12 月底暴发的新冠疫情，各地政府有关部门及时出台优惠性支持政策，主要有北京市人民政府办公厅《关于应对新型冠状病毒感染的肺炎疫情影响促进中小微企业持续健康发展的若干措施》《上海市全力防控疫情支持服务企业平稳健康发展的若干政

策措施》《天津市支持中小企业高质量发展的若干政策》《山东省人民政府办公厅关于应对新型冠状病毒感染肺炎疫情支持中小企业平稳健康发展的若干意见》等。

目前，国家层面尚未有一部专门的应急物资储备和应急物流法律，相关内容散见于《国家突发事件应对法》《中华人民共和国国防动员法》及《中央储备粮管理条例》《中央储备肉管理办法》《国家物资储备管理制度》等部门规章、规范性文件中，存在立法分散、立法滞后、立法位阶偏低等问题。法规间衔接不顺畅、标准不统一、效率低下，在一定程度上制约了各类应急物资的统筹协调和物流保障，也不利于各类应急物资的规范管理和更好发挥作用。应尽快出台《突发事件物资保障和应急物流体系条例》，对应急物资保障的管理体系、存储数量、轮换周期、资金保障、物流配送、统计报告等做出明确规定，使战略物资储备和应急物流保障有法可依、有章可循，同时便于监督检查就显得尤为迫切和重要。

四、增强突发事件应急管理的法治思维

总结这些年来突发事件应急管理的经验和教训，还应当依据突发事件应对法律制度，增强自觉学习突发事件应急管理法律知识的理念，增强以下突发事件应急管理的行政法治理念。

（一）增强依法处理非常时期非常事务的法治理念

提高依法应对突发事件的能力是政府推进依法行政的客观要求。能否有效预防和处置突发事件，直接考验着政府依法行政理念和应急管理能力，突发事件的发生需要建立信息畅通、反应迅速、救助及

时、保障有力的应急和权力运行机制。

（二）增强依法预防突发事件应急管理的法治理念

应当强化突发事件的预防和应急准备制度的监督落实，应急管理应当重在防患于未然，加大财政投入。从目前看，处置突发事件监测网络、预警机制和信息收集与报告制度还需加强，基层人民政府对本行政区域内危险源、危险区域的调查、登记、风险评估，定期检查、监控还需落实，各单位安全管理制度尚需建立健全，矿山、建筑工地等重点单位和公共交通工具、公共场所等人员密集场所的隐患排查制度和应急预案还不完善，组织社会公众学习安全常识和参加应急演练不够广泛等。

（三）增强动员社会和公众自救与互救的法治理念

在强调政府的行政救助的同时，政府还应当依法增强动员社会和公众自救与互救的法治理念，重视民间组织和亿万人民群众的"共救""互救"的力量，强化社会广泛参与应对突发事件的工作理念，增强公众危机意识，提高公众自救与互救能力。

案例一

SARS（Sudden Acute Respiratory Syndrome，严重急性呼吸综合征，简称非典）是一种由冠状病毒引起的传染病。非典于 2002 年年末在中国广东省暴发，随后在 2003 年年初迅速蔓延至全国各地甚至亚洲一些国家，导致大量人员感染和死亡，对社会和经济造成了重大影响。

当时，中国政府在面对疫情的时候响应迅速，启动了应急预案。政府公开透明地发布疫情信息，启动了分级响应机制，给予适当的医疗、经济和社会支持。同时，加强公共卫生和防疫投入，限制出入境以及加强社会防控，将非典疫情控制得比较成功。

在医疗救治方面，政府采取了积极措施，组建专业医疗队伍，加强传染病医院建设，尽力保障患者的治疗。政府还加大科研投入，积极研究病毒特性和防治方法，如对疫苗的研发多方面发力，成立了国家卫生防疫领导小组，高规格制定、启动防疫应急机制。组织各级卫生部门、医疗机构和防疫专家参与，积极投入到防控工作中，为后来的科研打下基础。

此次非典案例表明，应急响应机制的建立和完善至关重要。政府需要迅速响应威胁公共卫生的疫情，建立完备的公共卫生监测体系和疫情预防控制体系，包括疫苗研发、医疗救治、科学防控、公共卫生等各个方面，以尽快遏制疫情的发展，保障人民健康和社会稳定。同样，社会也需要做好个人的防护，如勤洗手、戴口罩、保持社交距离等措施，共同构建和谐、安全的社会。

案例二

2011 年 3 月 11 日，发生在日本的 9.0 级地震及其引发的海啸导致福岛核电站熔毁并发生核泄漏，给日本和世界的很大区域造成了严重的人员伤亡和环境破坏，成为影响深远的一次重大核事故。福岛核泄漏是一个世界性值得注意的重大应急管理事件。日本政府和应急管理部门在事故发生之初就全程参与了应急管理工作，充分发挥了应急管理的专业性和指导性，付出了巨大的努力和代价。

事故发生时，应急管理部门立即介入应对。福岛核泄漏事件发生后，日本政府迅速成立了应急领导小组，并由日本首相亲自领导，展开了全面的突发事件应急管理工作，对核电站现场进行了包括人员疏散、设备调配等在内的全面应急响应。各级政府和各种团体协调配合，出动大量应急管理物资和人力，尽可能避免人员的伤亡和物资的浪费。在面对大范围的辐射和核污染问题时，日本还积极请教国际大牌专家，寻求权威的技术支持，增强台风、地震等极端天气情况的应对能力，准确判定灾害和评估风险等。

福岛核泄漏事件后，日本政府披露了大量事故信息和疏散措施，公开了核安全评估报告，让公众和国际社会能够及时了解事故的情况和应急响应工作的进展状况，并尽快找出应对方法和应急管理警示，形成了系统的应急管理经验和教训。

福岛核泄漏事件可以说是全球范围内对核电站安全问题的警示，其教训极其深刻，全世界都受到了深刻的启示，也引发了对各国核电站安全问题和应急管理的广泛关注和讨论。应急管理部门和政府必须全面提高危机意识和全方位的应急管理意识，注重应急救援资源的合理配置和利用，加强队伍建设和技术储备，不断提高应急管理能力和工作质量。这将是未来有效化解类似危险事件的一个重要组成部分。

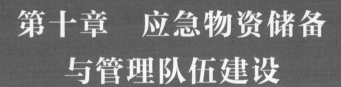

第十章 应急物资储备
与管理队伍建设

应急物资储备与管理是一项复杂的系统工程，涉及众多学科，需要多种知识，尤其是应急物流涉及交通、运输、储存、航空等多个部门，需要一支专业化的应急物流人才队伍。一方面需要培养能够统筹规划和指挥的管理人才，另一方面也需要实战经验丰富、能够熟练操作和使用应急设施设备的专业化人才。

第一节 应急人才培养

党的二十大报告明确指出要加强应急管理体系建设，强调要提高防灾减灾救灾和急难险重大突发公共事件处置保障能力，对应急管理能力建设提出了新要求。应急管理能力和体制现代化的基础是建立一支高素质应急管理专业人才队伍，拥有一批能上场、能打仗和打胜仗的人。应急管理学科建设是应急管理人才培养的源泉。做好应急管理人才培养和学科建设，是提高风险应对能力、保证国家和社会安全的重要保障。加快速度、"全覆盖"式地推进我国应急管理学科建设和人才培养工作，针对不同区域不同类型、因地制宜地培养培训应急管理人才，提升我国应急管理人才的专业能力和综合管理能力，满足我国应急管理工作的复杂性、综合性、多元化需求。

高等院校要承担起培养应急管理、应急物流管理人才的社会责任，全社会也要倡导把应急管理、应急物流管理当成职业和事业去做的意识。高质量的应急救援专业人才不仅要具有专业的救援知识、救援技能，还需要有面临现实救援任务情境的理性素养，理性素养能促进救援人员临危不惧、有序有章、科学动态地处理问题，高效率地完成任务。

一、应急人才培养目标

以社会发展需求为导向，适应我国安全与应急管理形势需要，培养德、智、体、美、劳全面发展，并具备良好人文素养、强烈社会责任感与广阔国际视野，立志服务国家和区域"防灾、减灾、救灾"事业，掌握应急管理基本知识、理论、方法和技能的人才。这些人是具备扎实的应急分析与协调处置能力，能够解决复杂应急技术及应用和其他应急管理实务问题，能够在各级政府机关、企事业单位、教育培训机构、基层社区等从事应急管理工作的应用型高级专门人才。他们具有朴实无华、坚韧顽强、无私奉献的精神，具有良好的团队精神和人文社会科学素养，强烈社会责任感和"平时服务，急时应急，战时应战"的职业素养。他们掌握应急管理业务中使用的定义、概念和术语，具备现代应急管理所需基础理论和专业知识，掌握科学的分析方法和专业技术；并具有较宽的知识面，熟悉减灾、准备、响应、恢复等应急管理各阶段的工作流程、方法和技能，以及较强的实践能力。他们能够熟练运用计算机技术和信息化手段，并将未来技术融入应急管理实践中，解决本领域的科学、工程、技术和管理问题，并具有国际视野和较强的沟通交流能力，能胜任本专业或相近专业的相关教育培训、研究开发、工程应用、技术咨询及行业企业管理工作。

复合型应急专业人才需系统了解应急学科知识体系，掌握应急学科基础理论知识；具备风险评估、应急预案编制、组织协调应急行动、应急管理宣传、社会舆情分析等综合应急管理能力；具有事故致因机理分析、损失预判、事故应急与救护、现场抢救等专业技术能力；具有深厚的家国情怀、稳定的职业心理和强健的身体素质，能够在高危状态下坚定、高效地进行现场指挥救援工作。

突出大数据分析能力人才培养，打造智慧应急特色，培养具备"懂管理、会数据、能应急"的应用型人才。具体讲就是了解各种突发事件的产生机理及应急管理活动一般规律，具有分析和解决应急管理实际问题的基本能力，能在政府机关、企事业单位、社区管理、社会组织等机构从事应急管理相关工作的应用型高级专门人才。

忠诚为民是应急救援队伍的基本素养。区别于其他日常工作，应急管理工作具有高负荷、高压力、高风险、职业风险高等特点，应急救援人员全年 365 天、全天 24 小时都应急值守，随时都可能面对极端情况和生死考验。因此，需要不断推进国家各类救援队伍正规化、专业化、职业化建设，增强救援人员的责任感、荣誉感和组织纪律性。全社会要给予救援队伍更多的关心和支持，使应急救援成为社会尊崇的职业。

二、应急人才培养中存在的问题

（一）应急管理本科生和研究生培养规模小，发展较慢

由于教育部并没有将应急管理专业纳入本科专业目录，各高校只能挂靠其他专业下开展应急管理人才培养，应急管理教育没有名分。因为教育部目录中没有应急管理专业，意味着各高校的老师都不是应

急管理科班出身,师资严重缺乏。此外,学生在考公务员时,只能按公共事业管理等挂靠专业报考,在某种程度上造成就业困难。以上种种因素导致高校培养应急管理人才规模小,发展较慢。

(二) 应急管理学科或专业归属问题

在应急管理本科和研究生教育与培养过程中首先遇到的是学科或专业归属问题。目前在教育部公布的学科专业目录中并没有应急管理专业,因此应急管理学科的研究生招生只能挂在相近学科的下面。

应急管理具有较强的综合性、交叉性与应用性特征,目前应急管理本科和研究生主要在管理科学与工程、公共管理、安全科学与工程、地质工程和地理学等一级学科下面进行招生和培养。管理科学与工程和公共管理属于管理类;安全科学与工程、安全工程和地质工程属于工科;自然地理属于理科。专业和学科归属不同,人才培养的目标定位、培养模式、课程设置乃至学制均有较大的差异,各个学科要求的知识结构也不相同。对于研究生培养来说,尽管应急管理方向的这种学科设置有利于突出培养特色,但是也会因为各个学科的知识结构差异而严重影响应急管理方向研究生的培养质量,易导致应急管理学科研究缺乏明确的研究范围和边界。

(三) 应急管理课程体系设置紊乱

当前我国应急管理课程体系设置较为混乱,一方面表现在不同高校之间课程体系差别较大。我国应急管理教育起步较晚,培养课程体系还处于优化阶段,各高校培养目标不一致,没有形成统一的课程体系。不同院校在构建应急管理课程体系时,往往根据该院校性质、办学特色、学科背景和师资情况而设定。如防灾科技学院隶属于中国地震局，其应急管理人才培养侧重于自然灾害，而河南理工大学和华北科技学院则侧重于安全生产。尤其是当前应急管理硕博高端人才培养是在公共管理一级学科下，课题体系偏公共管理，与应急技术管理、应急预警管理等知识衔接度不大，大多采取"大而泛"培养模式，未能形成标准化和系统化的"小而精"培养模式。另一方面表现在课程形式设置单一，理论教学课程开设较多，实操训练课程安排较少。从当前部分高校专业学分比例来看，武汉理工大学、暨南大学和河南理工大学等管理类学科背景院校，应急管理类专业实践教学课程占总学分的12.2%~18.8%；青岛科技大学、安徽理工大学和劳动关系学院等工科学科背景院校，应急管理类专业实践教学课程占总学分的16.5%~26.5%，体现出理论教学仍是应急管理人才培养的主要形式，针对技能实践培养的课程教学薄弱。大部分培训方式是讲座、报告等传统讲授式培训，聚焦于理论学习，极少涉及应急实战类培训。对于应急管理这类实践要求极高的工作来说，这种培训模式过于单一，效果欠佳，无法提升应急管理人才的应急实战能力。

（四）应急管理专业研究生普遍缺乏系统的应急管理知识

应急管理专业在许多国家（如美国）已经建立起从大学本科生到博士研究生的培养体系，但是我国应急管理教育起步较晚，与国外相比较为落后，目前还没有建立起规范的培养体系。由于教育部并没有将应急管理专业纳入本科专业目录，应急管理方向的研究生绝大部分不是应急管理专业的学生；在研究生培养阶段，部分院校给应急管理方向研究生开设的相关课程极少，远远不能满足研究生阶段对应急管理知识的系统掌握；再加上研究生培养的自主性和较强的独立性，研究生主要在导师的指导下开展科学研究工作，研究范围一般较窄但研究内容相对比较深，以致从应急管理方向培养出来的研究生普遍缺乏系统的应急管理知识。

（五）应急专业人才数量不足且质量参差不齐

我国应急管理学科教育起步较晚，专业建设仍在探索阶段，社会面对应急管理的认知不足，再加上工作特殊性，政府应急管理部门出现招录少、留人难、专业化人才缺乏等现象，人才数量和质量与公共部门需求之间存在较大差距。应急管理人才以兼职为主，专职为辅，复合型高层次人才匮乏。处置突发事件的应急管理团队也为各行各业各部门抽调人员临时组配而成，缺乏专业应急管理能力，尤其缺乏现代信息技术的应用能力，无法做到事前防范、事中应对和事后总结。

（六）应急师资和教材资源匮乏

师资力量方面，应急管理师资队伍多为"半路出家"，来源于不同专业与学科，在缺少固定且系统的师资培养通道下，应急管理师资力量数量和质量难以保证。此外，师资体系特别是高校师资体系中，专职教师占比较大，其大多缺少应急实践经验和实际工作经历，专职教师与实务工作者之间师资力量未能被有效整合运用起来，难以满足实操课程教学需要。在教材资源方面，目前应急管理人才教育教材数量供给不足，针对不同层次应急人才培养的教材书籍更是鲜有。多数高校、行政学院等应急教育实施主体在本机构人才培养目标之下编写翻译出版了部分教材，如武汉理工大学出版的《突发事件应急管理导论》等教材；河南理工大学出版的《中国公共安全管理概论》等教材，在缺少教育主管部门规范之下，尚未形成统一的应急管理系列规划教材。

三、应急专业人才培养途径与手段

（一）构建应急专业人才培养机制

应急学科的研究对象是突发事件，研究目的是运用科学、技术、工程和管理等方法，研究突发事件发生前后全生命周期的系统性防范与应对措施。应急专业人才培养应全面贯彻以学习成果为导向（OBE）的教育理念，以国外一流大学应急学科教育模式为参考，结合社会对应急专业人才需求类型，精准定位复合型专业人才培养目标，确保学生毕业后能够在政府部门、企事业单位从事应急管理或应急救援工作。从培养方案顶层设计到每门课程的目标实现，均需体现学生学习产出导向的原则。从应急管理、应急技术和综合素质等多方面细化毕业要求，使用矩阵图的方式说明课程体系与毕业要求的对应支撑关系，全面体现 OBE 理念课程教学大纲及相应考核要求，形成培养质量、培养目标、课程体系闭环反馈机制。

构建多元化应急管理人才培养评价机制。应急管理涉及工学、理学、管理学等多个学科领域，有较为复杂的知识体系和专业结构，其人才培养评价机制不能单一化、同质化，需要构建更加科学、理性、多元化的评价机制，以满足应急管理人才培养需求。充分体现以学生为主体，关注学生的个体差异，通过人才培育目标多元化，实现评价内容多元化，评价标准多元化，评价方式多元化，参评对象多元化，突出评价的过程性，发挥评价的激励性，多维度、多角度构建应急管理人才培养评价机制，实现人才供给与社会需求的完美对接，保障应急管理体系建设。

（二）培养优质教师团队

教师是立教之本、兴教之源，承载着传播知识、传播思想、传播真理，塑造灵魂、塑造生命、塑造新人的时代重任。应加大师德师风建设，健全教学荣誉体系，增加教师教学投入；加大校企合作力度，健全教师评聘考核制度，引进应急管理领域专家学者、三防指挥部的技术专家作为兼职教师，丰富优化师资结构；加强教师能力提升体系建设，鼓励教师积极参与国外应急学科学术会议、参与应急管理部门实际研究项目以及到国外高校进修，助力教师职业发展与专业提升；引导教师潜心教学，完善教师教学激励机制，强化教学投入与业绩考核。

教师队伍建设是应急管理专业人才培养的关键要素，高校应以公共管理学科队伍建设为基础，整合相关学科师资，组建专门的应急管理专业人才队伍；以大数据技术发展与管理思维为主题开展多轮次教师教学能力培训，并将专业教师与所授课程一一匹配；以集体备课、情景授课演练、"课堂+实践"等方式全面提升教师队伍的教学能力。各高校还应打破院系壁垒，整合优化应急管理师资队伍，打造优质应急管理科研团队。采取选派优秀教师赴国外进修学习、参加国际应急管理学科会议、参与应急管理科研项目申报等方式，助力应急管理专业师资队伍的快速壮大与成长。另外，各校可根据本校应急管理专业的现有师资结构，引进校外专家学者作为兼职教师，补充应急管理教师队伍。建立系统科学的教师教学–激励机制与考核–评价体系，全方位助推应急管理教师队伍的建设。

（三）解决学科归属问题

当下应急管理专业发展与人才培养的当务之急是设立应急管理一级学科，设置应急管理本科专业，增设硕士及博士学位。在现有框架下，可以首先在管理科学与工程类专业教学指导委员会下设置专题，讨论应急管理专业的培养方案与专业建设标准，进一步明确培养目标，统一知识体系，建立围绕应急管理知识与能力培养的课程体系，修订完善应急管理专业学生培养方案。由于应急管理涉及管理学、法学、工学、理学等多个学科领域，其研究对象、知识体系以及专业、技能、素质要求都较为特殊，应将应急管理专业作为融合性新兴学科和管理学学科门类的组成部分，作为和管理科学与工程等学科并列的一级学科来建设。另外，需要进一步丰富完善学科体系建设，在应急管理一级学科门类下，在充分论证基础上可以增设应急科学与工程、应急管理与技术、应急救援与指挥、应急信息安全与管理、应急法规与政策等二级学科。

解决学科归属问题后，专业师资力量不足、科研成果产出较少等一系列问题都能在一定程度上得到解决。为推进应急管理学科建设与发展，国家应大力支持各高校完善校内应急管理专业的科研资源，如建立模拟实验室等。此外，应尽快成立中国应急管理案例中心，定期举办应急管理案例分析大赛，鼓励同学们积极参与，让专业与人才同向进步，让学科与时代同频发展。

（四）强化应急课程体系建设

各高校应不断强化应急管理课程体系建设，从培养目标出发，构建理论教学与实践教学相结合的一体化教学体系。依托各院校不同的专业优势与学科背景，实现多学科相互支撑、相互交叉、相互渗透的融合性应急管理学科，建立突出特色定位的应急管理课程体系。同时，有关部门应针对应急管理学科发展的现实需要推进应急管理教材的建设，可采用翻译国外文献、整合国内外相关文献等方法编写优质教材，并在全国范围内规范权威教材以满足应急管理专业的教学需求。

应构建精品专业课程体系。课程是人才培养的核心要素，课程质量直接决定人才培养质量。应急课程设置要强化思想政治教育价值引领，推动信息技术与教育教学深度融合，打造精品课程与精品教材，提升课程学习的挑战性。应急课程目标设置要坚持知识、能力、素质有机融合，培养学生解决复杂问题的综合能力和高级思维；课程内容强调广度和深度，突破习惯性认知模式，培养学生深度分析、大胆质疑、勇于创新的精神和能力。应急课程设置要突出创新性，教学内容体现前沿性与时代性，及时将学术研究、科技发展前沿成果引入课程；教学方法体现先进性与互动性，大力推进现代信息技术与教学深度融合，积极引导学生进行探究式学习与个性化学习。应急课程设置要增加挑战度，课程设计增加研究性、创新性、综合性内容，加大学生学习投入，科学增负，尊重学生个性化差异，严格考核考试评价。

（五）加强创新创业教学

应急产业覆盖广、链条长，全社会对消防安防、应急通信、防灾减灾、反恐等领域的应急产品和服务的需求不断增长。教育部门正积极落实国家创新创业教育改革的要求，遵循"兴趣驱动、自主实践、重在过程、激励创新"原则，采用课程学习、项目训练、以赛促学等方式，培养学生的创新精神、创业意识和创新创业能力。积极探索"体验、训练、超越"相融合的创新训练方式，强化以问题和课题为核心的项目式、研究型、个性化培训，推进创新创业教育与应急专业教育深度融合，进一步提升导师在创新训练中的指导作用。积极鼓励学生参加创新创业选修项目，加大互联网、人工智能等新一代信息技术在应急产业中的应用力度，推动应急技术装备产学研使用，引入优质在线创新教育课供学生学习。倡导创新创业教学，强化培养学生独立思考、热爱探索、善于创新的精神，提升应急产业发展水平，加强大学生创新创业能力培养，全面提高人才培养质量。

高校可以让学生参与应急演练，在实战中模拟参与应对各类突发事件的情况，加深对突发事件的认识，将应急知识学以致用，并培养合作救援能力。同时，各类新兴技术在不断发展，利用融入仿真技术等科技手段，使应急教育更加生动，让参与者有身临其境之感，这样能够大大提高参与者的积极性，并增强了教育的实效。要强化对建设灾害警示教育馆、应急实训基地等教学场所的保障，整合各方资源，避免重复建设，让公民有更多的渠道认识突发事件，以更积极主动的姿态参与应急教育过程中。

第二节　应急人才队伍

目前，我国应急管理人才队伍缺乏高层次、专业型人才，特别是复合型应急管理人才严重不足，所以在应急管理人才选拔时，应当把优化队伍结构、建立层次合理的应急管理人才梯队放在首位，加大高层次专业应急管理人才的选拔和培养力度，扩大人才选用视野，以各行业的高层次专业人才带动应急管理人才队伍的整体发展。

一、应急人才储备

应急人才储备主要指进行各种非常规突发事件研究的人员和应急救援人才队伍的储备。提高应急救援人才储备与动员水平，要调查并切实掌握各类非常规突发事件救援技术人员的现状与可能的发展，重点加强基层救援技术专业队伍的建设，为拟定应急救援动员方案和实施可靠的动员提供依据。

（一）构建应急管理人才储备机制

由于应急管理的突发性，所以在应急管理人才选拔时，既要考虑应急管理人才的短期需求，还要顾及长期应急管理人才的缺口。在应急管理人才选拔时，不仅要有专职的应急管理人才，还要培养一支合格的兼职应急管理人才队伍，构建有效合理的应急管理人才储备机制，避免在应急响应机制未启动时选拔大量的应急管理人员而造成浪费，同时还可以留出缓冲时间对后备应急管理人才进行培训，提高应急管理人才的应急管理能力。

（二）建立应急管理人才数据信息库

要做好应急管理人才储备工作，必须全面掌握和分析现有各类应急管理人才资源状况，明确各类应急管理人才状况。目前，我们还缺乏关于各类应急管理人才资源状况权威而全面的数据资料，由于体制原因，即使已有相关资料也由不同部门所掌握，各部门之间缺乏有效沟通和交流，数据不完整，信息的动态性和时效性还较欠缺，缺乏对现状全面而准确的把握将直接影响应急管理人才资源开发工作的有效性。因此，应该抓紧对各类应急管理人才资源进行统计和摸底，建立统一的、全面的、动态的、涵盖不同层次的、不同类别的关于应急管理人才资源状况的应急管理人才数据信息库，为应急管理人才储备提供基本数据支撑。

二、应急管理人才队伍结构

由于应急管理工作具有复杂性和专业性特征，一支高效应急管理人才队伍应该由多领域相关专业人才构成。分析应急管理人才队伍结构有助于提高应急管理人才资源开发工作的针对性和有效性。

目前，我国已基本形成了以公安、武警、军队为骨干和突击力量，以防汛抗旱、抗震救灾、森林消防、海上搜救、铁路事故救援、矿山救护、核应急、医疗救护、动物疫情处置等专业队伍为基本力量，以企事业单位专兼职队伍、应急志愿者为辅助力量的应急队伍体系。同时要加强以乡镇和社区为单位的公众应急能力建设，发挥其在应对突发公共事件中的重要作用。中国人民解放军和中国人民武装警察部队是处置突发公共事件的骨干和突击力量，按照有关规定参加应急处置工作。

我国应急人才队伍结构可以从三个维度进行分析。首先，基于突发事件涉及的地域范围以及事件的严重性和复杂性，可以将从事相应应急管理工作的人才分为国家应急管理人才、都市（区域）应急管理人才，以及基层（社区）应急管理人才三个层次；其次，各层次应急管理人才队伍又可以根据人员日常工作属性划分为专业人员和兼职人员；最后，根据专兼职应急管理人才的来源和行业对应急管理人才队伍进行分类，应急管理人才还包括公务员、专家学者、解放军和武警、社会工作者、志愿者以及其他人才等。

三、应急管理人才队伍建设思路

立足于我国应急管理人才队伍结构现状，从人才规划、选拔与招募、培训、绩效评估与激励、流动管理等人力资源管理环节入手，构建符合应急管理工作特点、有利于应急管理人才能力培养的管理机制。有效开发应急管理人才资源是应急管理人才队伍建设的必然要求，也是改善我国应急管理工作的水平、提高应急处置能力的根本保障。

（一）优化应急管理人才资源规划

提高前瞻性和预见性，改进应急管理人才资源规划水平。目前，我国公共安全和应急管理工作面临严峻的形势。首先，自然灾害处于多发频发期，近年极端气候事件频发，中强地震呈活跃态势，自然灾害及其衍生、次生灾害的突发性和危害性进一步加重加大；其次，安全生产形势严峻，生产安全事故总量居高不下，重特大事故时有发生；再次，公共卫生事件防控难度增大，食品药品生产经营中市场秩序混乱、源头污染严重、监管力量薄弱等问题尚未得到根本解决；最后，社会安全面临新的挑战，各种利益关系错综复杂，维护社会稳定的任务艰巨，国家安全面临的形势也更加复杂严峻。

这种局面决定了我国对于应急管理人才的需求量很大，而且在未来几年可能会呈突发性增长趋势。因此，我们要提高前瞻性和预见性，针对公共安全和应急管理工作特点，结合现有应急管理人才资源状况和结构，遵循应急管理人才的成长规律，采用现代人力资源管理工具和方法，对各类应急管理人才需求进行合理、科学的预测；提高应急管理人才资源规划工作水平，为应急管理人才资源开发工作提供必要支撑，以满足应急管理工作形势发展的需要。

（二）构筑层次合理的应急管理人才梯队

在应急管理人员招募中要专兼职相结合，重点选拔高层次应急管理人才。鉴于应急管理的突发性，在招募专职应急管理人才的同时，还应该建立合格的兼职应急管理队伍，以形成对专职应急管理人才的必要补充；构建有效、合理的应急管理人才储备机制，避免在应急响应机制未启动时招募和选拔大量应急管理人员而造成的人员闲置浪费，以降低管理成本；同时还可以留出缓冲时间进一步对后备应急管理人才进行培训，提高应急管理人才质量和能力水平。

当前，我国应急管理人才队伍结构方面存在的另一个突出问题是高层次人才不足，主要表现在复合型高层次应急管理人才缺乏。在应急管理人才选拔中，应当把优化队伍结构，构筑层次合理的应急管理人才梯队放在首要位置。当务之急是加大高层次人才选拔和培养力度，扩展人才选用视野，依托重大项目、重大工程选拔和发现高层次应急管理人才，以高层次人才带动应急管理人才队伍的整体建设。

（三）建立自上而下全方位覆盖的应急管理知识培训网络体系

以能力培养为核心，培训应急管理专业人才，宣传普及应急管理知识和技能。培训是应急管理人才队伍建设工作的重要内容。《中华人民共和国突发事件应对法》对政府及其有关部门开展应急知识普及活动和必要应急演练、新闻媒体进行预防与应急知识公益宣传、各级各类学校开展应急知识教育等都作了规定。

要重视高水平、高层次应急管理专业人才的培养，充分发挥研究机构和高校的资源优势，加强国际交流与合作；采用互派学者、项目合作、智力引进等方式，借鉴国外先进经验和成果；同时，要全面规划人才培养，既要培养高水平的应急管理研究型人才，也要培养高层次的应急管理技术型、应用型人才。在公众应急管理知识教育和普及方面，应该尽快建立自上而下全方位覆盖的应急管理知识培训网络体系，在不同区域建立多形式应急技能的实践培训场所，依托各级社会基层党组织和单位，组织社区居民、企事业单位职员以及广大学生开展经常性的应急演练；利用包括互联网、电视、报刊等在内的多种渠道进行宣传教育，提高公众的危机认识能力、理解能力、自救能力和管理参与能力。

（四）建立有效的应急管理人才激励保障机制

对于应急管理人才，必须采取有针对性的激励制度和措施，保障应急管理人才的工作和生活条件，调动人才的积极性。

要建立有效、可行的应急管理工作绩效评估系统，以绩效评估作为制度设计的基础。在应急管理人才薪酬制度设计方面，制定符合各类应急管理人才特点并有竞争力的薪酬制度，提高应急管理人才的薪酬水平，吸引人才、留住人才。在工作环境和条件方面，要改善高层次应急管理人才、一线应急救援人才的工作和生活条件，让他们没有后顾之忧。要对兼职应急管理队伍给予一定的财政支持和经费补偿，有效利用这部分社会应急管理资源。要为涉险的应急管理人员，包括投入应急救援工作的兼职人员建立有效的保险计划，并发放风险津贴。提高精神激励的层次，考虑建立应急管理国家功勋奖励制度，对作出突出贡献的应急管理人员及时予以表彰和奖励，增强他们的成就感和荣誉感。

（五）建立应急管理人才交流机制

目前，我国应急管理涉及的部门较多，应急管理层级多，应急管理人员组成结构复杂，应急管理人才尤其是救援人才单队单能、部门之间缺乏联动现象明显，没有形成有效的专兼结合、专群结合、军地结合机制，这在一定程度上影响了应急管理人才效用的发挥，造成了资源浪费。

在开发应急管理人才数据信息库的基础上，做好以下三个方面：首先，建立不同地区、不同部门之间应急管理联动机制以及人才调配的协调机制，在重大突发事件的应急响应中实现统一目标，统一指挥领导，应急管理人才统一调度，以充分发挥现有应急管理人员的效能。其次，建立与职能相匹配的人才配置机制，加强基层应对突发事件的职能配置，增加基层应急工作岗位数量；有计划地引导人才向突发事件易发地区，尤其是自然灾害多发易发地区合理流动；对于部分地区行业紧缺的特殊应急管理人才，可以定向引进法及时进行补充。最后，政府还要与包括企业、社团组织、慈善组织、志愿者组织等在内的各类社会组织建立良好的公私合作伙伴关系，以便在必要时能够有效动员社会应急管理人才。

四、应急物流人力资源军地协调

由保卫国家人民安全和紧急救灾耦合而成的二元场景是应急物流唤起的典型特征。由于两个场景策略行动主导者不同，前者为军队，后者为政府，军地协调（即军队和政府的协商与协作）能力对于突发事件中应急物流人力资源调配效率有着重大影响。我国目前军地协同应对突发事件的联合应急指挥机制已初步确立，但在应急物流人力资源的军地协同运行机制、法律保障机制等方面尚存在一些不足，有待进一步深入研究。

采用文献法和专家法分析应急物流人力资源军地协调有关理论研究和实践的现状，鉴别和归纳关键科学问题。以"5·12"汶川特大地震、天津"8·12"爆炸事故、新冠疫情防控和南方洪涝灾害为典型案例，运用访谈法和扎根理论方法构建和优化理论框架，分析关键科学问题的主要成因。运用规范研究方法探讨可能的对策方案，利用专家法和访谈法，主要就应急物流人力资源军地协调优化对策的针对性、可行性和鲁棒性进行进一步提升。

（一）突发事件中应急物流人力资源军地协同机制

主要探讨突发事件中军地应急物流人力资源协同的领导机制和触

发机制、军地应急物流人力资源的联席会议机制和调配机制、军地应急物流人力资源的标准化与对接机制。

（二）应急物流人力资源军地融合培养

主要探讨应急物流人才的军地联合培养问题，尤其是发挥地方培养模式较为成熟的优势，培养出军地通用人才，为应对突发事件中军地设施装备融合和信息系统融合的构建人才基础，提升军地联合应急工作的协调性和畅通性。

（三）军地应急物流人力资源法律法规保障

主要探讨有关军地物流协同、军地应急物流人才配给、战时征用等法律法规需求，明确军地双方权利与义务，细化责任分工，推动完善军地物流相关法律法规。

第三节　应急管理培训

一、发达国家应急管理培训主要做法

本节主要以德国的应急管理培训作为典型案例，分析他们的先进经验及对我国的启示。

（一）构建专门化的应急管理培训系统

德国有专门的应急管理培训系统，遵循决策与执行相分离的原则，应急管理培训分为两个系统。一类是对应急管理负有政治责任的决策者培训，由联邦政府内政部公民保护与灾难救援署（BBK）所辖的应急管理、规划与公民保护学院（AKNZ）承担培训任务。接受培训的学员是在应急管理中负有领导、决策、指挥、规划、评估、培训等职能的领导人员，他们共同构成德国应急管理的行政指挥中心。这类学员主要包括德国联邦议会的议员、联邦州长，县长，大城市市长、联邦政府内阁成员、州政府内阁成员、联邦军队领导阶层、警察部门领导阶层、重要基础设施企业的高层管理人员、新闻发言人、负有领导功能的医院急救医师以及其他公民保护单位负责人。另一类是对应急管理的执行者进行培训。应急管理的执行者是在各种应急救援情况下的现场专业救援人员，他们运用各种专业救援知识与技术装备，负责灾难现场的指挥、协调与技术救援工作，由此构成了德国应急管理的策略执行中心。对应急管理的执行者培训主要采取分散化的方式进行，消防队、警察、联邦技术救援署以及参与应急救援的几个主要志愿者组织都有自己的应急救援培训系统与培训课程。以德国联邦技术救援署（THW）为例，其组织系统包括：一个总部、8 个跨州间协会、66 个跨县市间区域办公室、1 个物流中心、两所培训学院、668 个地方技术救援小组。全署共有 800 名专职公务员，另约有 80000 名志愿者。THW 的主要职责有三项：一是代表德国联邦政府进行国际灾难救援；二是负责战争时期的德国公民保护；三是应州及地方政府的要求进行灾难技术救援。德国联邦技术救援署 90% 的培训任务都由分散于全国各地的地方技术救援小组承担。每个地方技术救援小组都有相同的标准化技术救援装备和培训体系，接受培训的对象都是 THW 的志愿者。还有 10% 的培训任务由 THW 的两所培训学院承担。

（二）形成专兼结合、以兼为主的培训师资构成模式

德国应急管理的培训师资力量强，素质高。无论是在 AKNZ 还是在 THW，其培训师资都采取专兼结合、以兼为主的构成模式。以 AKNZ 为例，全院约有 100 名职工，其中仅有 30 名为专职授课教师，另有 70 名为教学后勤辅助人员。但 AKNZ 每年约有 500 次教学研讨专题，培训学员超过 8000 人。大量的教学任务仅靠学院的自有师资力量是远远不够的。因此，AKNZ 外聘了约 150 名兼职教师。他们大都是 BBK 的专家级官员，还有一些是应急管理领域的专家。尽管这些兼职教师不在学院挂名，但他们是学院开展培训的主要依靠力量。AKNZ 根据培训项目需要，针对性地聘请部分兼职教师授课。比如危机心理干预就聘请 BBK 负责危机心理干预的官员来授课；志愿者体系课程就聘请 BBK 负责志愿者工作的官员来授课；危机新闻发布课程就聘请有过记者经历的原国防部新闻发言人来授课。这样的师资结构有利于把应急管理的实际问题与实战经验带到培训中来，理论与实践结合紧密，探讨问题专业深入，因而培训学员在应急管理观念、视野、技能上都得到了较大提高，培训效果较好。

在 THW 所管辖的两所培训学院里，专职教师同样很少，其身份属于联邦政府的公务员，但他们都有过长期的 THW 志愿者经历，而且还是其中的佼佼者。而对大约 8 万名志愿者的培训都是由兼职的志愿者来承担。668 个地方救援小组分布在德国各地，每个地方救援小组都由一名专业救援技术精湛、资历较深的志愿者担任负责人，主要工作是义务开展 THW 志愿者的技术救援课程培训。笔者曾考察了一个位于德国波恩市的地方技术救援小组，其负责人就是一位来自波恩

大学的教授，在他的带领下，该地方技术救援小组的志愿者利用周末或其他休息时间进行技术救援培训与演练。

即使是德国应急管理培训系统的专职教师，他们并不仅仅是理论专家，他们同样都经过培训，有着丰富的应急管理实践经验，因此与外聘教师授课风格、水平并无明显区别。这些专职教师一专多能，既要承担某些培训课程的讲授与研讨，同时又是培训项目和班次的管理者与服务者，类似于班主任的角色。由于专职教师负责培训项目的设计、管理以及部分授课，因此整个培训项目的培训内容体系、培训方法等都比较符合学员的实际需求。

（三）体现培训对象的行业性与培训班次设置的层次性

德国应急管理的培训对象主要限定于从事应急管理工作的相关人员，具有明显的行业性特征。这些人履行职责需要提高应急管理能力。如 AKNZ，其主要职能之一就是为国内和国外应急管理的行政指挥中心人员提供公民保护与灾难救援的培训与进修。按照行业性要求培训学员，既能增强培训内容的针对性，也能为科学合理地设置培训班次打好基础。AKNZ 根据培训学员的应急管理知识基础与岗位职责，分别开展初级班、中级班和高级班的培训。任何一位到初级班培训的学员，都要在培训开始之前，利用 AKNZ 的网络课堂，业余自觉学习应急管理基础理论。随后，根据网络课堂的学习情况，AKNZ 对每个学员进行测试，并最终决定是否发放入学通知。初级班、中级班、高级班的培训是一个循序渐进的过程，学员不能打乱培训顺序，只有经过初级班的培训，才能进入中级班，最后进入高级班学习。初级班主要学习应急管理的基础理论、危机管理，并进行专题研讨，每班学员不超过 30 人。中级班继续加深专业知识，学习应急管理某一专门领域指挥和危机管理。在中级班，学院同时邀请两个不同的行政指挥中心的人员，各 13 人，他们采用对抗演练与交流的形式，分享应急管理经验。高级班阶段，学员需要继续加深专业知识，同时对应急管理采取多部门综合协调。高级班的教育培训任务是由学院与某一联邦部委或某一地方政府的应急管理行政指挥中心共同设计完成的，就其应急管理实际工作进行演练、讨论与改进。

在德国，具体的灾难技术救援由 THW 承担。THW 的培训任务主要由其所辖的两所培训学院与 668 个地方救援小组承担。培训学员分为两类：一类是技术救援指挥人员，另一类是技术救援专业人员。技术救援指挥人员培训又可以分为三个类别：第一类是小组成员培训，培训班次是基础训练 I，培训地点是 THW 的地方技术救援小组；第二类是小组领导培训，其培训班次为基础训练 II 与小组领导训练（基础班），分别在地方技术救援小组与位于诺依豪森（Neuhausen）的 THW 培训学院接受培训；第三类是团队领导培训，培训班次有团队领导培训 I、II 以及公共关系培训，培训地点都是位于诺依豪森的 THW 培训学院。这三个培训类别、六个培训班次，全部按照由低到高、由易到难的顺序逐步提高培训难度。

对于技术救援专业人员的培训班次有四个：基础训练 I、基础训练 II、专业训练 I、专业训练 II，前三个培训班次都是在地方技术救援小组里进行培训，而专业训练 II 班次则是在位于哈亚（Hoya）的 THW 培训学院进行培训。四个班次的培训难度也是按照一定顺序逐步提高。所有技术救援专业人员的培训内容都是与灾难的技术应对有关，如机器操作、水净化、发电、卡车驾驶、无线联络、防爆、清淤、焊接等。

（四）突出模拟演练的培训方法

德国应急管理培训方法具有多样化与实战性特点，除了课堂讲授、专题研讨、案例展示等传统的教学方法外，他们还广泛采用情景模拟、桌面推演、实地演练等培训方法。这种适合模拟演练的培训方法非常符合应急管理实践性强的特点。一般来说，模拟演练要比一些传统的培训方法更为有效。就拿案例教学来比较，案例教学往往是对已有的案例进行分析，找出问题原因，分析对策，学员缺乏身临其境的感觉，参与其中的程度比较低。而模拟演练的方法，首先可以设置一个场景，让学员马上进入危机状态，给定危机的时间、地点、灾情、任务及完成任务时限场景，分配给每个学员具体的行政指挥中心人员角色，并让他们承担相关部门的应急职责。整个培训班次的学员就组成了一个应急管理行政指挥中心，要面对灾情，在一定情景中进行危机决策与协调。演练的过程与最后的决策成果由教师来评判并讨论。模拟演练的培训方法对学员以往的知识与经验构成是很大的挑战，要求学员具有较高的快速学习能力与扎实的专业基础知识。同时，还要求学员具有较高的知识运用能力，把各种专业知识与技能融会贯通，快速应对危机。

德国应急管理的模拟演练培训方法还有一个鲜明特点，即实战性。尽管是模拟，但它不是简单的、虚拟的角色扮演，而是完全按照实际政府应急管理模式进行的。AKNZ 有四间应急管理行政指挥中心模拟教室，其演练设施与政府实际应急行政指挥中心完全相同。参加培训机构的人员都是各地各部门应急管理行政指挥中心人员与策略执行中心人员。演练时的工作任务就是学员在应急管理中的工作职责；

演练的流程就是正式应急管理工作流程；演练的场景就是针对风险较大的各种灾难。正是这种实战性大大提高了模拟演练对学员工作的实效性，真正体现按需施教，学以致用，防止出现培训效果虚置现象。

（五）实行培训课程设置标准化

按照标准化的要求开发应急管理培训课程，现已基本覆盖了德国应急管理的各个流程及不同专业领域。AKNZ 可以提供六个应急管理领域的培训课程：第一培训领域是公民保护培训的基础课程以及各个研讨班的协调、沟通与管理；第二培训领域是对灾难防护中领导者的培训；第三培训领域是国内国际应急管理培训、军民合作培训；第四培训领域是公民保护的特殊知识培训；第五培训领域是应急管理战略规划培训；第六培训领域是应急管理跨州演练。在这六大培训领域里，具体设置的专题讲授与研讨的课程有：国家安全预防保障、行政机关的危机管理（包括关键基础设施运营）、危机协调与沟通、突发事件的社会心理干预、原子生化危害的防治与保护、救灾医学、军民合作、灾难现场的文化遗产保护、交通与食品保障、重要基础设施的保护、应急管理策略执行方面的领导与管理、IT 与通信技术保障。

THW 位于诺伊豪森的培训学院，主要提供技术救援的领导指挥人员培训。培训课程体系有六个标准化模块，它们分别是 S1（人力资源保障培训）、S2（灾情现场分析培训）、S3（组织协调培训）、S4（应急物流培训）、S5（媒体沟通培训）、S6（通信技术保障培训）。位于哈亚（Hoya）的 THW 培训学院主要进行应急救援的专业技术培训。培训项目众多，比如有陆上搜索、海上搜救、挖掘、机械修理、抽水泄洪、提供饮食、夜间照明、发电、爆破、重要基础设施的紧急重建、水净化、清除淤泥、管道营救、高空投放等。地方技术救援小组提供的是基础培训，最大特色就是讲授与实践操作广泛结合。每个地方技术救援小组共有 75 个培训单元，每个单元培训时间为 45 分钟。按照标准化的要求设置培训内容，从而保证了 THW 的所有志愿者都能接受大体一致的技术救援培训。

二、对德国经验的借鉴

德国应急管理教育培训与我国相比，有国情差异与地域局限，但其中一些好的培训思想、方法及措施对建立我国应急管理培训体系具有启发意义。

（一）完善我国应急管理培训的体制机制

我国应急管理培训一个突出现象是培训机构与模拟演练组织的分散性。各类、各级干部培训机构和高校都开设了应急管理或危机管理的培训课程，但课程内容并不统一，培训形式各不相同，模拟演练五花八门。如干部培训机构在应急管理培训中由于缺乏专门的场地和设施，往往结合案例教学以"纸上谈兵"的形式为主。而有关政府应急管理部门的模拟演练则各自为战：消防部门的演练灭火、公安部门演练除暴、海事部门演练水上救援、武警演练反恐，缺乏统一规划和专业人员的指导。因此，建议借鉴德国的模式，国家开办专门的应急管理学院，把对我国各级各地党政机关、企事业单位、社会团体的应急管理领导人员相对集中起来，在专门的应急管理学院进行专业训练。目前，国家行政学院正在筹建应急管理学院，应该以此为契机，相对集中培训力量和机构，构建全国各省市的专门应急管理培训中心。鉴于多数地方省市行政学院与党校已经合并，又由于党校系统作为干部培训的主渠道，建议把应急管理培训中心设置在各省市党校系统或行政学院系统。同时，加大上级应急管理培训机构对下级培训机构的指导与培训，力争在应急管理培训系统内做到资源共享、演练场所设施共用，实现应急管理培训的全国一盘棋格局。

（二）应急培训师资专兼结合、以兼为主

根据德国应急管理培训师资力量的构成经验，应急管理培训课程大可不必都由培训学院或应急管理中心的教师全部承担。各级应急管理培训中心只需招聘少量教师和专家，他们既负责授课又负责应急培训项目的设计，还可自主管理外聘教师。这样做的好处是减少教师编制及财政负担，同时还可以外聘应急管理专家授课，把鲜活的应急管理经验带进课堂，提高培训的针对性与生动性。

（三）优化培训内容，突出应急管理培训的操作性与实践性

我国应急管理培训水平参差不齐，但总的事实是培训水平整体较低。部分省市党校和行政学院所开展的应急管理培训只是在主体班上设置一个或两个专题，泛泛而谈应急管理的基础理论与案例。这种蜻蜓点水式的培训难以涵盖应急管理的一些专业领域，比如危机的心理干预、危机状况下的决策、风险分析、媒体沟通等管理实务；也难以深入解决应急管理中的深层次难题；更不能体现应急管理培训的操作性与实践性，培训效果大打折扣。目前，全国党校和行政学院系统只有上海和天津党校建立了应急管理培训演练室，更多省市党校和行政

学院对应急管理培训只停留在课堂讲授与案例分析上。借鉴德国应急管理培训经验，应逐步扩大应急管理培训的专业领域，大量采用情景模拟、桌面推演、实地演练等培训方法，注重应急管理的操作性与实践性。

（四）按照行业性、长期性的要求，相对集中培训对象

德国应急管理的培训对象都是负有政治责任的行政指挥中心人员与应急策略执行人员。培训教师是专业的应急管理专家，这种模式可以称为专门机构对专业人员的培训。反观我国应急管理培训，几乎可以称为非专业机构对非专业人员的培训。一方面，我国应急管理培训的专业化师资很少，另一方面，培训对象很多不是从事应急管理的领导人员与救援人员。而且我国的干部培训流动性比较大，也许今年从事应急管理工作，接受应急管理培训，但到明年，学员就可能不再从事应急管理工作。这就既浪费了应急培训资源，又浪费了应急管理人才。建议向德国学习，强化应急管理培训对象的行业性与长期性，这既有利于稳定应急管理人才队伍，也能使学员快速积累经验，提高能力。

（五）突出应急管理培训班次设置的科学性与针对性

德国应急管理的培训班次设置遵循从低到高、从易到难，分类分级、循序渐进的原则，根据应急管理的决策与执行两大职能以及培训学员的工作职责与特点，将其分成两大类别，无论是对行政指挥中心人员的培训，还是对应急策略执行人员的培训，都按逐步提高能力的思路设置班次。在我国，不同层级政府的应急管理人员所要求具有的

能力也是不相同的，不同级别的不同地域的应急管理工作部门，其工作性质、任务、实际情况及特点等各不相同，培训要有很强的针对性，才能激发学员兴趣，满足学员需求，取得好的效果。我国应急管理培训班次的设置，也要分层分级，还要考虑地域特征，真正突出培训班次设置的科学性与针对性。

（六）提高应急管理培训课程的标准化程度

培训课程体系的标准化，并不是指所有培训学员都要接受相同的培训课程与内容。德国应急管理培训课程体系的标准化是要保障同类同级的培训学员接受到大体一致的培训知识与技能。如对 THW 的志愿者培训，对培训项目与培训时间都有严格规定，不能随意增加与减少；培训完成之后，还要进行严格的考核。我国应急管理培训课程内容设置还没有一个科学的标准，具体专题设置也没有统一规范。建议开发一套科学、合理、标准的应急管理课程体系，使其成为开展应急管理培训的基础。

案例一

为了培养具有较强应急管理能力和实践经验的复合型应急专业人才，中国国家应急管理部在 2019 年成立应急管理职业学院。该学院坚持"实践第一、能力至上"的办学宗旨，为社会提供应急管理人才培养服务，以服务于应急管理行业的发展为己任，成为应急管理领域新的国家级人才培养基地。

该学院开设了应急救援、消防技术和安全防范等多个专业，注重应急专业实践能力和实际工作能力的培养，拥有完备的实训设施、高水平的教学团队和丰富多样的教学方法。应急管理专业注重实践能力的培养，通过聘请行业专家、组织考查、实习训练等方式进行培训，这有利于提高学生的实践能力，保证学生的就业竞争力。

该学院还开展了一系列实践教学活动，包括国内外实地考查、模拟实战演练、应急管理与救援专项技能竞赛等，让学生在学习的过程中及时获得解决实际运用问题的能力和实践经验。课程设置在理论、知识与能力三个方面均比较完善，课程包括应急管理理论、应急管理组织架构、应急救援技术、安全生产管理等。同时，该学院还与政府和企业合作，承担着一系列应急项目的服务，促进应急人才向社会转化。由于应急管理是国家重要的职业方向之一，该学院培养出来的学生就业前景广阔，可以在政府部门、安全生产公司、大型企业、交通、医疗卫生等领域工作。

该案例表明，应急人才的培养需要注重实践能力的培养和实战演练，以及与行业内相关企业和单位的紧密合作，以"理论+实践"双重推动，实现最大化人才培育效果。有兴趣从事应急管理行业的学生，可以选择该学院作为自己的就业和发展之路。

案例二

钟南山是一位著名的中国医学专家，同时也是中国抗击新冠病毒的领航者之一。他在疫情初期便积极发声，为控制疫情、救治患者和保护医护人员出谋划策，并坚定提出了防控新冠疫情的"南山模式"，对抗病毒发挥了积极的作用。

在新冠疫情暴发初期，针对病毒传播方式的变化，钟南山敏锐地提出"南山模式"，即以发现、隔离和治疗为主导的控制传播方案。

这个方案快速得到国家的支持和推广，并成为后来全国防控疫情的重要战略。

在疫情发展的关键时刻，钟南山发表多个公开观点，提出了应急管理手段、防控措施以及疫情传播的风险预判等重要意见。他还全面解析病毒的特点，对病毒毒性、临床表现、免疫等都进行了深入的探讨，提供了科学可靠的解决措施，为广大医生、政府和公众提供了科学的指导。

在疫情高峰期间，钟南山在各大媒体上发表有关新冠病毒的专家意见，并向公众公布最新的疫情情况，让全国人民清楚地认识到疫情形势，增强了广大公众的防控意识。在他的影响下，越来越多的医务工作者将一辈子献给了公共健康事业，也得到了社会的广泛认可和赞誉。钟南山的精神不仅影响了医护人员，也激励着整个国家在疫情中团结合作、共克时艰。

一个出色的应急人才需要具备精湛的技能和丰富的经验，更需要敏锐的洞察力和抵御压力的能力。在应对公共卫生突发事件，如新冠疫情中，应急人才的价值更显得尤为突出。他们的涌现和奉献，最大程度地减少了患者死亡率，缓解了社会对疫情的恐慌，为疫情防控的成功发挥了至关重要的作用。

参考文献

［1］刘利民，王敏杰．我国应急物资储备优化问题初探［J］．物流科技，2009，32（2）：39-41．

［2］张永领．我国应急物资储备体系完善研究［J］．管理学刊，2010，23（6）：54-57．

［3］宋则，孙开钊．中国应急物流政策研究（上）［J］．中国流通经济，2010，24（4）：19-21，33．

［4］游志斌．健全国家应急管理体系 提高处理急难险重任务能力［J］．中国应急管理科学，2020（2）：14-16．

［5］关为平，赵序海，朱兰舟．抗疫下的应急物资筹措与供应［J］．新理财，2020（6）：35-36．

［6］亓向军．支持国家战略物资储备体系建设［J］．农业发展与金融，2020（5）：35-36．

［7］张波，高晓丽，梅霓，等．口岸突发公共卫生事件应急物资分级储备模型研究［J］．中国国境卫生检疫杂志，2020，43（2）：132-136．

［8］孙翊，吴静，刘昌新，等．加快推进我国应急物资储备治理体系现代化建设［J］．中国科学院院刊，2020，35（6）：724-731．

［9］杨鹏．突发情况下应急物资储备库选址的研究［D］．兰州：

兰州交通大学，2019.

［10］张文峰．应急物资储备模式及其储备量研究［D］．北京：北京交通大学，2010.

［11］杨文娟．区域应急物资储备研究［D］．北京：北京交通大学，2009.

［12］刘亮光．基于自然灾害的福建省应急物资储备研究［D］．福州：福州大学，2018.

［13］陈艺娴．救灾应急物资需求预测与储备管理研究［D］．重庆：重庆邮电大学，2016.

［14］夏萍．灾害应急物流中基于需求分析的应急物资分配问题研究［D］．北京：北京交通大学，2010.

［15］陈方超，管俊阳，王道重，等．突发事件应急救援物资需求预测的方法研究［J］．交通信息与安全，2014，32（4）：155-159.

［16］刘德元，朱昌锋，丁伟．基于相似案例推理的应急物资需求预测方法研究［J］．兰州交通大学学报，2013，32（4）：119-123.

［17］李金朋，孙超奇．应急物资采购业务流程优化研究［J］．中国应急救援，2014（5）：23-25.

［18］刘文博．突发事件下应急物资调度评价体系研究［J］．物流科技，2014，37（11）：91-94.

［19］刘凯．应急物资调度方案择优选取［D］．哈尔滨：哈尔滨理工大学，2013.

［20］唐伟勤，唐伟敏，张敏．应急物资调度理论与方法［M］．北京：科学出版社，2012.

［21］陈钢铁，帅斌．需求不确定条件下应急物资调度优化研究

［J］. 交通运输工程与信息学报，2015，13（3）：22-26.

［22］李明，吴耀华. 应急物流信息平台功能框架研究［J］. 物流技术，2010，29（13）：170-171，181.

［23］柳祥伟. 自然灾害救助的应急物流平台规划研究［D］. 南京：南京大学，2012.

［24］黄鑫. 以信息化提升应急物流保障能力的探讨［J］. 网络安全和信息化，2020（6）：26-28.

［25］巩玲君，张纪海. 基于NSGA-Ⅱ的应急生产任务多目标优化模型及算法研究［J］. 运筹与管理，2019，28（12）：7-13.

［26］包海. 应急物资储备制度的完善建议探讨［J］. 农村经济与科技，2019，30（10）：16.

［27］王欣洁. 政企联合下应急物资储备模式研究［D］. 武汉：武汉理工大学，2018.

［28］李忠飞. 政府与企业应急物资生产能力储备的演化博弈研究［D］. 秦皇岛：燕山大学，2017.

［29］黄永钦，陈高其，杨立明. 关于应急物资管理系统软件的设计研究［J］. 中国集体经济，2013（7）：154-155.

［30］曹杰，于小兵. 突发事件应急管理研究与实践［M］. 北京：科学出版社，2014.

［31］张自立，李国峰，李向阳. 突发事件中应急产品生产问题研究［J］. 运筹与管理，2008（4）：100-105.

［32］宗欢. 应急物资需求预测与调拨策略研究［D］. 北京：北京邮电大学，2011.

［33］刘嘉. 重大突发事件应急物资的准备与调度体系研究［D］.

武汉：武汉理工大学，2015.

［34］郭争论．再探应急物流管理中的物资储备管理与控制［J］．中国集体经济，2016（36）：107-108.

［35］龙国英．健全完善相关法律法规 推进公共卫生应急法制体系建设［J］．中国政协，2020（10）：68.

［36］张兵，高凌杰．抗击疫情期间充分发挥应急物流作用的思考［J］．中国物流与采购，2020（10）：63-64.

［37］刘淑贞，张开福，徐波．应急救援专业人才理性素养及其培育路径研究［J］．湖南安全与防灾，2020（4）：42-44.

［38］邓小兵．挖潜既有资源，增强国家应急物流保障能力［N］．中国交通报，2020-04-03（003）.

［39］周克清，李霞．新时代财政应急保障机制研究［J］．财政科学，2020（3）：30-37，48.

［40］戚宏亮，刘颖．"应急管理"应用型本科专业人才培养研究［J］．黑龙江教师发展学院学报，2020，39（3）：8-10.

［41］范维澄．以科技为支撑推进应急管理装备能力现代化［N］．学习时报，2020-02-17（A5）.

［42］唐彦东．应急管理高等教育人才培养对策［J］．中国应急管理，2020（2）：68-71.

［43］佟瑞鹏．加快应急专业人才培养 推动应急学科建设［N］．中国应急管理报，2020-01-07（007）.

［44］温志强，高静．应急技术装备的创新发展是实现应急管理能力现代化的根本保障［J］．中国应急管理，2019（12）：16-17.

［45］唐华茂．应急管理人才队伍建设研究［J］．中国行政管理，

2010（12）：14-17.

　　［46］青华，宋江莉，陈海花. 应急救援护士储备及培训现状分析与建议［J］. 护理管理杂志，2010，10（10）：688-689.

　　［47］孟大川. 论突发事件应急管理的法治理念与法律制度［J］. 四川文理学院学报，2010，20（1）：40-42.

　　［48］凌学武. 德国应急管理培训体系的特点与启示［J］. 中国应急管理，2010（1）：47-50.

　　［49］徐潇蓉. N市应急预案管理存在的问题与对策研究［D］. 徐州：中国矿业大学，2021.

　　［50］张小兵. 对应急演练几个基本问题的思考［J］. 河南理工大学学报（社会科学版），2019，20（3）：54-59.

　　［51］冯景玉. 基层政府应急预案管理问题研究——以河南省D县为例［D］. 郑州：郑州大学，2020.

　　［52］潘宏亮. 基层政府应急预案管理优化研究——以Y市J区为例［D］. 徐州：中国矿业大学，2022.

　　［53］叶呈嫣，张行. 创新应急管理人才培养［N］. 中国社会科学报，2023-05-10（006）.

　　［54］吴晓涛，赵晓雪. 新时代我国应急管理人才分类培养模式研究［J］. 河南理工大学学报（社会科学版），2023，24（4）：53-60.

　　［55］李舒艺. 国内外六所高校应急管理本科专业人才培养研究［J］. 武汉工程职业技术学院学报，2022，34（1）：104-108.

　　［56］毕颖，张学军，张福群，等. 工科高校应急管理人才培养探究［J］. 安全，2020，41（10）：53-56.

　　［57］张永领. 我国应急管理方向研究生教育现状及思考［J］.

大学教育，2014（4）：33-35.

［58］林永兴，曹宇，吴雅文．中国高校应急管理教育的现状、问题与对策建议［J］．北京教育（高教），2021（8）：49-51.

［59］叶先宝，苏瑛荃，黄璟．高校应急管理教育体系构建研究——基于西方发达国家的经验分析［J］．发展研究，2020（9）：79-87.

［60］唐飞．自然灾害综合风险普查应急管理系统数据质量控制探究［J］．江苏科技信息，2023，40（10）：68-71.

［61］周宇．电力应急物资调配模式研究与信息管理系统设计［D］．广州：华南理工大学，2019.

［62］张奕舟．疫情防控中的应急征用制度研究［D］．南宁：广西大学，2022.

［63］阿尔斯楞，徐明月．基于柯氏评估模型的安全播出应急演练信息管理系统［J］．广播电视信息，2023，30（1）：96-98.

［64］马国乐．重大化工安全事故应急决策模型构建［J］．合作经济与科技，2021（18）：136-138.

［65］蒋宁，张军．应急物流系列讲座之九 国外应急物流发展现状与特点［J］．物流技术与应用，2009，14（3）：112-114.

［66］黄定政，王宗喜．我国应急物流发展模式探讨［J］．中国流通经济，2013，27（4）：26-29.

［67］游志斌．健全国家应急管理体系 提高处理急难险重任务能力［N］．光明日报，2020-02-18（06）.

［68］王宏．"突发事件"概念的界定与探讨［J］．淮海工学院学报（人文社会科学版），2013，11（24）：9-11.

［69］张薇．突发事件应急物资储备模型探究［J］．商场现代化，2009（13）：130-131．

［70］姜晓超，高向群，李文毅．突发公共卫生事件应急物资储备联动模式探讨［J］．江苏卫生保健，2013，15（3）：36-37．

［71］王之泰．关注应急物流［J］．中国储运，2019（3）：29．

［72］王浩，郭瑞东．应对突发事件的逆向应急物流体系构建研究［J］．经济论坛，2015（10）：114-116．

［73］王思．应急物流中的物资管理［J］．商场现代化，2016（2）：52．

［74］肖九梅．构建应急物流保障机制［J］．城乡建设，2019（5）：26-28．

［75］段敏．我国应急物流发展现状及问题［J］．时代金融，2018（5）：287，293．

［76］马姗姗．应急物流响应体系构建加速［J］．中国物流与采购，2017（9）：46．

［77］吴茜．面向重大自然灾害的应急物流体系研究［D］．石家庄：石家庄铁道大学，2013．

［78］张革．我国应急物流发展中存在的问题及完善策略［J］．商业时代，2010（8）：34-35．

［79］赵淑红．逆向应急物流管理机制构建［J］．商业时代，2014（36）：25-26．

［80］白窦萍．突发事件中快速消费品的应急物流［J］．物流工程与管理，2015，37（5）：147-149．

［81］徐欣欣．应急物流配送网络理论研究文献综述［J］，智库

时代，2018（37）：163，172.

［82］顾岩，钱进．应急物流系列讲座之三 应急物流指挥系统的构建［J］．物流技术与应用，2008（9）：100-102.

［83］杨锋．我国自然灾害应急物流体系构建研究［D］．北京：北京交通大学，2008.

［84］黄润霞．探析我国应急物流现状及发展对策［J］．物流科技，2011，34（11）：73-75.

［85］于华．当前我国应急物流发展的现状与问题分析［J］．现代商业，2014（14）：20.